职业教育·铁道运输类专业教材

Tielu Diaoche Gongzuo

铁路调车工作

胡华彬　杜卫芳　主　编

魏　扬　陶雪艳　胡　斌　副主编

胡　军　主　审

人民交通出版社股份有限公司

北　京

内 容 提 要

本教材为职业教育铁道运输类专业岗课赛证融合型教材。本教材既介绍了一定的基本理论知识,又重点突出实践操作技能和技能竞赛,内容丰富、实用性强,由学校教师和铁路运输企业专家合作编写而成。全书共有 5 个项目 22 个典型工作任务。项目一为调车工作基本要求认知,主要内容为调车工作基本要求、调车工作的技术要求以及调车中信号的显示;项目二为中间站调车作业,主要内容为列车摘挂作业、取送车辆作业、停留车作业以及中间站调车综合演练实训;项目三为技术站调车作业,主要内容为准备作业、平面牵出线作业、编组列车作业、简易驼峰作业、半自动化驼峰作业以及自动化驼峰作业;项目四为调车技能训练,主要内容为调车工作中设备的使用,排风、摘管技能,铁路制动技能,观速、观距、摘解、摘挂技能以及上下车技能;项目五为调车作业安全有关规定和要求。

本教材既可作为职业教育铁道交通运营管理专业教材,也可作为其他高等院校、中等职业学校教材和职工岗位培训教材,还可供铁路各级管理人员、相关技术人员参考使用。

* 为方便教学,本教材配套教学课件,教师可加入 QQ 群(教师专用 QQ 群号:211163250) 免费获取。

图书在版编目(CIP) 数据

铁路调车工作/胡华彬,杜卫芳主编. —北京:人民交通出版社股份有限公司,2023.9 (2024.12重印)

ISBN 978-7-114-18913-5

Ⅰ.①铁… Ⅱ.①胡…②杜… Ⅲ.①铁路行车—调车作业—高等职业教育—教材 Ⅳ.①U292.2

中国国家版本馆 CIP 数字核字(2023)第 141998 号

职业教育·铁道运输类专业教材

书　　名:**铁路调车工作**
著 作 者:胡华彬　杜卫芳
责任编辑:于　涛
责任校对:孙国靖　刘　璇
责任印制:刘高彤
出版发行:人民交通出版社股份有限公司
地　　址:(100011)北京市朝阳区安定门外外馆斜街 3 号
网　　址:http://www.ccpcl.com.cn
销售电话:(010)85285911
总 经 销:人民交通出版社股份有限公司发行部
经　　销:各地新华书店
印　　刷:北京市密东印刷有限公司
开　　本:787×1092　1/16
印　　张:17.25
字　　数:415 千
版　　次:2023 年 9 月　第 1 版
印　　次:2024 年 12 月　第 2 次印刷
书　　号:ISBN 978-7-114-18913-5
定　　价:49.00 元

(有印刷、装订质量问题的图书,由本公司负责调换)

前　言

【教材编写背景】

如何培养适合行业发展的高素质技术技能人才是当前职业教育面临的突出问题。党的二十大报告和《国家职业教育改革实施方案》指出：培养什么人、怎样培养人、为谁培养人是教育的根本问题。坚持教育优先发展、科技自立自强、人才引领驱动，加快建设教育强国、科技强国、人才强国，坚持为党育人、为国育才，全面提高人才自主培养质量。

"铁路调车工作"是职业教育铁道交通运营管理专业核心课程。通过该课程的学习，对于培养拥有良好职业素养和较强的职业技能、可持续发展能力的高素质技术技能铁路运输人才有着重要作用。本教材根据教育部制定的高等职业学校铁道交通运营管理专业教学标准，结合铁路特有工种技能相关培训规范中对车务系统调车作业等专业培训的要求，在《〈铁路技术管理规程〉第一次修订内容》（技术规章编号：TG/01A—2017）《铁路调车作业（TB/T 30002—2020）》等规章制度的基础上，联系现场作业实际需要进行编写，适合铁道交通运营管理及相关专业学生、铁路运输企业车务系统调车作业人员使用。

【教材编写特色】

1. 以产教融合为核心，校企共同完成教材编写

为了打造产教融合式教材，本书编写过程坚持职业能力本位，实现基本原理和生产案例融合，将铁路运输行业的新设备、新技术、新标准融入教材，并由高等职业院校教师和铁路运输企业专业人员共同合作开发本教材。参与本教材编写的企业包括：中国铁路武汉局集团有限公司、中国铁路郑州局集团有限公司和中国宝武钢铁集团有限公司。

2. 以典型工作任务为出发点，工作过程和学习过程有机融合

本教材以调车作业实际典型工作任务为编写出发点，本着一切为铁路运输企业现场调车作业服务的原则，以规章制度为依据，以解决问题为准绳，收集整理了大量企业现场调车作业和培训的相关资料，运用大量图片、案例系统详尽地介绍了铁路调车工作中各项实作技能的基本作业过程和操作方法，既突出实作技能，又阐述了相关理论知识，有助于提高铁道

交通运营管理及相关专业学生、铁路运输企业现场调车作业人员的理论知识及实践技能水平,能够按照作业标准和行为规范,安全稳妥地完成调车作业任务。

3. 突出调车作业职业技能训练和技能竞赛

本教材依据岗位实际典型工作任务,共设计了 3 个项目 13 个典型工作任务。在此基础上,根据岗位实际技能重点,还增加了 6 个调车技能训练任务和 3 个调车作业安全任务。通过强化调车作业技能训练,提高学生或调车从业人员的技能水平。另外,本教材在附录中增加了调车作业职业技能竞赛参考方案,为相关职业院校技能竞赛和铁路局集团公司站段技术比武提供参考和借鉴。

4. 从实际调车作业出发,配套相关数字资源,打造融媒体教材

为满足数字化时代移动学习的需要,适应线上线下混合式教学和学习者自主学习,本教材从实际调车作业出发,配套了微课、动画、习题、实训、案例等内容丰富的数字化资源。读者可扫描封面二维码加入资源群,联系管理员免费获取。

【编写组织】

本书由武汉铁路职业技术学院胡华彬担任第一主编,负责全书统稿并编写项目二中的典型工作任务一、二和三;武汉铁路职业技术学院杜卫芳担任第二主编,协助全书统稿并负责编写项目一中的典型工作任务二、三和项目五;武汉铁路职业技术学院魏扬担任副主编,负责编写项目三;武汉铁路职业技术学院陶雪艳担任副主编,负责编写项目四;湖南高速铁路职业技术学院胡斌担任副主编,负责编写项目二中的典型工作任务四;中国铁路武汉局集团有限公司襄阳北车站余朝参编,负责编写项目一中的典型工作任务一、四;中国铁路郑州局集团有限公司南阳车务段南阳西站张鑫参编,负责编写项目二中的典型工作任务四。全书由中国宝武钢铁集团有限公司胡军担任主审。

由于铁路技术装备的快速发展,本书难免存在遗漏和不足之处,恳请各位读者提出宝贵意见和建议,以便进一步修订完善。

作　者

2023 年 7 月

目　录

项目一
调车工作基本要求认知

⚙ 【项目描述】

本项目主要介绍调车工作基本规定、基本要求,使学生了解调车人员的分工,掌握调车工作的基本要求和有关调车信号的显示,对调车工作形成感性认识,建立调车工作的概念,为后续学习打下基础。

⚙ 【知识目标】

1. 了解调车工作的基本要求、基本规定;
2. 了解调车作业人员岗位标准;
3. 掌握调车工作的技术要求、调车信号显示的方法。

⚙ 【技能目标】

1. 在作业中能够认真执行联系应答制度;
2. 能够严格执行调车速度有关规定,保证调车作业安全;
3. 能够按照调车色灯信号机及驼峰色灯信号机的显示进行调车作业;
4. 能够正确显示调车作业手信号。

⚙ 【素质目标】

能够认识调车工作的重要性;养成"安全第一"的意识,培养吃苦耐劳、爱岗敬业的品质,以及团队协作、互相帮助、刻苦钻研、精益求精的精神。

典型工作任务一
调车工作基本要求

【任务描述】

调车作业是列车正点出发的保证,也是压缩货车停留时间、加快货车周转、提高货物送达速度的关键。调车作业技术含量高,安全控制难度大,要求调车作业人员具有较高的技术水平,并牢固树立"安全第一"的理念。中国国家铁路集团有限公司、铁路局集团公司、铁路站段对调车作业做了严格的规定,本教材主要介绍《〈铁路技术管理规程〉第一次修订内容(技术规章编号:TG/01A—2017)》(以下简称《技规》)、《铁路调车作业标准(TB/T 30002—2020)》(以下简称《调标》)对调车作业的基本规定。调车作业过程中要严格遵守规章制度,在确保安全的前提下不断提高调车作业效率。

【任务引入】

×年×月×日,XDF10D0169 机车担当×站调车任务。4 时 50 分,在进行第 8 钩"11 道-10"推进作业时,因调车人员对 11 道被连挂车辆停留位置不清,导致"十、五、三车"距离信号显示不及时,接近连挂超速,推进车列与停留车辆发生冲突,造成被连挂车辆 $K_{13k}5500516$ 侧梁弯曲,构成铁路交通一般 D 类事故。

请同学们结合本任务相关内容,分析事故发生原因,并提出改进措施。

【任务准备】

思考问题 1　根据上述案例,你认为调车作业人员一般的工作制度有哪些?

_____

_____

_____

思考问题 2　根据上述案例,你认为铁路调车工作有哪些基本要求?

_____

_____

_____

【任务分组】

建议学习者组建学习小组,制订学习计划,共同完成相关任务。

姓名	学号	分工	备注	学习计划
			组长	

【任务学习】

一、调车人员基本要求

铁路调车人员在运输生产中承担着重要工作,发挥着重要作用。因此,对调车工作人员必须严格要求。

1. 总体要求

铁路调车有关人员,必须年满 18 岁,思想品德好、身体健康,并具有担任本职工作的基本知识和技能。

2. 岗位要求

铁路调车有关人员,在任职、提职、改职前,必须经过体格检查,熟悉《技规》调车作业相关部分规章制度、本职工作基本知识技能和技术安全规则,并经考试成绩合格。属于技术等级标准的人员,还须按其技术等级标准进行考试并成绩合格。在任职期间,还应定期进行体格检查、技术考试和技能鉴定,不合格者,应调整其工作。

3. 纪律要求

铁路调车有关人员,在接班前须充分休息,不得饮酒,如有违反,应立即停止其工作。

铁路各级领导对职工,特别是新职工,应加强安全生产知识和遵守劳动纪律的教育,并有计划地组织在职人员的日常技术业务学习和脱产轮训工作。

铁路调车有关人员,必须以对国家和人民极端负责的态度,严格遵守和执行《技规》等有关规章的规定,保证安全生产。

二、调车作业人员岗位分工及岗位职责

1. 调车指挥系统

车站的调车工作,由车站调度员(未设车站调度员的由调车区长代替,未设调车区长的由车站值班员代替)统一领导。车站分场(区)时,各场(区)的调车工作,由负责该场(区)的车站调度员或该场(区)的调车区长领导。动车段(所)调车工作的领导及指挥由铁路局集团公司规定。

调车作业由调车长单一指挥。利用本务机车进行调车作业时,可由车站值班员或助理值班员担任指挥工作。遇有特殊情况,可由经鉴定、考试合格并取得调车长资格的胜任人员代替。调车指挥系统如图 1-1 所示。

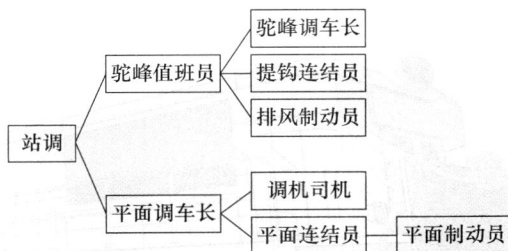

图 1-1 调车指挥系统

2. 调车岗位职责分工

（1）车站调度员（以下简称站调）岗位职责。

① 领导全站的调车工作，质量良好地完成日班计划任务。

② 编制调车作业计划并组织驼峰值班员和平面调车组落实兑现。

③ 传达调车作业计划至相关岗位。

④ 掌握调机作业进度并及时报点。

⑤ 根据到达无调列车信息，确定减轴车辆。

⑥ 按军运要求编制军事运输车辆的调车作业计划。

⑦ 执行调车联控。

⑧ 负责场间联系，完成要道还道工作，组织跨区作业计划及联系工作。

⑨ 认真执行交接班制度。

⑩ 完成上级交代的其他临时性工作。

（2）车站值班员岗位职责。

① 按照调车作业计划及时安排调车作业进路。

② 与驼峰值班员联系推峰、折返及挂车进路。

③ 平面调车作业时与站调进行要道还道工作。

④ 执行调车联控。

⑤ 完成上级交代的其他临时性工作。

（3）驼峰值班员岗位职责。

① 负责传达调车作业计划及重点事项布置。

② 根据调车作业计划和设备状况，与车站值班员联系推峰及折返进路。

③ 根据现场作业人员汇报的车辆实际情况，核对股道现车，与站调联系，核对调车作业计划，盯控解体作业过程，控制推峰作业速度。盯控解体计划、钩序、命令传递、道岔转换、车辆走行及间距、溜放报警信息、指令集状态，遇异常情况做好应急处置。

④ 确认到达车列技术检查作业、拉风作业已完成，通知驼峰调车长挂车。

⑤ 根据调车作业计划和站调的联系，安排平面调车机车上峰作业。

⑥ 根据调车作业计划联系和组织下峰作业。

⑦ 执行调车联控。

⑧ 完成上级交代的其他临时性工作。

（4）平面调车长岗位职责。

① 作业前亲自检查并督促组内人员充分做好准备，检查人员精神状态及劳保备品情况。

② 在车站调度员领导下，督促小组人员做好准备工作，组织指挥小组人员按时完成各项调车作业任务。

③ 接收并审核计划，根据调车作业计划制定作业方法及重点事项，亲自向司机传递；其他人员可指派连结员进行传达。

④ 正确及时地显示信号，指挥机车的行动。

⑤ 执行调车联控。

⑥ 督促做好车辆防溜及检查和汇报工作。

⑦ 负责调车人员的人身安全和行车安全。

⑧ 完成上级交代的其他临时性工作。

（5）驼峰调车长岗位职责。

① 在驼峰值班员的领导下，指挥调机作业，安全高效地完成调车作业任务。

② 负责向司机传达调车计划，正确及时地显示信号，连挂车列，做好试拉，督促司机动车。

③ 遇信号故障等情况，接到通知后，按要求引导机车作业。

④ 推峰作业中，机车乘务员确认信号困难时，协助瞭望。

⑤ 下峰及取车作业、分线作业或解体到达不足 10 辆的车列时，按照分工要求进行作业。

⑥ 按规定做好车辆防溜、检查及汇报工作。

⑦ 做好调车联控工作。

⑧ 完成上级交代的其他临时性工作。

（6）提钩连结员岗位职责。

① 在驼峰值班员的领导下，按照调车作业计划，合理分工，及时上岗，并完成其他临时性工作。

② 溜放作业时，掌握好提钩时机，严格执行"四看五不提"制度，做到不追尾、不错提、不钓鱼，保证作业及人身安全。

③ 顶送车列前负责信号及进路的确认，顶送车列时（推峰作业除外）负责前方瞭望确认，正确及时地显示信号。

④ 按计划要求检查关门车，人力制动时要严格执行选、试、磨闸制度。

⑤ 取送作业时按分工负责线路、车辆检查及防溜工作。

⑥ 执行调车联控工作。

⑦ 对换长 1.7 及其以上、车轮粘有异物、冷机、超过四轴的车、落下孔、凹型车及有禁峰禁溜标记、故障车，以及无法处理的抱闸车等重点盯控。

⑧ 完成上级交代的其他临时性工作。

（7）平面连结员岗位职责。

① 作业前协助调车长检查人员精神状态及劳保备品情况。

② 按收调车作业计划，并协助调车长传达调车作业方法和注意事项。

③ 按照调车长的指挥，对照调车作业计划，根据小组作业人员情况，合理进行作业分工，并督促小组成员按时上岗。

④ 溜放作业时，严格执行选、试、磨闸制度，掌握好提钩时机，严格控制速度，负责作业及人身安全。

⑤ 顶送车列前负责信号及进路的确认，顶送车列过程中，负责前方瞭望，并及时显示信号。

⑥ 根据调车作业计划按照分工负责复查、车辆连结、车辆走行安全、车辆防溜、检查及汇报工作。

⑦ 执行调车联控工作。

⑧ 完成上级交代的其他临时性工作。

（8）平面制动员岗位职责。

① 按照作业要求做好准备工作。

② 服从调车长的指挥,接收计划、听取作业方法和注意事项布置。

③ 按照分工对车辆、线路进行检查,并及时汇报检查情况。

④ 调车作业过程中按照分工负责钩位调整、车辆连结、车辆走行安全等。

⑤ 溜放作业前,做好选闸、试闸、磨闸工作,溜放作业时,严格控制速度,做到不压标、不越区,稳妥连挂。

⑥ 按规定做好车辆防溜、检查及汇报工作。

⑦ 执行调车联控工作。

⑧ 坚守岗位,作业未完,不得提前撤岗;作业完毕,集中回休息室待令。

⑨ 完成上级交代的其他临时性工作。

（9）排风制动员岗位职责。

① 做好对到达列车排风作业上岗准备工作。

② 负责对到达列车排尽风缸余风,排风摘管完毕后,逐车复查,做好摘风管、绑钩环、松闸链、调下程等工作。

③ 对车辆为换长1.7及其以上、车轮粘有异物、冷机、超过四轴的车、落下孔车、凹型车、有禁峰禁溜标记车、故障车以及无法处理的抱闸车等,应及时向提钩室和驼峰楼进行汇报。

④ 完成上级交代的其他临时性工作。

三、调车作业人员一般工作制度

（1）休息、着装制。应保证班前充分休息,班中按规定着装。

（2）点名预想制。按时参加班前点名,开展安全预想。

（3）对号交接制。按作业分工实行对号交接。

（4）交班总结制。实现规定的交班条件,做好班后工作总结。

四、调车工作的一般要求

在长期的生产实践中,广大调车人员创造了许多先进的经验和方法,经不断总结,形成了比较完整的制度,坚持这些行之有效的制度和方法,是实现安全生产、提高作业效率的重要保证。

1. 调车工作的意义和要求

调车工作是铁路运输生产过程中的基本环节,是车站工作的主要内容之一。它对及时解体、编组列车,取送旅客列车车底和货物装卸作业、检修作业的车辆,按运输需要调动机车车辆,完成列车技术检查、整备作业,保证按运行图行车、安全正点发车,缩短车辆停留时间、加速车辆周转,全面提高服务质量,完成铁路运输的数量与质量指标任务,都有着十分重要的意义。

2. 调车的定义和调车工作的主要内容

除列车在车站的到达、出发、通过及在区间内运行外,凡机车车辆进行的一切有目的的移动(包括在站内或区间)统称为调车。

调车工作主要包括列车编组、解体、摘挂、取送、转场、整理及机车车辆出入段等。由于调车工作地点经常变化,工作对象不固定、工作条件不同,参加调车工作的人员众多,因此调车工作是铁路行车工作中比较复杂、技术性又较强的工作。对于技术站,调车工作更是主要的生产活动之一。其他办理客货运业务的车站,也要进行不同数量的调车作业。车站业务量越大,调车作业越多。所以调车工作是铁路运输生产活动的基础,是行车组织工作的基本环节。调车工作是完成铁路运输过程中不可缺少的重要组成部分,是车站工作组织中的一项重要工作。

从整个运输过程来看,车辆在车站停留时间,约占车辆周转时间的70%左右。货车在一次周转过程中,一般要进行5~6次的调车作业。因此,调车作业质量的好坏、效率的高低、调车安全程度,对完成车站装卸工作、缩短车辆停留时间、加速车辆周转等各项指标有很大的影响,与行车安全、实现编组计划及列车运行图有着直接的关系。

3. 调车工作的基本要求

车站技术作业过程是指在现有技术设备和一定的行车组织方式条件下,有效地利用车站各项技术设备,合理安排作业,组织均衡生产,在参加运输工作的各部门密切协同动作的基础上制定的技术作业标准。调车作业计划规定了每批作业的具体任务、内容、方法、顺序、完成时间及注意事项等,是调车作业的依据和具体行动计划。因此,车站的调车工作必须按车站技术作业过程和调车作业计划进行。

参加调车作业的人员应做到以下几点。

(1)及时编组、解体列车、取送客货作业或检修的车辆等。

车站调车作业要保证接发列车的秩序正常,不影响列车正点出发。

及时编组就是按规定的时间标准完成编组任务,从而保证列车按运行图规定的时刻正点发车,因此,车站的编组列车顺序及每列车编完时间,应按列车运行图规定的各次列车发出时间去安排,在不妨碍正常接车和解体的条件下,正确安排编组列车计划,不要过早地将编组完了的列车转入到发线,以免待发时间过长,影响到发线的使用。

及时解体列车就是列车到达完成技术作业后,即进行解体作业。这样既可减少占用到发线时间,又可以保证正常接发其他列车,并为中转车流接续和作业车的取送创造条件。

及时取送客车有助于快速取送旅客列车车底,保证车流技术检查和客运整备作业所需时间。及时出入库,保证旅客列车安全正点始发。及时取送货车,有助于货物装卸及检修作业,能缩短车辆停留时间和非生产时间,加速车辆周转。

(2)充分运用调车机车及一切技术设备,采用先进工作方法,用最少的时间完成调车任务。

调车工作应采取先进的作业方法,提高作业效率。一方面发挥调车人员的积极性,各工种间密切配合、协同动作,不断提高劳动生产率;另一方面要经济合理地运用调车机车及一切技术设备,采用先进工作方法,周密计划,合理安排,做到快编、快解、快取、快送,尽可能组织平行作业,充分挖掘设备潜力,压缩各种非生产时间,提高作业效率,最大限度地发挥调车机车和技术设备的效能。

(3)认真执行作业标准,保证调车有关人员的人身安全及行车安全。

调车工作应把安全生产放在最核心、最重要、最突出的位置,牢固树立大运输、大安全的观点,提高安全工作的使命感和责任感,在安全生产中应发挥核心作用。调车工作是在动态中进行的,作业组织复杂,多工作联合动作,时常面对恶劣的天气,多变的环境,影响因素多,调车事故在行车事故中所占比例最大。所以在调车工作中,必须认真执行规章制度,落实作业标准,遵章守纪,防止一切可能发生的事故,做到安全生产。

4. 调车工作"九固定"

调车工作"九固定"是指固定作业区域、线路使用、调车机车、人员、班次、交接班时间和地点、工具数量及其存放地点。

（1）固定作业区域。

在调车作业繁忙、站线较多的车站，配有两台或两台以上调车机时，应根据车站作业特点、设备情况以及调车作业性质，划分每台调车机的固定作业区，以避免各调车机车作业的相互干扰，并有利于作业人员熟悉本区作业性质和设备状况，掌握作业区调车工作的规律。

（2）固定线路使用。

根据车站线路配置情况及车流性质，要固定车站调车场每一条线路用途，以有效地使用线路，减少重复作业，缩短调车行程，提高调车效率。技术站调车线的使用，应按车站调车工作任务要求、编组计划去向、车流性质、车流量大小等，结合线路配置数量及有效长等确定。

（3）固定调车机车。

为便于调车工作，要求担负调车作业的机车起、停车快，前后瞭望条件好，便于调车人员上下车，并能顺利通过较小半径曲线。因而，调车用的机车要车身短，轴距小，前后均有头灯、木脚踏板、扶手把等设备。作固定替换用的调车机车及小运转机车，应符合调车机车的条件（有前后头灯、扶手把、防滑脚踏板、无线调车灯显设备接口等）。担当调车作业的机车应固定使用。

（4）固定人员、班次。

调车作业是由多工种配合进行的，包括调车组人员、调车机车的乘务人员和扳道人员等，人员和班次固定才有利于相互了解、密切配合协调作业，有利于确保调车人员人身和作业安全。

（5）固定交接班时间和地点。

固定交接班时间和地点，可以避免交接班人员相互等待，有利于缩短非生产时间，这里主要指的是调车组和调车机车乘务组的交接班时间必须统一，交接班地点必须固定。

（6）固定工具数量及其存放地点。

配备足够数量和质量良好的调车工具和备品，如符合标准的制动铁鞋及防溜器具等，是做好调车工作的物质保证。制动铁鞋及防溜器具应在规定的地点放置，用后归位。制动铁鞋应成组放置在鞋台上（在雪少地区可放在涂有特殊标记的钢轨外侧），每组铁鞋数量及组距由车站规定。固定工具数量及其存放地点，不仅便于使用保管，而且当损坏或短少时，也便于及时发现和补充，保证正常的作业需要。

五、调车区的划分和调车机的分工

1. 调车区的划分

（1）调车区划分的原则。

在调车工作繁忙、配线较多的车站，配有两台及以上调车机车同时作业时，为了充分发挥调车机车和调车设备能力，保证调车作业安全，应根据调车作业性质、车流特点和车站配线等情况，划分调车机车的作业区域，这个区域叫调车区。每个调车区，在同一时间内，原则只准一台调车机车进行作业（驼峰有预推进路除外）。这样可避免调车机车相互干扰，有利于提高工作效率和作业安全。划分调车区域的原则有以下几个。

① 保证每台调车机车在作业时互不干扰;

② 使各台调车机车、驼峰牵出线及编组线负担的任务均衡合理;

③ 减少重复作业,加速编组解体,充分挖掘设备潜力提高车站通过和改编能力;

④ 保证行车和调车作业的安全。

(2)调车区划分的方法。

调车区域的划分,按线路配置、任务的不同,一般分为横向划区与纵向划区两种。

① 横向划区,即在调车场内特设分界标或利用固定建筑物作为调车区的分界线,两端各为一个调车区并在《车站行车工作细则》(以下简称《站细》)内规定,两端可同时向该线进行溜放或推进作业,但不得连挂或推动分界车组,为了保证重点,尽量使主区一端有较长的线路。

② 纵向划区,是当调车场的任何一端有两条以上牵出线或驼峰溜放线,一般是按照每条牵出线或驼峰溜放线直接接通的线束群来划分,每个调车区分配几条线路,以线路警冲标或分界道岔为界规定一定的任务,固定一台调车机车。

2. 调车场两端调车机的分工

(1)调车机在调车场一端解体、另一端编组,或以一端解体为主、另一端编组为主。这种分工适用于调车场一端设有驼峰,另一端设有牵出线的车站。由驼峰负责解体,牵出线负责编组,以充分发挥驼峰和牵出线的设备功能。

(2)调车机在调车场一端负责解编某一方向的列车,另一端负责解编另一方向的列车。这种分工适用于横列式车站调车场两端设有简易驼峰或牵出线,而两个方向的改编作业量又大致相等的车站。其优点是可以充分利用调车设备,均衡两端调车机车负担,减少重复作业,便于采用解编结合的调车方法。

(3)调车机在调车场以一端为主,另一端为辅。这种分工适用于解编作业基本上由主体调车机车担当,另一端调车机车负责车辆取送、车组甩挂作业,必要时协助主体调车机车进行解编作业。

3. 越区或转场作业

越区作业是指调车机车从本调车区到其他调车区进行的取送作业;转场作业一般是指调车场去到发场或去另一调车场的转线作业。越区或转场作业,不仅要经过许多线路和道岔,有的还要跨越正线,涉及几个调车区。因此,必须在越区或转场作业时,两区(场)调车领导人之间事先做好联系,制定调车作业计划,下达给参加调车作业的有关人员,必要时做好防护。当没有做好联系和防护时,不准放行越区车或转场车。

越区转场作业的办法具体如下。

(1)需越区转场作业时,必须经车站调度员准许。越区转场作业前,调车领导人先将越区(转场)的时间、地点、辆数及有关事项与进入区、场的调车领导人联系,取得同意后,再向本区有关人员布置。

(2)越出、进入或经由场、区的扳道人员,应按本区、场调车领导人的布置,停止相抵触的作业,确认线路空闲,并准备进路。

(3)越出区的扳道员,接到进入区进路准备妥当或同意转场的通知后,方可通知本区调车指挥人指挥越区(转场)作业。

(4)同一车站两场间,因距离较远,没有与正线彼此隔开专供场间往返调车的联络线时,应有站间闭塞制度。具体办理方法在《站细》内有详细规定。

（5）同一线路、同一方向两台机车在瞭望条件好的情况下,可保持 200m 以上间隔距离同时运行,但须事先通知司机。

（6）在集中联锁的车站,办理非进路调车时,不准其他调车机车进入非进路调车区。

（7）划区（场）的车站,越区、转场进入其他区的具体联系和防护办法,应在《站细》中规定。机车到其他调车区后,应听从该调车区调车领导人的指挥。

六、调车线路的固定使用

1. 调车线路固定使用的要求

（1）解体照顾编组,特别要保证干线车流的解体照顾编组。

（2）车辆重复改编作业要最少。

（3）列车解体、编组作业进度要快。

（4）驼峰和牵出线的作业配合要好。

2. 指定调车场线路固定使用的方法

为保证调车工作效率,调车线路应固定使用,以便于调车人员掌握。分配调车场线路用途时,先计算出各种用途所需的线路数目,然后根据以上要求指定线路用途,具体方法如下。

（1）每一编组去向的车流指定一条线,例如当线路少编组去向多时,应先满足主要车流,拨给单独的线路,其余次要车流,采取合并使用线路。

（2）对车流量大的编组去向,拨给较长的线路。

（3）为均衡牵出线的作业量,应将几个车流大的编组去向分别固定在衔接不同牵出线的调车线。

（4）尽量减少调车作业的干扰。车流大的编组去向要固定在接近到发场的调车线路上;同一去向的车流固定在同一线束的相邻线路上;本站作业车要固定的接近货物装卸地点的线路上。这样既可减少干扰,又可缩短调车行程。

（5）照顾车辆溜行性能。对难行车比例较大的编组去向,要固定编在易行线;对易行车比例大的编组去向,要固定编在难行线。这样可平衡车辆阻力。

（6）便于检修和其他作业。如站修线应固定在线间距较宽且靠近车辆段的线路。

调车线路固定使用,应纳入《站细》,一般情况不准“混线”,当编组站场固定线路使用遭到破坏,产生大量“混线”时,必将给运输生产带来困难,甚至堵塞。

日常作业中,往往由于车流的变动或其他原因,采取灵活运用固定线路的办法,称活用固定线路。例如在解体照顾编组时,某编组线“堵门”或满线,人力制动机不良或不能用铁鞋制动的车辆,随前行车组进其他线路,可活用线路;当调车线少于编组去向时,可根据班计划有序安排活用线路。固定线路灵活运用,只是一种暂时措施,在一批作业完了或在交接班前,必须恢复固定线路。

七、调车工作领导与指挥的有关规定

调车工作是一项由多工种联合行动的复杂工作。作业人员及工种多,作业组织比较复杂,作业方法灵活多变,影响的因素比较多,为安全、迅速、高质量地完成调车任务,调车工作必须遵循统一领导和单一指挥的原则。

1. 统一领导

统一领导，就是在同一时间内，车站的调车工作只能由车站调度员(未设车站调度员的由车站值班员)统一领导；各场(区)的调车工作，由负责该场(区)的车站调度员或该场(区)的调车区长领导。

各调车区之间相互关联的调车工作，应按车站调度员的指示进行，调车区长(或驼峰调车区长)不得超越自己的职权去领导其他场、区的作业。车站调度员、调车区长在领导调车工作中，遇有占正线、到发线和机车走行线以及影响接发列车进路的调车工作时，必须与车站值班员联系，并取得其同意后方可进行。占用正线、到发线的调车，常与接发列车作业干扰，因联系不彻底或盲目越过警冲标，有造成列车冲突的可能。

2. 单一指挥

单一指挥，就是在同一时间内，一台调车机车的调车作业计划的执行、作业方法的拟定和布置，以及调车机车行动的指挥，只能由调车长一人指挥。

未配调车长的车站，由本务机车进行调车作业时可由车站值班员、助理值班员担任指挥工作。遇有特殊情况，上述人员不能指挥调车作业时，可由有任免权限的单位经鉴定、考试合格的连结员代替。如果一个调车组配有两名调车长时，对每台担当调车作业的机车，在同一班次内，不得轮流指挥。必须更换指挥人时，应按各铁路局集团公司的有关规定办理。在调车作业中，所有调车有关人员(调车组、扳道组、机车乘务组)都必须服从调车指挥人的指挥。

八、调车作业计划编制、传达、变更的有关规定

1. 编制调车作业计划的要求

布置调车作业计划，应使用调车作业通知单(企业另有特殊规定时除外)；普速铁路中间站利用本务机车调车以及高速铁路车站进行有车辆摘挂的调车作业时，应使用有示意图的调车作业通知单(示意图可另附)。调车作业通知单按企业规定格式符号及要求填写。

编制调车作业计划时，应满足下列要求。

(1) 符合列车编组计划、列车运行图和《技规》的规定，保证调车作业顺利完成和人身安全。

(2) 合理运用技术设备和先进工作方法，最大限度地实现解体照顾编组，解体照顾送车，使解、编、取、送作业密切配合，做到调车钩数少、行程短、调动辆数(带车数)少、占用股道少、作业方便，即平均钩分小，调车效率高。

(3) 做到及时、准确、完整。"及时"就是及时编制和下达计划；"准确"就是保证计划本身无漏洞、无差错，尽量不变或少变计划；"完整"就是要求调车作业通知单字迹清楚，项目齐全。

2. 调车计划的传达

为正确及时地完成调车作业计划规定的任务和要求，调车指挥人每次接受调车作业计划后，应根据内容和要求确定具体的调车作业方法，连同注意事项亲自向司机递交和传达；对其他人员，亦应亲自传达。当调车指挥人亲自传达有困难时，可指派连结员传达或按《站细》内规定执行。未设调车组的中间站利用本务机车作业时，由车站值班员向扳道员传达。调车指挥人必须确认作业人员已了解后，方可开始作业。

3. 调车计划的变更

调车计划的变更主要指变更股道、辆数、作业方法及取送作业的区域或线路。随意变更

计划,既不安全也影响效率。但调车作业涉及的因素较多,且多为不可控因素,产生计划变更是难免的。变更计划应采用书面方式重新按规定程序下达。

对于一批作业(指一张调车作业通知单中所列的钩数)不超过 3 钩或变更计划不超过 3 钩时,可用口头方式布置(普速铁路中间站利用本务机车调车及高速铁路车站进行有车辆摘挂的调车时除外),有关人员必须复诵。仅变更作业方法或辆数时,不受口头传达 3 钩的限制,但调车指挥人必须向有关人员传达清楚。

变更股道时,应停车传达。驼峰解散车辆,只变更钩数、辆数、股道时,可不通知司机,但调车机车变更为下峰作业或向禁溜线送车前,应通知司机。

作业中变更计划,影响编组顺序、股道停车顺序和车数时,要取得调车领导人的同意;变更正线、到发线的调车作业计划时,应事先取得车站值班员同意。

普速铁路,岔线、段管线、货物线内的调车作业计划与实际情况不符时,调车指挥人可自行修订计划,并传达清楚。作业完了及时向调车领导人汇报。

【任务实施】

工作任务一　学习任务单

班级:＿＿＿＿＿　　姓名:＿＿＿＿＿　　学号:＿＿＿＿＿　　日期:＿＿＿＿＿

知识认知	1. 调车作业人员一般工作制度有哪些? 2. 什么是调车作业? 3. 调车工作的基本要求有哪些? 4. 调车工作"九固定"的具体内容是什么?

续上表

知识认知	5. 车站调车工作领导与指挥应遵循什么样的原则?
	6. 编制调车作业计划时,应遵循哪些要求?
	7. 调车计划的传达有哪些规定?
	8. 调车计划的变更有哪些规定?
能力训练	各组参考"典型工作任务一　调车工作基本要求"中的相关规定,对发布的案例进行分析与讨论,总结事故发生的原因,并对案例进行评析,提出改进意见; 讨论的结果以小组为单位进行汇报

【任务评价】

评价指标	组长评价	自我评价	教师评价
1. 知识学习效果			
2. 技能目标达成度			
3. 素质提升效果			
本模块最终评价			
个人总结及反思			

典型工作任务二
调车工作的技术要求

【任务描述】

由于调车工作涉及线路、设备、人员等较多因素,作业过程中需要各部门人员共同协作,才能有效地完成调车任务。以下介绍了调车工作的技术要求,包括调车信号的联系应答制度、调车进路的准备方法、正线/到发线调车的特殊规定等。这些规定是保证调车作业及接发列车作业安全的有效措施,在调车作业中必须严格遵守。

【任务引入】

20××年×月×日,××××次列车 21 时 45 分到达××站,进行调车作业,计划:2 道单机,4+全,6-2,4-20,6+7,4+10,6-10,4-7,开车。作业至 4+10 时,连结员对剩余车辆采取的防溜措施不彻底,致使停留车辆溜逸,与正在作业中的 6-10 调车列发生冲突,造成车辆小破 2 辆,构成调车冲突一般事故。

20××年×月×日晚时许,在某企业铁路专用线站场 A 中,正在岔区进行换端作业的机车 DF8b-××××准备挂空车返回 B 车站。DF8b-××××司机在充分确认停妥后,通过机车机械间前往二端司机室进行作业。此时,DF4-××××机车已与正在进行换端作业的 DF8b-××××机车处于同一条股道。DF4-××××机车司机在没有夜间瞭望的情况下驾驶机车,更为严重的是明知会相撞的情况下,DF4-××××司机却仅采用了正常制动模式(在非正常情况下司机有权采取紧急制动),这一举动直接导致了两机车正面冲突事故。在该事故中,专用线机车 DF4-××××班组并未依据《技规》进行标准化作业,更为严重的是 DF4-××××机车班组未在夜间进行瞭望,构成铁路交通一般 D1 事故。

请同学们结合本任务相关内容,分析事故发生原因,并提出改进措施。

【任务准备】

思考问题 1　根据上述案例,你认为在调车作业过程中,调车进路的确认应该由谁负责?

_____

_____

思考问题 2　根据上述案例,你知道调车作业速度及安全距离有何规定?

_____

_____

_____

思考问题 3　根据上述案例,你知道机车车辆停留有何规定?

_____

_____

_____

【任务分组】

建议学习者组建学习小组,制订学习计划,共同完成相关任务。

姓名	学号	分工	备注	学习计划
			组长	

【任务学习】

一、联系应答的规定

1. 显示信号与确认信号

调车作业时,调车人员应正确及时地显示信号;机车乘务人员要认真确认信号,并鸣笛回示。

调车作业中,调车组、机车乘务组、扳道组、信号员等有关调车人员之间的行动要求是通过信号(指令)来传递的。调车人员用无线调车灯显设备、信号旗、信号灯发出的信号(指令)是指挥调车作业的命令和要求,是机车乘务人员及其他调车人员行动的依据。所以,调车作业时,调车人员必须按规定方式正确及时地显示信号(发出指令)。

认真确认信号(作业指令),并回示。没有看到调车指挥人的起动信号(指令),不准动车,信号(指令)不清,立即停车。对单机车返回道岔或机车出入段时,可根据扳道员显示的道岔开通信号或调车信号机显示的允许运行信号动车。无扳道员和调车信号机时,调车指挥人确认道岔开通正确(如为集中操纵的道岔,还须与操纵人员联系)后,向司机显示起动信号。

在推进车辆过程中,调车指挥人应站在能使司机看见其显示信号的位置,车列前部再派其他调车人员瞭望,及时向调车指挥人显示信号。

2. 显示距离信号

连挂车辆或尽头线取送车辆时,要显示十、五、三车距离信号(单机除外)。

(1)在调车车列前端距离被挂车辆十车(约 110m)时,要发出十车信号或"十车"指令;调车机车司机应将速度控制在 17km/h 以下。

（2）在调车车列前端距离被挂车辆五车（约55m）时，要发出五车信号或"五车"指令；调车机车司机应将速度控制在12km/h以下。

（3）在调车车列前端距离被挂车辆三车（约33m）时，要发出三车信号或"三车"指令；调车机车司机应将速度控制在7km/h以下。

司机必须时刻注意十、五、三车距离信号并回示，同时，应按信号或指令要求正确控制速度。为避免司机误认，调车指挥人在距离停留车十车以内时，不要再显示减速信号。

在没有显示十、五、三车距离信号的情况下，不允许挂车。

调车指挥人没有得到司机回示或司机未按规定减速时，应立即显示停车信号或发出紧急停车指令。

单机或牵引挂车时，因司机视线不受影响，所以调车指挥人可不显示十、五、三车距离信号。

二、准备调车进路方法

调车进路是指机车、车辆在站内有目的地移动时所要经过的经路，是从调车车列或单机运行方向的前端起，至本次运行方向目的地或防护设备止的这一段线路。

1. 集中联锁进路的准备

在集中联锁的车站，信号员或作业员应按照调车作业通知单的要求或值班员的命令，正确、及时地按下有关按钮，操纵道岔的转动。进路排好后，调车信号（月白灯光）自动开放。操纵信号时，信号员或作业员要"眼看、手指、口呼"，并做到"一看、二按、三确认、四呼唤"，严禁他人操纵。

扳道员在显示道岔开通信号时，要先显示股道号码信号（有股道号码表示器装置除外）。作业中，扳道员要按调车作业通知单的作业钩序进行扳道；扳道员、信号员、驼峰作业员在每一钩调车作业计划完成后，应立即抹销。

为确保接发列车安全，加大对中间站调车安全的控制力度，解决轨道电路分路不良等问题，要求中间站调车还必须遵守以下规定。

（1）涉及正线和到发线的调车作业，必须得到车站值班员准许，否则，信号员不得擅自排列调车进路。

（2）利用和穿越正线调车作业时，车站值班员（信号员）未得到调车人员（单机、轨道车为司机）的要道请示，不得擅自排列调车进路；调车人员（司机）未得到值班员（信号员）调车进路准备妥当的命令，不得擅自动车。严格执行"问路式"调车的有关规定。

（3）集中联锁的四、五等站，准备长调车进路时，调车进路必须一次排出，不准分段排列调车进路。

2. 非集中联锁进路准备

在非集中联锁或集中联锁故障的进路上进行调车作业，扳道员应根据调车作业通知单及调车指挥人的信号要求，正确及时地扳动道岔、显示信号，严格执行"一看、二扳、三确认、四显示"制度及要道还道制度，以确保调车进路的正确执行。

"一看"，包括看道岔的开通位置，看进路有无障碍，看邻线有无机车车辆越过警冲标，如图1-2所示。

"二扳"，指将道岔扳至所需位置，如图1-3所示。

图 1-2　"一看"

图 1-3　"二扳"

"三确认",包括确认道岔开通位置正确,确认尖轨与基本轨密贴,确认机车车辆未越出警冲标,确认进路无障碍,如图 1-4 所示。

"四显示",指向有关人员显示进路开通信号,如图 1-5 所示。

图 1-4　"三确认"

图 1-5　"四显示"

3. 调车进路的确认

调车进路的确认包括确认调车信号、负责与扳道员要道还道、负责"问路"、负责瞭望等。调车进路确认分工如下。

（1）单机运行或牵引车辆运行时,前方进路由司机负责确认。

（2）推进运行时,前方进路由调车指挥人确认,如调车指挥人所在位置确认前方进路有困难时,可指派调车组其他人员确认。

三、要道还道的规定

要道还道是调车组人员（扳道人员）操纵道岔准备好进路后,与司机或调车人员（扳道人员）相互间对进路确认的一种联系方式。

非集中区调车作业时,要认真执行要道还道制度。扳道员之间的要道还道办法及集中区与非集中区的作业办法,在《站细》内规定。连续溜放和驼峰解体车列时,第一钩应实行要道还道制度（集中联锁设备除外）,从第二钩起,按调车作业通知单的要求扳动道岔。

17

　　设有扳道员的区域,单机或牵引车辆运行时,由司机要道;推进车辆运行时,由调车组要道。作业人员应做到:出要出路,进要进路。如在运行中调车组要道有困难,可要求司机鸣笛要道,如图1-6所示。调车组要道时,应向扳道员显示股道号码信号。扳道员在得到要道人员的要道信号后,必须确认道岔所开通股道与要道人员所要股道一致后,方可站在规定地点向要道人员还道。还道时,扳道员应先显示股道号码信号,再显示股道开通信号。设有股道表示器时,确认股道表示器显示正确,可不显示股道号码信号,只显示股道开通信号,如图1-7所示。

图1-6　司机鸣笛要道　　　　　　　　图1-7　扳道人员向司机还道

　　进路上有两名及其以上的扳道员作业时,相互间应由远及近逐次要道还道后,由来车方向就近的扳道员向调车组或司机还道。

　　设有股道表示器等设备并能确认开通股道的车站,要道还道时,可显示开通信号,不显示股道号码。

　　为保护环境,减少噪声干扰,无线调车设备得到广泛应用,要道还道可以通过无线调车设备进行,具体办法和用语应在《站细》内规定。

要点概括:

　　进要进道,出要出道;不过不要,不成不报。

　　调车作业去作业股道时,请求进入作业股道进路;调车作业由作业股道返回时,请求作业股道返回进路;未过返岔地点,不准要道;进路未全部准备妥当,不准通报进路。

　　使用平面无线灯显设备调车时,要道还道用语示例:

　　连结员确认扳道人员还道信号或按作业计划分工正确准备进路。向调车指挥人报告:"×号,×道(线、道岔)开通。"

　　调车指挥人听取报告后,应答:"×道开通,×号明白。"

四、正线、到发线调车作业的有关规定

1. 正线、到发线上调车作业

　　在正线、到发线上调车时,要经过车站值班员的准许。在接发列车时,车站值班员应按《站细》规定的时间,停止影响列车进路的调车作业。

　　车站值班员负责掌握正线、到发线的使用情况,了解列车运行情况,对保证不间断地接

发列车负有直接责任。因此,占用或影响正线、到发线的调车作业,必须经过车站值班员的准许,特别是设有车站调度员的车站更应注意,以免妨碍接发列车。在调度集中区段,由列车调度员办理接发列车,掌握车站的正线、到发线运用的情况下,在正线、到发线上调车时,必须取得列车调度员的准许。

影响列车进路的调车作业是指:占用或穿过接发列车进路的调车作业;接发超限货物列车进路的线路上,当线路间距不足 5 000mm 时,邻线上调车作业;接发非超限货物列车进路的线路上,当线路间距不足 5 000mm 时,邻线上调动装载超限货物车辆的作业;接发旅客列车时,与接发列车进路没有隔开设备或脱轨器的线路,向能进入接发列车进路的方向调车。

在接发列车时,车站值班员应掌握调车作业的实际情况,并应按《站细》规定的时间,确认影响列车进路的调车作业已停止,再排列接发车进路,开放信号,严禁抢钩作业。

列车进路是指列车在车站到达、出发或通过所经由的一段线路。

（1）接车进路:接入停车列车时,由进站信号机起,至接车线末端警冲标或出站信号机止的一段线路,称为接车进路,如图 1-8 所示。

（2）发车进路:发出列车时,由列车前端起至相对方向进站信号机或站界标止的一段线路,称为发车进路,如图 1-9 所示。

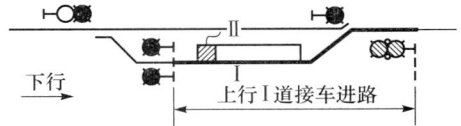

图 1-8　接车进路

（3）通过进路:列车通过时,该列车通过线两端进站信号机或进站信号机至站界标间的一段线路,称为通过进路,如图 1-10 所示。

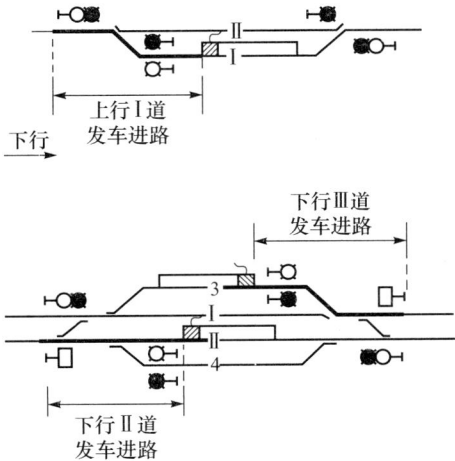

图 1-9　发车进路

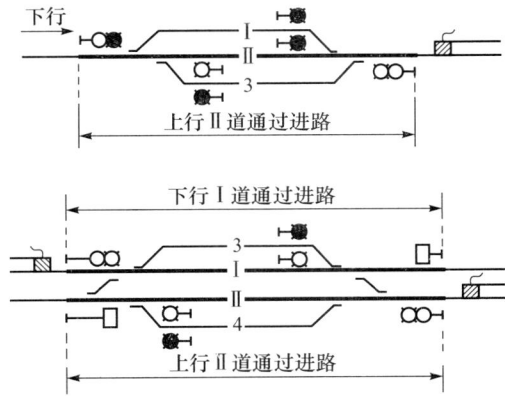

图 1-10　通过进路

2. 越出站界调车

越出站界调车时,双线区间正方向,必须区间（自动闭塞区间为第一个闭塞分区）空闲;单线自动闭塞区间,闭塞系统必须在发车位置,第一个闭塞分区空闲,经车站值班员口头准许并通知司机后,方可出站调车。

单线半自动闭塞区间和双线反方向出站调车时,须有停止使用基本闭塞法的调度命令,与邻站办理闭塞手续,并发给司机出站调车通知书。

3. 跟踪出站调车

跟踪出站调车时,只准许在单线区间及双线正方向线路上办理,并须经列车调度员口头准许,取得邻站值班员承认的电话记录号码,发给司机跟踪调车通知书(见《技规》附件 5)。在先发列车尾部越过预告、接近信号机(或靠近车站的第一个预告标)或《站细》规定的间隔时间后,方可跟踪出站调车,但最远不得越出站界 500m。

遇下列情况,禁止跟踪出站调车:

(1)出站方向区间内有瞭望不良的地形或有长大上坡道(站名表由铁路局集团公司公布)。

(2)先发列车需由区间返回,或挂有由区间返回的后部补机。

(3)一切电话中断。

(4)雾、暴风雨雪天气。

(5)动车组调车作业。

跟踪调车作业完毕,车站值班员确认跟踪调车通知书收回后,向邻站发出电话记录号码。列车虽已到达邻站,但跟踪调车通知书尚未收回时,禁止办理区间开通手续。

4. 机车出入段经路的有关规定

车站值班员要认真掌握机车出入段的经路。有固定机车走行线时,出入段机车必须走固定走行线。机车固定走行线上禁止停留机车车辆。没有固定走行线或临时变更走行线时,应通知司机经路(集中联锁的车站除外),司机按固定信号或扳道员显示的允许运行的信号行车。

五、接发旅客列车对调车作业的限制

在接发旅客列车时,除遵守正线、到发线调车作业及影响接发列车进路的调车作业等相关规定外,为防止其他调车作业中的机车车辆因溜逸、冒进信号等进入接发列车进路,与正在进出站的旅客列车发生冲突,规定在接发旅客列车时,与接发列车进路没有隔开设备或脱轨器的线路,不准向能进入接发列车进路的方向调车。

为了尽可能地压缩非生产等待时间,并考虑本务机车在停留线路内摘挂、列车拉道口等作业时,机车车辆移动范围小、目的明确,允许接发旅客列车时,在与接发列车进路没有隔开设备或脱轨器的线路进行本务机车摘挂、列车拉道口作业,但须严格控制速度,只能在本线路内进行。

有特殊困难的车站,确需调车作业时,应根据作业特点和设备实际情况制定相应的安全措施,由铁路局集团公司批准。有特殊困难的动车段(所)接发空载动车组,调车作业可比照有特殊困难的车站办理。

六、调车作业速度及安全距离的规定

调车作业应准确掌握速度及安全距离,并按下列规定办理:

(1)在空线上牵引运行时,速度不应超过 40km/h,推进运行时,速度不应超过 30km/h;动车组后端操作时,速度不应超过 15km/h。

(2)调动乘坐旅客或装载爆炸品、气体类危险货物、超限货物的车辆时,不应超过 15km/h。

(3)距停留车位置十、五、三车时,速度分别不应超过 17km/h、12km/h、7km/h,接近被连挂的车辆时,速度不应超过 5km/h。

（4）推上驼峰解散车辆时的速度和装有加、减速顶的线路上的调车速度,由企业规定。经过道岔侧向运行的速度由企业规定。

（5）在尽头线上调车时,距线路终端应有 10m 的安全距离;遇特殊情况小于 10m 时,应严格控制速度。

（6）电力机车、动车组在有接触网终点的线路上调车时,应控制速度,距接触网终点标应有 10m 的安全距离;遇特殊情况小于 10m 时,应严格控制速度。

（7）遇天气不良等非正常情况,应适当降低速度。

七、使用无线调车灯显设备的规定

机车进行调车作业时,应采用无线调车灯显设备（机车摘挂、转线等不进行车辆摘挂的作业,列车在到达线路内拉道口、直接后部摘车除外）,并使用规定频率,其显示方式须符合有关要求。无线调车灯显设备应与列车运行监控装置配合使用。

（1）无线调车灯显设备正常使用时停用手信号,对灯显以外的作业指令采用通话方式。调车人员应正确及时发出信号指令和用语,做到用语标准、吐字清晰（作业用语由企业规定）。无线调车灯显设备发生故障时,改用手信号指挥作业。如调车组人员间电台通话功能良好时,作业中仍可使用电台相互联系,但调车长应改用手信号方式指挥司机。

（2）使用无线调车灯显设备指挥调车作业时,应执行单一指挥的原则,指挥机车的调车指令和用语,只能由调车长发出。

（3）使用无线调车灯显设备进行调车作业时,不准许发出与调车作业无关的用语;其他无关人员不准许使用;不准许私自变更频率;调车长不准许向连结员（制动员）放权使用;调车作业人员不到位,不准许指挥动车或作业;不准许简化调车作业程序。

（4）调车长于接班后（作业前）应认真组织调车组、司机等有关人员对无线调车灯显设备信令、通话等功能进行试验,具体试验方法、试机通话用语及要求等由企业规定。

（5）调车作业中,需进入车档或车下进行摘结软管、调整钩位等作业前,连结员（制动员）应使用无线调车灯显设备及时向调车长汇报,得到同意后按下紧急停车按钮,方可进行作业。当发现危及人身和行车安全时,调车人员应及时发出停车信号（紧急停车指令）或用语,司机接收到停车信号（紧急停车指令）或用语后应立即停车。

作业完毕或于紧急停车原因消除后,发出紧急停车指令的人员应及时向调车长汇报并"解锁"。

（6）未安装固定式机车控制器的机车,担当调车作业时可使用便携机车控制器。作业开始前由调车人员将便携机车控制器送上机车,安置在适当位置,作业完了由调车人员取回。在作业中需要变更司机室操纵时,由司机将便携机车控制器移至需要位置,并负责连接。

（7）无固定调车机的车站,可根据需要配备便携机车控制器,一台使用,一台备用。

（8）无线调车灯显设备、无线调车机车信号和监控系统的使用、维修及管理办法由铁路局集团公司规定。

八、动车组调车作业的规定

（1）动车组为动车和拖车组成的动力分散式的固定编组列车,不能任意分解和与其他机车车辆混编运行,两组短编组同型动车组可重联运行,遇救援等特殊情况时,两组不同型号的动车组可重联运行。遇有特殊情况须采用机车牵引方式挂运时,应使用过渡车钩整列挂运。

（2）旅客列车、回送客车底运行速度高,安全条件要求比较严,牵引质量比较小,且货车每辆闸瓦压力比客车小,会使全列车制动力减弱,降低规定的运行速度,在列车制动时还会引起冲动。同时,部分动车组以外的旅客列车还要在高速铁路运行,安全要求高,所以规定所有旅客列车均不准编挂货车。

（3）为保证旅客安全,旅客列车中乘坐旅客的车辆,与机车相连接的客车端门及编挂在列车尾部的客车后端门必须加锁。为避免动车组列车司机的工作受干扰,动车组列车司机室与旅客乘坐席间的门必须锁闭。

（4）动车组采用机车调车、无动力回送及救援时,必须加装过渡车钩,过渡车钩和专用风管的安装与拆卸、电气连接线的连结与摘解均由随车机械师负责,在动车段（所）内调车而无随车机械师时,由动车段（所）指派胜任人员负责。动车组无动力回送或被救援时,过渡车钩、专用风管的安装与拆卸由随车机械师负责,司机配合。

（5）列车机车连挂动车组:机车与动车组连挂时,必须加装过渡车钩,机车与过渡车钩的连结与摘解、软管摘结、电气连接线的连结与摘解,由随车机械师负责。

（6）两列动车组重联或解编时,由动车组机械师负责引导,司机确认。动车组重联时,被控动车组应退出占用,主控动车组使用调车模式与被控动车组连接。解编操作时,主控动车组转换为调车模式后,必须一次移动 5m 以上方可停车。

（7）在电气化铁路的部分线路上,根据技术条件和作业需要并未完全挂网,为了区分有电区与无电区,接触网的终点均挂有终点标。为了防止担当调车作业的电力机车或动车组越过终点标进入无电区,造成刮弓、塌网或将高压电带入无电区造成损害等事故,电力机车或动车组在该线路上调车时,调车人员与司机应严格控制速度,距接触网终点标应有 10m 的安全距离。

（8）由于动车组是独立固定编组,正常情况下不具备与其他机车、车辆连挂的条件,调车溜放时,车辆速度难以控制,容易发生与停留动车组接触、冲撞等问题,损坏动车组,规定停有动车组的线路,禁止溜放作业。

（9）动车组由于自身构造和工作原理,通过驼峰可能会对自身或驼峰设备造成危害,危及安全,所以禁止动车组通过驼峰。

（10）由于动车组是独立固定编组,正常情况下不具备与其他机车、车辆连挂的条件,若手推调车制动不及时或制动不当,容易造成车辆接触或碰撞动车组,损坏动车组,所以在停有动车组的线路上不得手推调车。

（11）动车组自带动力,基于安全、构造特点、作业方式等原因,一般情况下动车组进行调车作业时,应采用自走行方式（故障救援、非电化区段调车等必要情况时才采用动车组无动力调车方式）,司机根据调车作业计划和凭地面信号机的显示进行作业。

（12）动车组自走行调车作业时,司机应在动车组运行方向的前端操作,前方进路的确认由动车司机负责。在不得已情况下必须在后端操作时,应指派随车机械师或其他胜任人员在动车组运行方向的前端指挥,发现危及行车或人身安全时,应立即使用紧急停车按钮（紧急制动装置）停车或通知司机停车。为保证安全,后端操作时速度不得超过

15km/h。

（13）动车组是固定编组、单独运用,从其自身构造和安全要求出发,动车组禁止连挂其他机车车辆调车。但当动车组故障时,动车组可连挂救援机车,连挂附挂回送过渡车以及动车组无动力调车时的调车机、公铁两用牵引车。

（14）有特殊困难的车站,确需调车时,应根据作业特点和设备实际,制定相应的安全措施,由铁路局集团公司批准。接发空载动车组有特殊困难的动车段(所),可比照有特殊困难的车站办理。

（15）为确保动车组安全,禁止动车组跟踪出站调车作业。

（16）动车组固定编组,调车作业大多是自走行作业,除使用机车调车作业外不需要车站人员参与,而且动车组大多带有停放制动装置,可保证动车组无动力停留安全。为减少作业环节、消除结合部隐患,统一动车组防溜办法,动车组防溜原则上优先使用停放制动装置,由司机负责将动车组处于停放制动状态。动车组无停放制动装置或在坡度为20‰以上的区间无动力停留时,由司机通知随车机械师进行防溜处理,防溜时使用铁鞋牢靠固定。动车段(所)内动车组防溜办法由铁路局集团公司规定。

九、机车车辆停留的规定

（1）机车车辆必须停在警冲标内方。在调车作业中,车辆临时停在警冲标外方时,一批作业完成后,应立即送入警冲标内方。因特殊情况需在警冲标外方进行装卸作业时,必须经车站值班员、调车区长准许,在不影响列车到发及调车作业的情况下方可进行,装卸完了后,应立即送入警冲标内方。

安全线及避难线上,禁止停留机车车辆;在超过6‰坡度的线路上,不得无动力停留机车车辆。

装载爆炸品、气体类危险货物的车辆及救援列车,必须停放在固定的线路上,两端道岔应扳向不能进入该线的位置并加锁;临时停留公务车线路上的道岔也应扳向不能进入该线的位置并加锁。集中操纵的道岔可在控制台上进行单独锁闭。

（2）编组站、区段站在到发线、调车线以外的线路上停留车辆,不进行调车作业时,应连挂在一起,并必须拧紧两端车辆的人力制动机,或以铁鞋(止轮器、防溜枕木等)牢靠固定。因装卸车对货位等情况,不能连挂在一起时,应分组做好防溜措施。

中间站停留车辆,无论停留的线路是否有坡道,均应连挂在一起,拧紧两端车辆的人力制动机,并以铁鞋(止轮器、防溜枕木等)牢靠固定。因装卸车对货位等情况,不能连挂在一起时,应分组做好防溜措施。一批调车作业中临时停留的车辆,须拧紧两端车辆的人力制动机或以铁鞋(止轮器)止轮。

编组站和区段站的到发线、调车线是否需要防溜以及作业量较大中间站执行上述规定有困难时,由铁路局集团公司规定。

（3）动车组无动力停留时,有停放制动装置的动车组,由司机负责将动车组处于停放制动状态;动车组无停放制动装置或在坡度为20‰以上的区间无动力停留时,由司机通知随车机械师进行防溜,防溜时使用止轮器牢靠固定。动车段(所)内动车组防溜办法由铁路局集团公司规定。

【任务实施】

工作任务二　学习任务单

班级：_____　　姓名：_____　　学号：_____　　日期：_____

知识认知	1. 调车作业中进路的确认由谁负责？ 2. 设有扳道员的区域要道还道有何规定？ 3. 进路上有两名及其以上的扳道员作业时，要道还道有何规定？ 4. 在正线、到发线上调车有何规定？ 5. 调车作业速度及安全距离有何规定？

续上表

知识认知	6. 使用无线调车灯显设备有哪些规定？ 7. 动车组调车作业原则上采用哪种方式进行？ 8. 机车车辆停留有何规定？
能力训练	各组参考"典型工作任务二　调车工作的技术要求"中的相关规定，对发布的案例进行分析与讨论，总结事故发生的原因，并对案例进行评析，提出改进意见； 讨论的结果以小组为单位进行汇报

【任务评价】

评价指标	组长评价	自我评价	教师评价
1. 知识学习效果			
2. 技能目标达成度			
3. 素质提升效果			
本模块最终评价			
个人总结及反思			

典型工作任务三
调车中信号的显示

【任务描述】

调车信号是指挥调车机车和调车组行动的命令。调车作业时,调车人员必须正确及时地显示信号;机车乘务人员要认真确认信号,并回示。

推进车辆连挂时,要显示十、五、三车的距离信号,没有显示十、五、三车的距离信号,不准挂车,没有司机回示,应立即显示停车信号。

推送车辆时,要先试拉。车列前部应有人进行瞭望,及时显示信号。

当调车指挥人确认停留车位置有困难时,应派人显示停留车位置信号。

调车有关人员必须严格按照信号显示进行作业,对调车信号显示的意义要熟练掌握。显示手信号和发出听觉信号要清晰准确,避免造成受令人误读误判。

【任务引入】

2008 年×月×日 16 时 23 分,××站的一调执行第 3 号调车作业计划,该作业是从站场的Ⅰ场顶送 1 辆车,经由联络线送机务段。当运行至站场Ⅳ场 D446 信号机前,在信号关闭状态下,调车车列闯蓝灯,将 434 号道岔挤坏,构成一般的 D 类铁路交通事故。

请同学们结合本任务相关内容,分析事故发生原因,并提出改进措施。

【任务准备】

思考问题 1　根据上述案例,你认为调车色灯信号机显示为蓝色表示什么含义?

_____

_____

_____

思考问题 2　根据上述案例,在站场中,还有哪些调车色灯信号机? 有几种显示,各表示什么含义?

_____

_____

_____

【任务分组】

建议学习者组建学习小组,制订学习计划,共同完成相关任务。

姓名	学号	分工	备注	学习计划
			组长	

【任务学习】

一、无线调车灯显信号的显示

无线调车灯显信号的显示方式应符合图 1-11 的规定。

无线调车灯显信号的显示含义如下:

(1)一个红灯——停车信号。

(2)一个绿灯——推进信号。

(3)绿灯闪数次后熄灭——起动信号。

(4)绿、红灯交替后绿灯长亮——连结信号。

(5)绿、黄灯交替后绿灯长亮——溜放信号。

(6)黄灯闪后绿灯长亮——减速信号。

(7)黄灯长亮——十、五、三车距离信号。

　　① 十车距离信号(加辅助语音提示)。

　　② 五车距离信号(加辅助语音提示)。

　　③ 三车距离信号(加辅助语音提示)。

(8)两个红灯——紧急停车信号。

(9)先两个红灯后熄灭一个红灯——解锁信号。

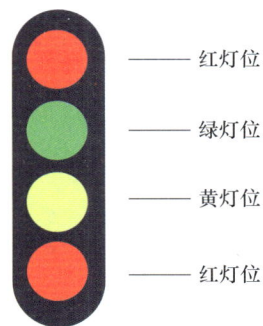

图 1-11　无线调车灯显信号的显示方式

红灯位
绿灯位
黄灯位
红灯位

二、调车色灯信号机的显示

调车色灯信号机显示下列信号:

（1）一个月白色灯光——准许越过该信号机调车,如图 1-12 所示。

a) 高柱调车信号机　　　　　　　　　b) 矮型调车信号机

图 1-12　调车信号机

（2）一个月白色闪光灯光——装有平面溜放调车区集中联锁设备时,准许溜放调车,如图 1-13 所示。

（3）一个蓝色灯光——不准越过该信号机调车,如图 1-14 所示。

图 1-13　准许溜放调车信号灯　　　　　图 1-14　不准越过该信号机调车信号灯

不办理闭塞的站内岔线,在岔线入口处设置的调车信号机,可用红色灯光代替蓝色灯光,如图 1-15a) 所示。

起阻挡列车运行作用的调车信号机,应采用矮型三显示机构,增加红色灯光或用红色灯光代替蓝色灯光,如图 1-15b)、图 1-15c)所示。当该信号机的红色灯光熄灭、显示不明或显示不正确时,应视为列车的停车信号。

a) 红色灯光调车信号机

b) 矮型三显示信号机1

c) 矮型三显示信号机2

图 1-15 不办理闭塞的站内岔线调车信号机

三、驼峰色灯信号机及其复示信号机的显示

驼峰色灯信号机及其复示信号机显示下列信号。
(1) 一个绿色灯光——准许机车车辆按规定速度向驼峰推进,如图 1-16 所示。
(2) 一个绿色闪光灯光——指示机车车辆加速向驼峰推进,如图 1-17 所示。
(3) 一个黄色闪光灯光——指示机车车辆减速向驼峰推进,如图 1-18 所示。

图 1-16 驼峰色灯信号机
(一个绿色灯光)

图 1-17 驼峰色灯信号机(一个
绿色闪光灯光)

图 1-18 驼峰色灯信号机(一个
黄色闪光灯光)

（4）一个红色灯光——不准机车车辆越过该信号机或指示机车车辆停止作业，如图 1-19 所示。

（5）一个红色闪光灯光——指示机车车辆自驼峰退回，如图 1-20 所示。

（6）一个月白色灯光——指示机车到峰下，如图 1-21 所示。

（7）一个月白色闪光灯光——指示机车车辆去禁溜线或迂回线，如图 1-22 所示。

驼峰色灯信号机的复示信号机平时无显示，如图 1-23 所示；当办理驼峰推送进路后，其显示方式与驼峰色灯信号机相同。

图 1-19　驼峰色灯信号机（一个红色灯光）　　图 1-20　驼峰色灯信号机（一个红色闪光灯光）　　图 1-21　驼峰色灯信号机（一个白色灯光）

图 1-22　驼峰色灯信号机（一个白色闪光灯光）　　图 1-23　驼峰色灯辅助信号机

四、驼峰色灯辅助信号机及其复示信号机的显示

（1）驼峰色灯辅助信号机及其复示信号机显示一个黄色灯光——指示机车车辆向驼

峰预先推送,驼峰色灯辅助信号机如图 1-23 所示;当办理驼峰推送进路后,其灯光显示均与驼峰色灯信号机显示相同。

（2）驼峰色灯辅助信号机平时显示红色灯光,对列车起停车信号作用。

（3）驼峰色灯辅助信号机的复示信号机平时无显示,如图 1-24 所示;当办理驼峰推送进路或驼峰预先推送进路后,其显示方式与驼峰色灯辅助信号机相同。

图 1-24　无显示驼峰复示
信号机

五、调车表示器的显示

调车表示器的显示方式如下:

（1）向调车区方向显示一个白色灯光——准许机车车辆自调车区向牵出线运行,如图 1-25 所示。

（2）向牵出线方向显示一个白色灯光——准许机车车辆自牵出线向调车区运行,如图 1-26 所示。

（3）向牵出线方向显示两个白色灯光——准许机车车辆自牵出线向调车区溜放,如图 1-27 所示。

图 1-25　调车表示器(向调车区方向显示一个白色灯光)

图 1-26　调车表示器(向牵出线方向显示一个白色灯光)

图 1-27　调车表示器(向牵出线方向显示两个白色灯光)

六、道岔表示器的显示

道岔表示器的显示方式如下。

（1）昼间无显示；夜间为紫色灯光——表示道岔位置开通直向，如图 1-28 所示。

a) 昼间无显示　　　　　　　　　　　　b) 夜间显示为紫色

图 1-28　道岔表示器（道岔位置开通直向）

（2）昼间为中央划有一条鱼尾形黑线的黄色鱼尾形牌；夜间为黄色灯光——表示道岔位置开通侧向，如图 1-29 所示。

a) 昼间无灯光，显示黄色鱼尾形牌　　　　　b) 夜间黄色灯光，显示黄色鱼尾形牌

图 1-29　道岔表示器（道岔位置开通侧向）

（3）在调车区为集中联锁时，进行连续溜放作业的分歧道岔应有道岔表示器，平时无显示，当进行溜放作业时，其显示方式为：

① 紫色灯光——表示道岔开通直向，如图 1-30a）所示；

② 黄色灯光——表示道岔开通侧向，如图 1-30b）所示。

a) 道岔开通直向　　　　　　　　　　　　b) 道岔开通侧向

图 1-30　集中联锁调车区进行连续溜放作业分歧道岔的道岔表示器

七、脱轨表示器的显示

脱轨表示器的显示方式如下。

（1）带白边的红色长方牌及红色灯光——表示线路在遮断状态，如图 1-31 所示。

图 1-31　脱轨表示器（线路在遮断状态）

（2）带白边的绿色圆牌及月白色灯光——表示线路在开通状态，如图 1-32 所示。

图 1-32　脱轨表示器（线路在开通状态）

八、手信号的显示

调车手信号是指挥、联系的视觉信号工具。昼间调车指挥人使用信号旗，调车组其他人员徒手显示手信号；夜间调车组人员使用信号灯，调车指挥人使用能发出红、绿、白色灯光的信号灯，连结员、制动员使用能发出红、白色灯光的信号灯。

正确显示调车手信号是作业人员必须具备的基本功，如果手信号显示不明或错误，一是影响作业进度，二是按错误信号作业容易发生事故。

1. 显示要求

为确保手信号显示正确和防止误认，行车有关人员显示手信号时，必须严肃认真，要位置适当，正确及时，横平竖直，灯正圈圆，角度准确。

2. 持旗要求

（1）在显示手信号时，凡昼间持有手信号旗的人员，应将信号旗拢起，左手持红旗，右手持绿旗（扳道员右手持黄旗）。不持手信号旗的行车有关人员需要显示手信号时，应徒手按规定方式显示信号。

（2）调车指挥人员登乘机车车辆，一手扶把手，一手显示展开的绿色信号旗时，手持的信号旗左、右可灵活掌握，但必须将拢起的红色信号旗置于绿色信号旗对向司机方向的前面，以便能随时展开红色信号旗。

3. 调车手信号显示方式

（1）停车信号，要求列车停车，其显示应符合图1-33的规定：昼间——展开的红色信号旗；夜间——红色灯光。

a) 昼间停车信号图　　　　　　　b) 夜间停车信号图

图1-33　停车信号图

（2）减速信号，要求降低到要求的速度，其减速信号显示应符合图1-34的规定：昼间——展开的绿色信号旗下压数次；夜间——绿色灯光下压数次。

a) 昼间减速信号图　　　　　　　b) 夜间减速信号图

图1-34　减速信号图

（3）指挥机车向显示人方向来的信号,其显示应符合图 1-35 的规定:昼间——展开的绿色信号旗在下部左右摇动;夜间——绿色灯光在下部左右摇动。

a) 昼间指挥机车向显示人方向来的信号图　b) 夜间指挥机车向显示人方向来的信号图

图 1-35　指挥机车向显示人方向来的信号图

（4）指挥机车向显示人方向稍行移动的信号,其显示应符合图 1-36 的规定:昼间——拢起的红色信号旗直立平举,再用展开的绿色信号旗左右小动;夜间——绿色灯光下压数次后,再左右小动。

a) 昼间指挥机车向显示人方向
稍行移动的信号图

b) 夜间指挥机车向显示人方向
稍行移动的信号图

图 1-36　指挥机车向显示人方向稍行移动的信号图

（5）指挥机车向显示人反方向去的信号，其显示应符合图 1-37 的规定：昼间——展开的绿色信号旗上下摇动；夜间——绿色灯光上下摇动。

a）昼间指挥机车向显示人反方向
去的信号图

b）夜间指挥机车向显示人反方向
去的信号图

图 1-37　指挥机车向显示人反方向去的信号图

（6）指挥机车向显示人反方向稍行移动的信号，其显示应符合图 1-38 的规定：昼间——拢起的红色信号旗直立平举，再用展开的绿色旗上下小动；夜间——绿色灯光上下小动。

a）昼间指挥机车向显示人反方向
稍行移动的信号图

b）夜间指挥机车向显示人反方向
稍行移动的信号图

图 1-38　指挥机车向显示人反方向稍行移动的信号图

对显示第（2）（3）（4）（5）（6）项中转信号时,昼间可用单臂,夜间可用白色灯光依式中转。

4. 联系用的手信号的显示方式

（1）道岔开通信号。

① 道岔开通信号表示进路道岔准备妥当,显示应符合图1-39的规定:昼间——拢起的黄色信号旗高举头上左右摇动;夜间——白色灯光高举头上。

a) 昼间道岔开通信号图　　　　　　　　b) 夜间道岔开通信号图

图1-39　道岔开通信号图

② 机车出入段进路道岔准备妥当后,道岔开通信号显示应符合图1-40的规定:昼间——展开的黄色信号旗高举头上左右摇动;夜间——黄色灯光高举头上左右摇动。

a) 昼间机车出入段进路道岔准备妥当后的　　　b) 夜间机车出入段进路道岔准备妥当后的
　　道岔开通信号图　　　　　　　　　　　　　　道岔开通信号图

图1-40　机车出入段进路道岔准备妥当后的道岔开通信号图

（2）股道号码信号。

股道号码信号,是在调车作业以及准备接发列车进路时,用来表示要道或回示股道开通号码。一道号码信号显示应符合图 1-41 的规定，二道号码信号显示应符合图 1-42 的规定，三道号码信号显示应符合图 1-43 的规定，四道号码信号显示应符合图 1-44 的规定，五道号码信号显示应符合图 1-45 的规定，六道号码信号显示应符合图 1-46 的规定，七道号码信号显示应符合图 1-47 的规定，八道号码信号显示应符合图 1-48 的规定，九道号码信号显示应符合图 1-49 的规定，十道号码信号显示应符合图 1-50 的规定。

一道：昼间——两臂左右平伸；夜间——白色灯光左右摇动。

a) 昼间一道号码信号图　　　　　　　　b) 夜间一道号码信号图

图 1-41　一道号码信号图

二道：昼间——右臂向上直伸，左臂下垂；夜间——白色灯光左右摇动后，从左下方向右上方高举。

a) 昼间二道号码信号图　　　　　　　　b) 夜间二道号码信号图

图 1-42　二道号码信号图

三道:昼间——两臂向上直伸;夜间——白色灯光上下摇动。

a) 昼间三道号码信号图　　　　　　　　b) 夜间三道号码信号图

图 1-43　三道号码信号图

四道:昼间——右臂向右上方,左臂向左下方各斜伸 45°角;夜间——白色灯光高举头上左右小动。

a) 昼间四道号码信号图　　　　　　　　b) 夜间四道号码信号图

图 1-44　四道号码信号图

五道：昼间——两臂交叉于头上；夜间——白色灯光作圆形转动。

a) 昼间五道号码信号图　　　　　　b) 夜间五道号码信号图

图 1-45　五道号码信号图

六道：昼间——左臂向左下方，右臂向右下方各斜伸 45°角；夜间——白色灯光作圆形转动后，再左右摇动。

a) 昼间六道号码信号图　　　　　　b) 夜间六道号码信号图

图 1-46　六道号码信号图

七道：昼间——右臂向上直伸，左臂向左平伸；夜间——白色灯光作圆形转动后，左右摇动，然后再从左下方向右上方高举。

a) 昼间七道号码信号图　　　　　　　　　　b) 夜间七道号码信号图

图 1-47　七道号码信号图

八道：昼间——右臂向右平伸，左臂下垂；夜间——白色灯光作圆形转动后，再上下摇动。

a) 昼间八道号码信号图　　　　　　　　　　b) 夜间八道号码信号图

图 1-48　八道号码信号图

九道：昼间——右臂向右平伸，左臂向右下斜 45°角；夜间——白色灯光作圆形转动后，再高举头上左右小动。

a) 昼间九道号码信号图   b) 夜间九道号码信号图

图 1-49 九道号码信号图

十道：昼间——左臂向左上方，右臂向右上方各斜伸45°角；夜间——白色灯光左右摇动后，再上下摇动作成十字形。

a) 昼间十道号码信号图   b) 夜间十道号码信号图

图 1-50 十道号码信号图

十一至十九道，应先显示十道股道号码，再显示所要股道号码的个位数信号。

二十道及以上的股道号码，各站根据需要自行规定，由企业规定。

（3）连结信号。

连结信号表示连挂作业，其显示应符图 1-51 的规定。

a) 昼间连结信号图　　　　　　　　　　　b) 夜间连结信号图

图 1-51　连结信号图

　　昼间——两臂高举头上,使拢起的手信号旗杆成水平末端相接;夜间——红、绿色灯光
(无绿色灯光的人员,用白色灯光)交互显示数次。
　　(4) 溜放信号。
　　溜放信号表示溜放作业,其显示应符合图 1-52 的规定。

a) 昼间溜放信号图　　　　　　　　　　　b) 夜间溜放信号图

图 1-52　溜放信号图

　　昼间——拢起的手信号旗两臂高举头上交叉后,急向左右摇动数次;夜间——红色灯光
作圆形转动。

43

（5）停留车位置信号。

停留车位置信号表示车辆停留地点，其显示应符合图1-53的规定。

图1-53　停留车位置信号图

夜间——白色灯光左右小摇动。

（6）十、五、三车距离信号。

十、五、三车距离信号表示推进车辆的前端距被连挂车辆的距离，其显示应符合图1-54的规定。

昼间——展开的绿色信号旗单臂平伸；夜间——绿色灯光。在距离停留车十车（约110m）时连续下压三次，五车（约55m）时连续下压两次，三车（约33m）时下压一次。

a) 昼间十、五、三车距离信号图　　　　b) 夜间十、五、三车距离信号图

图1-54　十、五、三车距离信号图

（7）取消信号。

取消信号表示通知将前发信号取消，其显示应符合图1-55的规定。

昼间——拢起的手信号旗,两臂于前下方交叉后,急向左右摇动数次;夜间——红色灯光作圆形转动后,上下摇动。

a) 昼间取消信号图   b) 夜间取消信号图

图 1-55　取消信号图

（8）要求再度显示信号。

要求再度显示信号表示前发信号不明,要求重新显示,其显示应符合图 1-56 的规定。

昼间——拢起的手信号旗右臂向右方上下摇动;夜间——红色灯光上下摇动。

a) 昼间要求再度显示信号图   b) 夜间要求再度显示信号图

图 1-56　要求再度显示信号图

（9）告知显示错误的信号。

告知显示错误的信号表示告知对方信号显示错误，其显示应符合图1-57的规定。

昼间——拢起的手信号旗两臂左右平伸同时上下摇动数次；夜间——红色灯光左右摇动。

a) 昼间告知显示错误的信号图　　　　b) 夜间告知显示错误的信号图

图1-57　　告知显示错误的信号图

（10）联络信号。

联络信号：要求显示信号。

昼间——拢起的手信号旗或徒手单臂向上高举；夜间——白色灯光向上高举。

（11）试闸良好（钩已提开）信号。

试闸良好（钩已提开）信号：表示人力制动机已经试验良好或车钩已经提开。

昼间及夜间显示方式均同联络信号。

（12）指示司机鸣笛信号。

指示司机鸣笛信号：指示司机按规定鸣笛。

昼间——拢起的手信号旗或徒手小臂向上直立上下小动；夜间——绿色或白色灯光上下小动。

（13）好了信号。

好了信号：通知此项作业已按规定正确完成。

昼间——拢起手信号旗或徒手上弧线向车辆方面作圆形转动；夜间——白色灯光上弧线向车辆方面作圆形转动。

（14）试拉信号。

试拉信号：要求对车组（列）进行全部拉动试验。

昼间——拢起的红色信号旗直立平举，再用展开的绿色信号旗上下小动（徒手时，左小臂直立高举，右臂上下小动）；夜间——绿色或白色灯光上下小动。

（15）推进信号。

推进信号：表示前方进路可以运行。

昼间——展开的绿色信号旗平伸。前部的调车人员负责瞭望,正常情况下可不显示信号;夜间——绿色或白色灯光。

（16）指示司机加速信号。

指示司机加速信号:指示司机加速运行。

昼间——展开的绿色信号旗或单臂平伸左右迅速摇动;夜间——绿色或白色灯光左右迅速摇动。

九、调车听觉信号的鸣示

1. 鸣示要求

调车作业中使用听觉信号时,鸣示音响长声为 3s、短声为 1s,音响间隔为 1s;重复鸣示时,应间隔 5s 以上。在天气不良的情况下,无线调车灯显设备发生故障且又无法确认手信号联系作业时,调车作业人员方能使用听觉信号作业。

2. 机车、自轮运转特种设备鸣笛鸣示方式

机车、自轮运转特种设备鸣笛鸣示方式应符合表 1-1 的规定。

机车、自轮运转特种设备鸣笛鸣示方式表　　表 1-1

名称	鸣示方式	用途及时机
起动注意信号	一长声　—	机车车辆开始前进时
呼唤信号	二短一长声　●● —	a）机车要求出入段时; b）在车站要求显示信号时
警报信号	一长三短声　— ●●●	a）发现线路有危及行车安全的不良处所时; b）发生重大、大事故及其他需要救援情况时
试验自动制动机及复示信号	一短声　●	a）试验制动机开始减压时; b）接到试验制动结束的手信号,回答试风人员时; c）调车作业中,表示已接受调车长所发出的手信号时
缓解及溜放信号	二短声　●●	a）试验制动机缓解时; b）要求缓解人力制动机时; c）复示溜放调车信号时
拧紧人力制动机信号	三短声　●●●	要求就地制动时
紧急停车信号	连续短声　●●●●●●●	司机发现(或接到通知)邻线发生障碍,向邻线司机发出紧急停车信号时。邻线司机听到此种信号后,应紧急停车

3. 调车扳道人员使用口笛、号角的鸣示方式

调车扳道人员使用口笛、号角的鸣示方式应符合表 1-2 的规定。

调车扳道人员使用口笛、号角的鸣示方式表　　表 1-2

鸣示方式	用途及时机
一长声　—	指示机车向显示人反方向移动
一短一长声　● —	指示机车向显示人方向移动
一短声　●	试验制动机减压
二短声　●●	试验制动机缓解

续上表

鸣示方式	用途及时机
一短一长二短声　●　—　●●	试验制动机完了及安全信号
一短声　●	一道
二短声　●●	二道
三短声　●●●	三道
四短声　●●●●	四道
五短声　●●●●●	五道
一长一短声　—　●	六道
一长二短声　—　●●	七道
一长三短声　—　●●●	八道
一长四短声　—　●●●●	九道
二长声　—　—	十道
二短二长声　●●　—　—	二十道
三短声　●●●	十车距离信号
二短声　●●	五车距离信号
一短声　●	三车距离信号
一长一短一长声　—　●　—	连结及停留车位置
连续短声　●●●●●●	停车
二长三短声　—　—　●●●	要求司机鸣笛
一短声　●	试拉
连续二短声　●●　●●	减速
三长声　—　—　—	溜放
二长一短声　—　—　●	取消
二长二短声　—　—　●●	再显示
二长声　—　—	上行列车接近通报信号
一长声　—	下行列车接近通报信号

【任务实施】

工作任务三　学习任务单

班级：_____　　姓名：_____　　　学号：_____　　　日期：_____

知识认知	1. 调车色灯信号机有哪几种显示？各表示什么含义？

续上表

知识认知	2. 驼峰色灯信号机有哪几种显示？各表示什么含义？ 3. 调车手信号显示有什么要求？如何显示？ 4. 调车听觉信号的发出有什么要求和规定？如何鸣示？
能力训练	各组参考"典型工作任务三　调车中信号的显示"中的相关规定,对发布的案例进行分析与讨论,总结事故发生的原因,并对案例进行评析,提出改进意见; 讨论的结果以小组为单位进行汇报

【任务评价】

评价指标	组长评价	自我评价	教师评价
1. 知识学习效果			
2. 技能目标达成度			
3. 素质提升效果			
本模块最终评价			
个人总结及反思			

【思政小课堂】

90 后调车员：用汗水谱写青春华章

"90 后"的宋超，2015 年大学毕业后，从辽宁朝阳辗转来到江西鹰潭，成为中国铁路南昌局集团有限公司一名铁路调车员。他的工作是按照列车编组计划，指挥内燃机车调动停放在铁路编组场上的货物列车，以确保同一方向的货物列车都能顺利出发，奔赴它们应该去往的方向，犹如"放牧人"放牧一般。

由于是露天作业，风吹日晒雨淋在所难免，宋超和他的同事们往往是晴天一身灰、雨天一身泥。虽然不太适应南方的气候和脏、苦、累的工作环境，但宋超并没有退怯，而是凭借着自己顽强的毅力和斗志，仅花了 6 年多的时间，便在铁路调车场上练就了一身"真功夫"。他不仅职务升了两级，更荣获了"江西省技术能手""江西省国资委系统优秀共产党员"和铁路系统的"全路青年岗位技术能手"、中国铁路南昌局集团公司"十大平凡之星"等诸多荣誉。

奋斗的成果是最甘甜的，奋斗的生活是最幸福的，奋斗的青春是最美丽的！从孑然一身南下参加工作，到成为行业技术能手，年仅 28 岁的宋超同众多奋斗在铁路一线的青年职工一样，正通过坚守岗位拼搏奉献，用心经营生活，为自己的人生履历增添了一道又一道亮色，不断书写着属于自己的青春华章。

（摘编自中国青年网）

项目二
中间站调车作业

⚙ 【项目描述】

调车作业是中间站行车工作的重要内容之一,它对于及时甩挂货物作业车,安全正点地接发列车起着重要作用。中间站股道少,货物作业线短,咽喉区也比较短,一般不设牵出线,绝大多数情况下,车站不设调车机车,而是利用本务机车进行摘挂取送等调车作业。调车作业多在车站的正线、到发线及咽喉区进行,调车作业总量不大,调车作业时间短,等待时间长(不能影响接发列车作业),调车作业难点突出。

本项目旨在学习中间站调车作业程序和训练作业标准。通过学习,掌握列车摘挂作业程序和岗位要求,取送车辆作业程序和岗位要求,停留车作业程序和岗位要求。

⚙ 【知识目标】

1. 掌握调车领导与指挥等有关规定;
2. 熟悉列车摘挂作业标准、取送车辆作业标准、停留车作业标准;
3. 掌握出站(跟踪)调车规定、手推调车规定。

⚙ 【技能目标】

1. 能够按照列车摘挂作业标准、取送车辆作业标准、停留车作业标准等要求,组队(分工合作)完成列车摘挂作业、取送车辆作业、停留车作业模拟演练;
2. 能够按照《调标》的要求,组织出站(跟踪)调车作业模拟演练,组织手推调车作业模拟演练;
3. 能够熟练使用简易紧急制动阀、铁鞋等常用调车工具。

⚙ 【素质目标】

培养作业安全和人身安全意识,培养团队协作、互相配合精神,培养爱岗敬业、吃苦耐劳精神。

典型工作任务一
列车摘挂作业

【任务描述】

调车组根据车站值班员编制和下达的调车作业计划,组织列车摘挂调车作业。

【任务引入】

××站平面示意图如图 2-1 所示。

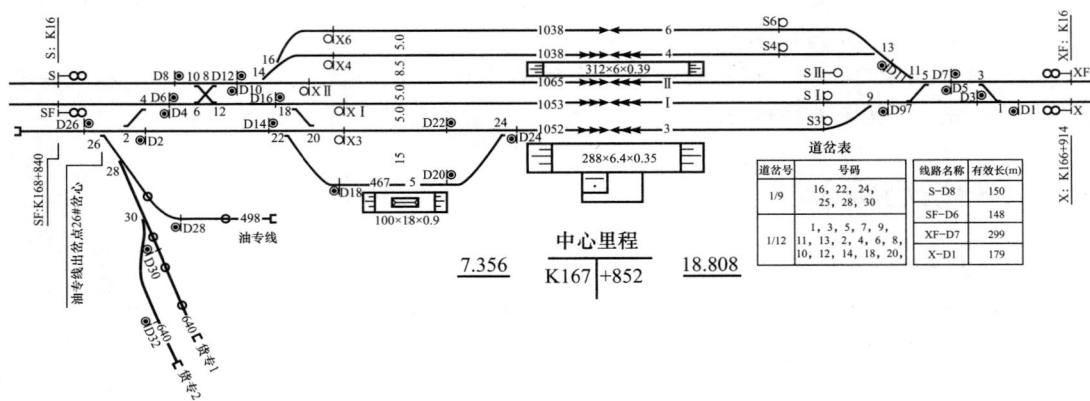

图 2-1　××站平面示意图

××站是中间站,站内有正线两条,另有到发线 2 条,货物线和专用线 4 条。本班(白班)摘挂列车××××次预计 9 时 30 分到达,计划摘车 6 辆,送专用线 1;专用线 2 挂车 3 辆,货物线 5 道挂车 3 辆。车站本班有车站值班员 1 名,助理值班员 1 名;调车组有调车长 1 名,连结员 1 名,制动员 1 名。根据《铁路调车作业标准 TB/T 30002—2020》(第 10 部分:列车摘挂作业)的要求完成列车摘挂作业。

车站值班员根据列车调度员的指示、摘挂列车确报、车站设备情况、现车情况及装卸作业进度情况等编制的调车作业计划如图 2-2 所示。

【任务准备】

思考问题 1　在上述案例中,调车作业(按作业目的分类)主要有哪几种?

思考问题 2　想一想什么是推送法调车？

_____

_____

_____

思考问题 3　想一想在遇到哪些情况时，禁止跟踪出站调车？

_____

_____

_____

调车作业通知单

2018 年×月×日第 1 号

第××××次列车，9 时 30 分起至 10 时 30 分止

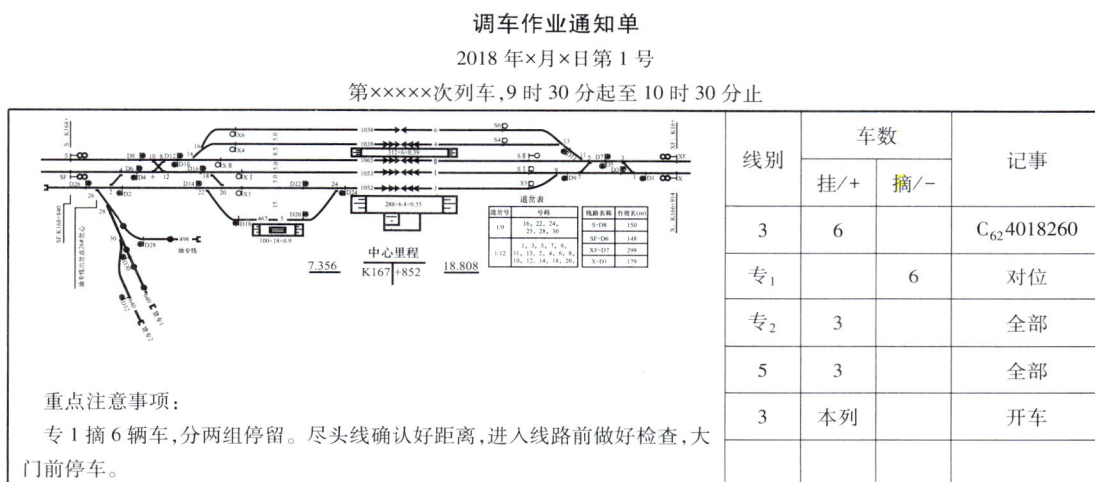

线别	车数		记事
	挂/+	摘/-	
3	6		C_{62}4018260
专₁		6	对位
专₂	3		全部
5	3		全部
3	本列		开车

重点注意事项：

专 1 摘 6 辆车，分两组停留。尽头线确认好距离，进入线路前做好检查，大门前停车。

图 2-2　调车作业通知单

【任务分组】

建议学习者组建学习小组，制订学习计划，共同完成相关任务。

姓名	学号	分工	备注	学习计划
			组长	

【任务学习】

一、调车的定义和分类

1. 调车的定义

为了完成规定的运输任务，铁路运输企业要不断地向各装车地点配送空车，及时取回装

好的重车,编成不同性质的货物列车,向目的地运送。到达目的地后,列车需要解体,向卸车地点送车,然后再将卸后空车送到装车地点或编成列车送到装车站,进行第二次装车。所有这些工作,都将由调车工作完成,那么,到底什么是调车作业呢?

在铁路运输生产过程中,除列车在车站的到达、出发、通过及区间运行外,为了编组或解体列车、摘挂或取送车辆等需要,机车、车辆所进行的一切有目的的移动,统称为调车。

调车工作是铁路运输过程中的重要组成部分,也是车站行车组织的一项重要而又复杂的内容。对编组站来说,调车更是其日常的主要生产活动。

铁路货车在一次周转中要进行多次调车作业,而且调车工作占用大量设备和人员,消耗大量燃材料。如能在保证安全的前提下提高调车作业效率,铁路运输企业就可压缩货车在站停留时间,加速车辆周转,降低运输成本,多快好省地完成铁路运输任务,提高铁路企业效益。

2. 调车的分类

(1)调车工作按设备的不同可分为牵出线调车和驼峰调车。

(2)调车工作按其目的不同,可分为以下几种:

① 解体调车

解体调车是指将到达的车列或车组按车辆的去向、目的地或车种,分解到指定的线路上。

② 编组调车

编组调车是指根据《技规》和列车编组计划的要求,将车辆选编成车列或车组。

③ 取送调车

取送调车是指向货物装卸地点和车辆检修地点送入和取出车辆。

④ 摘挂调车

摘挂调车是指技术站对成组甩挂列车进行补轴、减轴和换挂车组,中间站对摘挂列车进行摘挂车辆。

⑤ 其他调车

其他调车是指包括车列转线,车场整理,调送车辆过磅,在货物装卸线上配对货位,以及机车转线、出入段等。

由于作业性质的不同,车站完成各种调车工作的比例也不相同。例如,编组站有大量的解体和编组调车,而中间站一般只进行摘挂和取送调车。

二、调车钩和牵出线调车作业方法

1. 调车钩

调车作业计划是以调车钩为基本单位对调车作业做出安排的计划,故又称它为"钩计划"。若仅就调车作业计划的作业描述而言,调车钩是指机车连挂或摘解一组车辆的作业。调车作业计划使用两类调车钩即可简明表达作业程序:一是"连挂钩",又称"挂车钩",表示机带车列中车辆数将增加;二是"摘车钩",表示机带车列中车辆数将减少。

2. 牵出线调车作业方法

牵出线调车的作业方法分为推送调车法和溜放调车法两种。

(1)推送调车法。

推送调车法是用机车将车辆调移至适当地点,停稳后再摘车的调车方式,其作业过程如

图 2-3 所示,利用该方式调车,便于控制运行速度,作业安全。但车辆实现调移要发生推送和折返两个过程,因此消耗的作业时间长,效率较低。当车辆不允许溜放作业时应采用推送调车方式,例如在调移客车和禁溜车辆,向货场、专用线取送车,在特定线路上车列转线及车组连挂等情况下,一般均采用本方式。

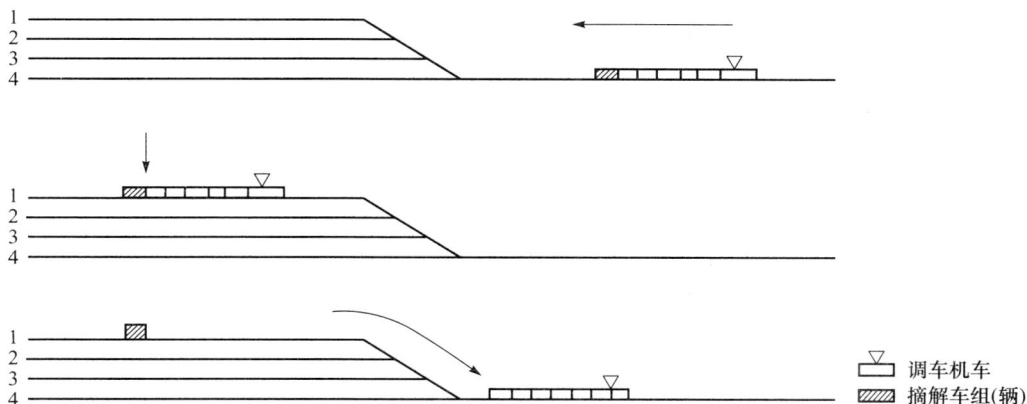

图 2-3　推送调车法示意图

（2）溜放调车法。

溜放调车法通常是利用机车以推送车列的方式行进,在达到一定速度后使计划摘解的车组(车辆)脱离车列自行溜出的调车方式为溜放调车方式。为此,在车列行进时,应相机摘钩,然后机车制动,以形成摘解车组与机带车列的速度差,即发生两者的脱离及车组溜出。为使溜出车组能溜至预定位置或实现安全连挂,由制动员对车组施行手闸制动或铁鞋制动。其作业过程如图 2-4 所示。

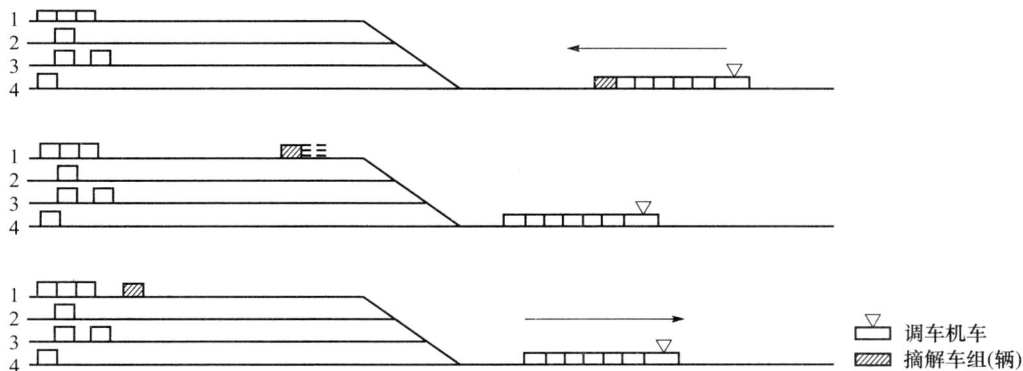

图 2-4　溜放调车法示意图

三、中间站列车摘挂作业标准

中间站列车摘挂作业标准主要包括作业程序和岗位作业两部分,作业程序及项目如

图 2-5 所示,其内容及岗位作业要求如下。

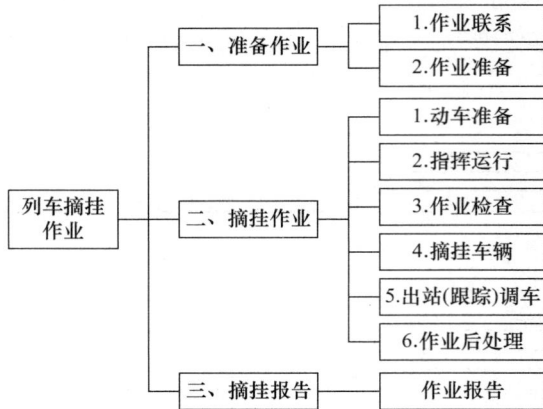

图 2-5　中间站列车摘挂作业程序

1. 准备作业

（1）作业联系。

列车到达前,车站值班员与列车调度员联系,了解摘车的位置、车数、货物品名及收货人,了解空车车种和吨位。车站值班员将车站待挂车辆报告列车调度员,确定挂车车次、位置、作业时间。同时,车站值班员与货运人员联系,商定摘车地点,确定装卸作业时间。车站值班员要掌握待挂车辆装卸进度,指示货运人员做好取送车准备。

（2）作业准备。

中间站车站值班员在办理列车闭塞(预告)后,通知调车作业人员(调车长)做好调车前准备工作,并向调车指挥人(调车长)传达计划及注意事项,做好作业分工及安全预想,提前上岗。

列车到达后,调车指挥人(调车长)亲自向司机递交调车作业通知单,传达作业注意事项和作业方法,向司机递交便携式无线调车灯显设备,检查作业人员上岗情况。

调车人员按规定核对现车,并检查车辆状态,按规定排风摘管。

2. 摘挂作业

（1）动车准备。

在动车前,信号员(不设信号员时,由车站值班员)或扳道员按规定准备进路,确认进路开通正确,严格执行要道还道制度。

（2）指挥运行。

调车指挥人(调车长)指挥动车前,应先确认调车人员显示的起动信号,然后向司机显示起动信号,当车列起动后,确认调车人员的好了信号。调车指挥人(调车长)在指挥推送调车时,要先试拉,车列前部应有人进行瞭望,及时显示信号。调车指挥人(调车长)应位于易于瞭望前方且又能使司机看见所显示信号的位置。中转信号人员的位置应适当,应正确、及时、一致地显示中转信号。当车辆越过联动道岔需返岔时,调车人员应向扳道员显示过岔好了信号。

（3）作业检查。

机车车辆在进入装卸地点前,必须一度停车,待调车人员检查线路、道岔、停留车位置后,方准进入。在车辆连挂好以后,应检查车辆通风情况。

（4）摘挂车辆。

摘车：在机车车辆间进行摘管提钩使之分离的作业过程，称为摘车。从列车中摘下车辆时，应严格按照"一关前、二关后、三摘管、四提钩"的程序进行，不能颠倒或遗漏。

挂车程序为：调整钩位→显示连结信号，指挥机车进行连挂→确认车钩连挂状态→试拉→连结制动软管→开放折角塞门→撤除防溜措施。

调车人员摘车时，应在车辆停妥后，按规定做好防溜措施再摘钩。调车人员挂车时，应确诊车辆挂妥后，再撤除防溜措施。连挂车辆应显示十、五、三车距离信号（单机除外），并听取司机鸣笛回示，没有回示应立即显示停车信号。连续连挂时，可不停车连挂，但要确认连挂状态。当车组间距超过 10 车时，应顿钩或试拉，末端车辆距警冲标较近时，必须采取安全措施。摘挂列车挂妥后应进行试拉。

（5）出站（跟踪）调车。

需要出站（跟踪）调车时，根据《调标》有关规定办理。

（6）作业后处理。

两次报告规定：对于调车作业中必须由调车人员现场扳动的道岔，调车人员作业完了后，应及时将道岔恢复定位，并将恢复定位情况向车站值班员报告；调车长取回便携式无线电调车灯显设备，将车辆停留及防溜措施等事项报告车站值班员。

3. 摘挂报告

车站值班员填记行车揭示板，作业后向列车调度员报告。

中间站运用便携式无线调车灯显设备和利用本务机车调车时，待列车到站停妥后，车站调车人员将提前充足电的便携式控制器，悬挂在机车司机操纵室内，机车吸盘天线安放在机车一侧，开机后即可使用。调车作业完成后，由车站调车人员将该设备取下后，方可试风发车。

四、加速摘挂列车调车作业的方法

为了加速摘挂列车在中间站的技术作业，压缩停站时间，车站值班员或调车区长应提前编制出调车作业计划。在作业组织上，主要采取以下方法。

1. 加速摘挂列车作业过程

组织各部门紧密配合，加快计划传达、挂车、摘车、走行等作业过程，减少各环节之间的等待时间。

2. 选择调车行程短和作业方便的接车线

中间站在安排摘挂列车接车股道时，应尽量接入靠近货场或与专用线接轨一侧的线路，这样调车时方便排列进路，缩短调车行程，还可以避免调车时跨越正线，减少作业程序，降低安全隐患。

3. 组织车站调车机车和本务机车配合作业

在设有调车机车的中间站，组织调车机车与本务机车配合作业，能加速摘挂列车调车作业。例如，事先准备待挂车组的调车机车在邻线等候，摘挂列车到达后，本务机车负责前部甩车，调车机车在尾部挂车。对已经摘下的车组，由调车机车负责分送至货物作业地点。

4. 组织不摘车装卸作业

不摘车装卸作业，是指随摘挂列车挂到中间站进行装（卸）作业的车辆，利用摘挂列车在中间站的停站时间,快速进行装(卸)作业后,仍随原摘挂列车挂走。组织不摘车装卸作业时,车站应加强与列车调度员的联系,及时了解列车运行情况、预计到达车站的时间及不摘车装卸的车数、车种、吨位、品名及编挂位置,提前做好货位、装卸劳力、机具等准备工作,并派人在指定地点等候,待列车进站停车对好货位(或将车摘下对好货位)后,立即开始装卸作业,确保在要求的时间内完成作业。

5. 加强车机联控

(1)车站值班员利用列车无线调度电话向司机预告本站列车的到发计划、站内情况、甩挂计划及接车股道,司机提前做好准备,列车到达车站后立即进行作业。

(2)调车作业中,调车指挥人利用列车无线调度电话指挥调车作业,加强与有关人员的联系,了解其他列车在本站的到发情况,有预见地组织调车作业,可以提高调车作业效率,压缩调车作业时间。

五、出站(跟踪)调车

1. 越出站界调车

越出站界调车是指利用列车占用区间的间隔时间,调车车列越过进站信号机或站界标进入区间的调车作业。

越出站界调车,一般出现在没有牵出线也没有可利用的岔线或其他线路的中间站。当机车带着较长车组进行摘挂、转线作业时,只能越出站界进入区间利用区间正线调车。由于车列占用了区间正线,因此必须遵守有关规定,否则,越出站界调车就无法保证行车安全和调车作业安全。由于不同中间站闭塞设备及区间线路数目不同,因此保证作业安全的方法和规定也不尽相同。

1)双线区间正方向越出站界调车

由于双线区间正方向线路的发车权归本站所有,是否向区间发车由本车站的车站值班员控制。为此,只要区间空闲,经车站值班员口头准许并通知司机后,就可越出站界调车。具体情况有以下几种。

(1)区间为自动闭塞,车站值班员从监督器上确认第一闭塞分区空闲。

(2)区间为非自动闭塞,值班员必须确认区间空闲。

2)双线区间反方向越出站界调车

双线区间反方向越出站界调车,必须确认区间空闲。由于发车权归邻站所有,越出站界调车时,要请示列车调度员发布停止基本闭塞法的调度命令,车站值班员与邻站办理电话闭塞手续,取得电话记录号码,填写并发给司机出站调车通知书后,方可出站调车。

双线自动闭塞有反方向运行条件的区段,越出站界的调车作业不开放出站信号机,因而可以任意改变闭塞方向,为此,也应办理电话闭塞手续。

3)单线区间越出站界调车

(1)当区间为自动闭塞时,闭塞系统必须在发车位且第一闭塞分区空闲,经车站值班员口头准许并通知司机后,即可越出站界调车。

(2)当区间为半自动闭塞时,区间必须空闲,车站值班员得到停止基本闭塞法的调度命令,与邻站办理电话闭塞手续,取得电话记录号码,填写并发给司机出站调车通知书后,方可出站调车。

4）注意事项

出站/跟踪调车通知书应由车站值班员填写。当调车机车距行车室较远时，可由扳道员按车站值班员的指示填写。出站/跟踪调车通知书如图 2-6 所示。

附件 5　出站/跟踪调车通知书

```
                       出站
                              调车通知书
                       跟踪

  对方站承认的号码第 _____ 号，
       自              起
  准许        时    分      机车由车站向    区间 出站    调车。
       至              止                     跟踪

                          站（站名印）车站值班（扳道）员（签名）
                                    年    月    日填发
```

注：不用的字句抹消。　　　　　　　　　　　　（规格 90mm×130mm）

图 2-6　出站/跟踪调车通知书

（1）调车车列应在限定的时间内返回站内，以免影响列车运行。调车车列未返回车站时，两端车站值班员不得向区间发出列车。若越出站界发给司机凭证时，待出站调车作业完毕，全部退回站内并不妨碍列车进路时，车站值班员应将占用区间凭证收回、注销，并与邻站办理区间开通手续。

（2）出站调车在限定的时间内不受出站次数限制。但在限定的时间退回车站待避列车后，再次出站调车时，应重新办理手续，不得使用原凭证。

（3）去区间岔线取送车辆的调车作业及列车在区间进行装卸作业返回车站，均应按列车办理，不得按出站调车办理。

（4）车站值班员应在控制台或闭塞设备上悬挂"出站调车"表示牌，以防遗忘。

2. 跟踪出站调车

在单线区间和双线正方向线路上，间隔一定的距离或时间，跟随在出发列车后面越过进站信号机或站界标，在站界外 500m 内进行的调车作业，称为跟踪出站调车。

因跟踪出站调车与列车运行是平行作业，而且"同时"进入同一区间，虽然提高了运输效率，但存在着不安全因素。因此，对跟踪出站调车应加以限制。

1）跟踪出站调车的限制

（1）跟踪出站调车只准在单线区间及双线正方向的线路上办理。因为双线反方向行车是运行调整的一种临时措施，本身的安全性就比较差，在这种情况下，进行跟踪出站调车，不能保证作业安全。

（2）与前行列车保证一定的安全间隔。为保证跟踪出站调车作业的机车车辆与前行列车保持一定距离，只有前发列车尾部越过预告、接近信号机（或靠近车站的第一个预告标）后，方可跟踪出站调车。如确认前发列车位置困难时，应按《站细》规定的间隔时间进行。

（3）跟踪出站调车最远不得越过站界 500m。因为列车在不得已情况下必须退行时，未得到后方站车站值班员的允许，不得退行到车站最外方预告信号机或预告标（双线区间为邻线预告标或特设的预告标）的内方。这样，调车车列可以保证与由区间退回的列车保持300m以上的安全距离。

2）跟踪出站调车应办理的手续

（1）须经列车调度员口头准许，以防因办理跟踪出站调车，影响其他列车运行。

（2）取得邻站车站值班员的承认号码，防止跟踪出站调车的机车、车辆返回车站前，导致两站误办闭塞，使其他列车进入区间。

（3）车站值班员发给调车司机"跟踪调车通知书"。填写"跟踪调车通知书"时，应将"出站"字样抹掉。

"跟踪调车通知书"允许由扳道员根据车站值班员的命令填发。跟踪调车完毕后，车站值班员应及时收回"跟踪调车通知书"，并通知邻站车站值班员。当前发列车到达邻站，且跟踪调车完毕并收回凭证后，两站车站值班员方可办理区间开通手续。如果列车已到达邻站，但"跟踪调车通知书"尚未收回时，禁止办理区间开通手续。

3）禁止办理跟踪出站调车的情况

（1）在双线反方向的线路上禁止办理跟踪出站调车。

（2）出站方向区间内有瞭望不良的地形或有连续长大下（上）坡道（站名表由铁路局集团公司公布）禁止办理跟踪出站调车。

长大下（或上）坡道为：线路坡度超过6‰，长度为8km及其以上；线路坡度超过12‰，长度为5km及其以上；线路坡度超过20‰，长度为2km及其以上者。因为一旦前发列车发生制动失效，列车失去控制就有可能溜回发车站，如果再进行跟踪出站调车，有可能发生正面冲突。

（3）当先发列车需由区间返回，或挂有由区间返回的后部补机时，禁止办理跟踪出站调车。同样，在先发列车由区间返回或补机由区间返回的情况下办理跟踪出站调车，有可能发生正面冲突，在该情况下禁止办理跟踪出站调车。

（4）车站一切电话中断。

（5）降雾、暴风雨雪时，因瞭望不便，禁止办理跟踪调车。

（6）出发列车为动车组列车时。

【任务实施】

工作任务一　学习任务单

班级：_____　　姓名：_____　　学号：_____　　日期：_____

知识认知	1. 调车包括哪些种类？
	2. 什么叫调车钩？中间站如何完成一个调车钩？

续上表

知识认知	3. 中间站摘挂列车的摘挂作业,包括哪些作业程序和哪些作业内容? 4. 中间站加速摘挂列车调车作业的方法有哪些? 5. 出站(跟踪)调车有哪些规定? 为什么?
能力训练	按《中间站列车摘挂列车的作业程序和标准》要求,按角色分组扮演(车站值班员、司机、调车长、连结员、制动员)在××站平面示意图上模拟作业,完成"图 2-2 调车作业通知单"中的第一个调车钩(3+6)。作业细节可参考"典型工作任务四　中间站调车综合演练实训"中的相关内容

【任务评价】

评价指标	组长评价	自我评价	教师评价
1. 知识学习效果			
2. 技能目标达成度			
3. 素质提升效果			
本模块最终评价			
个人总结及反思			

技能训练评分标准参考如下:

姓名	角色	作业内容	标准用语	标准操作	总评
	0 号调车长				
	1 号连结员				
	2 号制动员				
	车站值班员				
	司机				

备注:
1. 作业内容栏填记错漏细节数量,以"正"字笔画记录,每错 1 次扣 5 分;
2. 标准用语和标准操作填记优、良、差之一,各按扣 0、10、20 计分;
3. 原始总分按 100 分计,例如作业内容错 2 次,标准用语和标准操作分别为优、良,总评分为 100−5×2−0−10＝80,即总评分为 80 分。

典型工作任务二
取送车辆作业

【任务描述】

中间站调车组根据车站值班员编制和下达的调车作业计划,组织列车摘挂调车作业中的摘车送车作业和挂车取车作业,在作业中要求做到以下三点。

(1) 及时取送,保证按列车运行图的规定时刻发车,不影响接车。

(2) 充分运用调车机车及一切技术设备,采用先进工作方法,用最少的时间完成取送调车作业任务。

(3) 认真执行取送调车作业标准,保证调车有关人员的人身安全及行车安全。

【案例引入】

请你完成如图 2-7 调车作业通知单中的第 2 钩至第 4 钩的摘车送车作业和挂车取车作业。

调车作业通知单

2018 年 6 月 30 日第 1 号

第 40251 次列车,9 时 30 分起至 10 时 30 分止

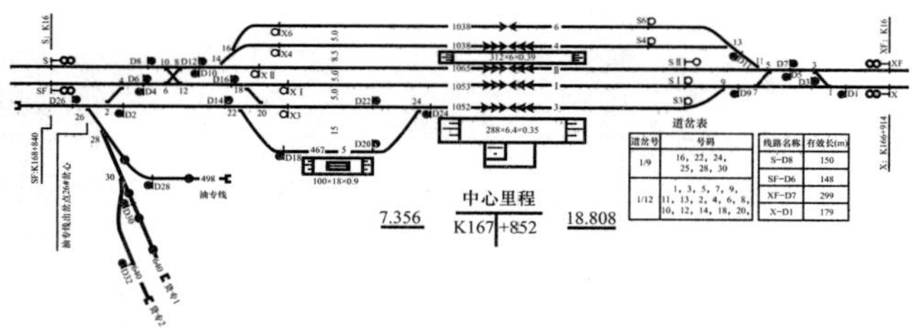

线别	车数		记事
	挂	摘	
3	6		C$_{62}$4018260
专$_1$		6	对位
专$_2$	3		全部
5	3		全部
3	本列		开车

重点注意事项:

专 1 摘 6 辆车,分两组停留。尽头线确认好距离,进入线路前做好检查,大门前停车。

图 2-7 调车作业通知单

【任务准备】

思考问题 1 调车作业通知单包含了哪些信息?

_____

_____

_____

思考问题 2　你认为调车作业通知单是完成哪些作业的依据？

_____

_____

_____

【任务分组】

建议学习者组建学习小组,制订学习计划,共同完成相关任务。

姓名	学号	分工	备注	学习计划
			组长	

【任务学习】

一、调车作业相关规定

取送调车一般行程较长,线路平纵断面条件差,应注意严禁超速运行。取送调车前,应派人检查线路两旁堆放物品与线路中心的距离满足安全要求,无其他障碍。取送调车途中,应加强瞭望,注意调车周边环境,保证调车人员和路外人员的安全。

取送调车作业情况复杂。当专用线、货场内出现特殊情况时,调车长可根据现场具体情况自行调整调车作业计划,作业完毕后向调车领导人汇报。

1. 调车进路的确认

在调车作业中,单机运行或牵引车辆运行时,前方进路的确认由机车司机负责;推进车辆运行时,前方进路的确认由调车指挥人负责。如果调车指挥人所在位置确认前方进路有困难时,可指派调车组其他人员确认。

没有看到调车指挥人的起动信号,机车司机不准动车。但单机返回道岔或机车出入段时,可根据扳道员显示的道岔开通信号或调车信号机显示允许运行的信号动车。无扳道员和调车信号机时,经调车指挥人确认道岔开通正确(如为集中操纵的道岔,还须与操纵人员联系)后,向司机显示起动信号。

2. 调车试拉的规定

推送车辆时,调车人员应先进行试拉。调车试拉时,车列前部应派人瞭望,及时显示信号。

试拉是指为防止车辆在推进或牵引走行中脱钩,在机车车辆连挂后进行一次牵引与制动试验,以便确认车辆的连结状态。推送车辆时,为了防止减速或紧急停车,或因连挂状态不良发生车辆溜逸而危及行车安全时,应先试拉,确认连挂状态良好后再进行作业。但在同一线路内连续连挂作业时,根据连挂距离,调车人员可以不每钩都进行试拉,但要确认连挂状态,车组间距超过 10 车时必须试拉。连续连挂时,可以不停车连挂,但最后一组一般不采用连续连挂的方法进行,并要认真采取防溜措施,避免车辆溜出警冲标,从而造成严重后果。

3. 调车速度的规定

在调车作业中要做到安全、迅速、准确,调车人员掌握调车速度是关键。从事调车作业的司机必须严格按照《技规》《调标》等有关规章规定的限制速度和调车指挥人的信号操纵机车。司机在任何情况下,不准超速作业。调车指挥人除了注意观速、观距,及时准确地显示信号外,发现司机超速危及安全时,必须立即显示停车信号。

调车速度的限制是根据调车作业的特点、调车时所经过线路和道岔、调动特殊构造的车辆或装载特殊货物车辆的要求,保证调动车列运行中的安全所作的规定。作业中还应根据带车多少、制动力大小以及距离远近等因素,由司机和调车指挥人员共同掌握。

调车作业要准确掌握速度及安全距离,并遵守下列规定。

(1) 车列在空线上牵引运行时,速度不得超过 40km/h。调车作业时,车辆的自动制动机有时并没有加入机车的制动系统,这样车列的停车和减速全凭机车自身的制动力量,车辆对机车的冲击力较大,同时,调车作业的线路标准、道岔号码通常低于正线、到发线速度标准。因此空线上牵引运行时速度不得超过 40km/h。

(2) 空线推进车列运行速度不得超过 30km/h。当推进运行时,除了受上述条件限制外,还因机车处于运行方向的后部,司机瞭望不便。同时,前方进路依靠车列前端的调车组人员负责,司机需依据调车指挥人中转的信号操纵机车,一旦有险情,司机制动可能延迟,因此,空线推进运行速度规定不得超过 30km/h。

(3) 动车组后端操作时,速度不得超过 15km/h。

(4) 调动乘坐旅客或装载爆炸品、气体类危险货物、超限货物的车辆时,速度不得超过 15km/h。为保证旅客的安全和舒适,防止装有危险货物及超限货物的车辆由于高速调动或紧急制动时引起货物爆炸、货物窜动发生意外事故,调动速度不得超过 15km/h。调动装载超限货物的车辆时,调车领导人应将作业限制通知调车组及其他人员。作业中,调车人员应注意道岔握柄、道岔表示器、信号机柱子、邻近线路建筑物的限界及邻线停留车的情况,以确保安全。

(5) 接近被连挂的车辆时,速度不得超过 5km/h。车辆连挂时对车底架产生的冲击力,主要取决于冲击时的车钩力。目前,我国大型货车多,车辆整体强度及车钩缓冲器的强度大大增加,全路主要编组站的调速系统均按 5km/h 设计和运行,即驼峰出口速度为 5km/h,减速顶临界速度为 5km/h,所以规定连挂速度不得超过 5km/h。

(6) 车列经过道岔侧向运行的速度由工务部门根据道岔具体条件规定。由于调车作业经过的道岔类型不一样,在调车场设置的道岔型号较小,再加上调车作业机车的类型也不尽一致,因此,车列经过道岔侧向运行的速度由工务部门进行规定并纳入《站细》。

(7) 推上驼峰、解散车辆时的速度和装有加减速顶的线路调车速度在《站细》内规定。

(8) 在尽头线上调车时,距线路终端应有 10m 的安全距离;遇特殊情况,必须近于 10m 时,要严格控制速度。尽头线末端均设有车挡或端部站台,取送车时,因司机在另一端,在制动距离掌握上稍有不慎,则可能与车挡或端部站台碰撞而造成事故,因此应有 10m 的安全距离。

(9) 在有接触网终点标的线路上调车时,电力机车、动车组应控制速度,机车距接触网终点标应有 10m 的安全距离,遇特殊情况,必须近于 10m 时,要严格控制速度。在电气化铁路区段，为了避免电力机车在设有接触网终点标线路上调车时，因运行速度高、停车不及时，刮坏机车和接触网等设备，对电力机车规定了距接触网终点标应有 10m 安全距离。

（10）手推调车限速 3km/h。手推调车时，速度难以控制。速度过高时如果制动不及时，可能造成车辆溜逸，产生严重的后果。

（11）旅客未上下完毕时，除本务机车、补机摘挂作业外，不得进行旅客列车（车底）的连挂作业。

（12）遇天气不良等非正常情况，车列应适当降低速度。当发生非常情况时，如邻线施工或发生事故，人员或机械工具随时可能侵入限界，允许调车领导人向调车人员提出限制调车速度的要求，以确保调车作业安全。

4. 要道还道制度

要道还道制度参加调车作业的有关人员之间，联系、准备和确认调车进路所使用的一种联络方式。经非集中区调车作业时，要认真执行要道还道制度。扳道员之间的要道还道办法及集中区与非集中区的作业办法，在《站细》内规定。连续溜放和驼峰解散车辆时，第一钩应实行要道还道制度（集中联锁设备除外），从第二钩起，调车人员按调车作业通知单的要求扳动道岔。

通常要道的方法有两种。一是单机或牵引运行时，由司机要道；二是推进车辆运行时，由车列前端的调车人员要道。还道的方法是：扳道员必须在确认进路准备正确、道岔尖轨密贴后，方可显示道岔开通信号。为避免误认，扳道员应先显示开通的股道号码，再显示道岔开通信号。

1）非集中区要道还道

在进行调车作业时，为保证调车进路的正确，防止调车作业中挤坏道岔或进入异线等情况的发生，在非集中区调车作业时，调车有关人员要认真执行要道还道制度。

在非集中区，准备进路是扳道员根据调车作业通知单及调车指挥人的信号进行。需要取消已开通的进路时，必须联系彻底后，方可扳动道岔。进路上有两名及以上的扳道人员时，扳道员间在准备好进路后，先进行对道，然后由距要道机车方向最近的扳道人员由近及远要道，由远及近还道。由于设备的不同，扳道员间的要道还道办法应按《站细》内规定执行。

2）集中区要道还道

在集中区，准备进路是由信号员根据调车作业通知单进行。进路准备妥当后调车信号开放。有关联系是通过无线电话（无线灯显设备）、对讲机或有线广播进行通信。

3）集中区与非集中衔接区的要道还道

由集中区到非集中区或由非集中区到集中区的调车作业，应制定要道还道或作业联系办法。由于集中区作业繁忙，涉及接发列车等多项作业。由非集中区到集中区，必须提前做好联系，合理安排，减少作业等待及其他不安全因素。

（1）调车机车由非集中区到集中区。调车机车由非集中区进入集中区调车前，应由非集中区扳道员向信号楼联系说明作业目的和要求后，信号楼操纵人员征得有关人员同意后，排列进路开放调车信号。扳道员要认真确认进入集中区的第一架调车信号机的显示状态，确认调车信号开放后，才能向司机显示道岔开通信号。

（2）调车机车由集中区到非集中区。调车机车由集中区进入非集中区前，信号楼有关作业人员应先通知非集中区扳道员,得到扳道员进路道岔准备妥当的汇报后,才可以开放有关的调车信号机。司机或调车组除确认调车信号机的显示外,还应与非集中区最近扳道员执行要道还道,以防止非集中区第一架信号机开放,而调车进路没有开通,造成误入异线或挤坏道岔。

要道还道的表述,应统一为"进×道要×道""出×道要×道"。考虑到连续溜放和驼峰解散车辆作业的特点,规定连续溜放和驼峰解散车辆时,第一钩应实行要道还道制度(集中联锁设备除外),从第二钩起,按"调车作业通知单"的要求扳动道岔。集中联锁的调车区,装设有调车信号机,调车作业按信号机显示的要求进行,因此,第一钩可以不执行要道还道制度。半自动驼峰、自动化驼峰的调车进路由驼峰设备自动控制,第一钩可以不执行要道还道制度,但驼峰调车长、作业员应监视溜放车辆的进路及车辆走行情况。

5. 取送 ⚠ 等爆炸易燃品的规定

⚠系指装载特种装备、特种材料、精密仪器和尖端保密产品的车辆。

(1)标注有⚠的车辆调车作业时,严格禁止溜放,设有调车指导的车站应在调车指导监督下进行作业,未设调车指导的车站应派业务熟练的干部监督作业,严防违章调车。

(2)编组和编挂标注有⚠车辆时,机车与编挂的车辆应连结制动软管,接软管的车辆数与所挂车辆数的比例不少于1/5,即五辆车中至少有一辆连结制动软管。

(3)在接近、连挂标注有⚠的车辆以及带有这种车辆连挂其他车辆时,要在被连挂车辆前十车处一度停车,再按"十、五、三"车制进行连挂作业。

(4)其他车辆向停有⚠的车辆的站线溜放或送车时,必须留有10m天窗,严禁溜放连挂。

二、取送车辆作业标准

取送车辆作业标准主要包括送车和取车两部分,作业程序及项目如图2-8所示。

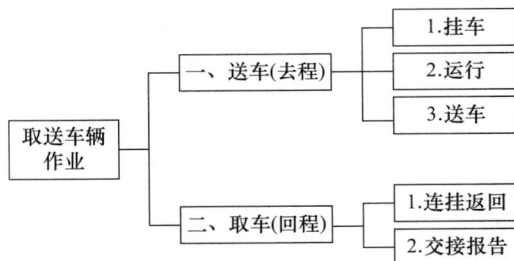

图2-8 铁路调车取送车辆作业程序及项目

1. 送车(去程)

1)挂车

调车人员按作业计划要求,挑选车组。调车指挥人显示连挂信号,指示挂车。挂妥后,撤除防溜措施;对遗留车辆应先采取防溜措施,再摘开车钩。调车人员向调车指挥人显示试拉信号,确认末位车辆起动后,向调车指挥人显示好了信号。调车人员按《站细》规定的数量连结软管。当使用简易制动阀时,调车人员应确认通风良好。

2)运行

车列前部瞭望人员,应执行要道还道制度,得到扳道员道岔开通信号或确认调车信号开放正确后,向调车指挥人显示起动信号。车列运行中,进行瞭望,及时显示信号。调车指挥人确认连结员显示起动信号后,向司机显示起动信号。连结员确认车列起动无误,向调车指挥人显示"好了"信号。调车指挥人确认连结员的"好了"信号,注意调车人员上车及安全等情况,向司机显示"好了"信号。调车指挥人应位于易于瞭望前方,又能使司机看见所显示信号的位置。中转信号人员,位置适当,正确及时一致地中转信号。推进运行经过无人看守道口前,要显示指示司机鸣笛信号,适当控制速度。在走行线上由调车人员扳动的道岔,开通走行线并加锁时,可不停车检查,运行中应加强瞭望。

3)送车

在进入货物线、专用线、段管线前,调车指挥人应派人检查线路及停留车,确认道岔开通位置(由调车人员扳动的道岔),货物装载无异状,车门关闭,装卸停止,防护信号及装卸机具已撤除,车下无障碍。调车人员按作业计划及货运人员的要求,对好货位,拉好手闸,按规定采取防溜措施。

2. 取车(回程)

1)连挂返回

调车人员按送车(去程)程序中的挂车和运行的岗位作业标准进行挂车。由货物线、岔线、段管线返回时,调车人员须确认扳道人员的道岔开通信号或调车信号开放正确后,进入指定的股道。停车后起动困难时,不停车进入站内的办法,由《站细》规定。

2)交接报告

规定由调车人员递交货运票据时,应认真负责交清货运票据。每次作业完毕,应将计划变更的情况、停留车位置及防溜措施等,一并向调车领导人报告清楚。编组(区段)站是否需要交接报告,由《站细》规定。

三、简易紧急制动阀的使用

在平交道口调车作业、专用线取送车辆作业、区间岔线作业及客运站取送车底等推进调车作业时,发现危及行车及人身安全时应使用简易紧急制动阀。简易紧急制动阀为铁质或塑料制品,如图2-9所示。它由阀体、阀杆和拉绳等组成,在阀体上有一个能与车辆制动主管连结器相连通的圆形阀孔。

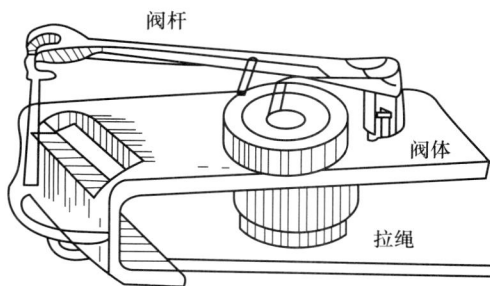

图2-9　简易紧急制动阀

> 思考:
>
> 本任务所列案例中,在哪几个调车钩中需要使用简易紧急制动阀?为什么?

简易紧急制动阀操作方法如下。

（1）调车作业前,由负责在车列前端瞭望的连结员(制动员),将简易紧急制动阀阀体的圆形孔安装在车列前端车辆的制动主管连结器上,打开折角塞门,并进行徐徐放风试验。

（2）作业中遇紧急情况,危及行车及人身安全时,应先给停车信号,如必须施行紧急停车时,拉动拉绳,即可迅速排出车列制动主管的风,使车列立即停车。

四、摘挂车辆作业技能

1. 摘车

摘车程序应遵循"一关前、二关后、三摘管、四提钩",其具体含义如下。

（1）"一关前":关闭靠近机车方面的折角塞门,使手柄与主管垂直。

（2）"二关后":关闭另一端折角塞门。

（3）"三摘管":按要求摘开软管。

（4）"四提钩":按计划提开车钩。

2. 挂车

连挂车辆时,按下列程序进行作业。

1）调整钩位

车钩由钩头、钩身、钩尾三个部分组成。车钩前端粗大的部分称为钩头,在钩头内装有钩舌、钩舌销、锁提销、钩舌推铁和钩锁铁。车钩后部称为钩尾,在钩尾上开有垂直扁锁孔,以便与钩尾框连结。为了实现挂钩或摘钩,使车辆连接或分离,车钩具有闭锁位置、开锁位置和全开位置三种位置,也就是车钩的三种状态,如图2-10所示。

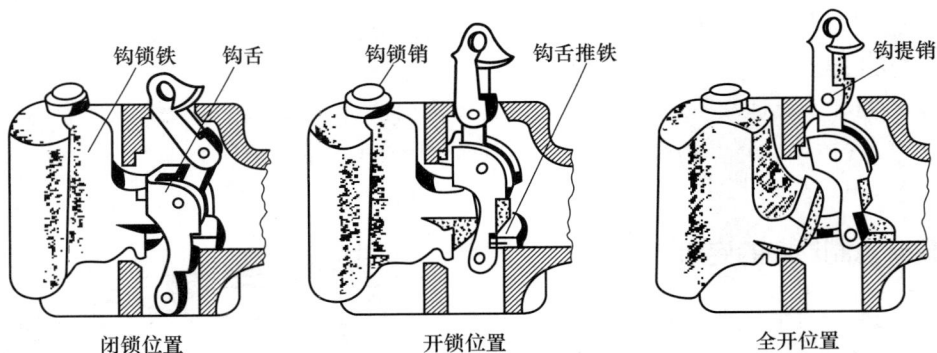

图2-10　车钩三态作业位置示意图

（1）锁闭位置——车钩的钩舌被钩锁铁挡住不能向外转开的位置。两个车辆连挂在一起时,车钩就处在这种位置。

（2）开锁位置——即钩锁铁被提起,钩舌只要受到拉力就可以向外转开的位置。摘钩时,只要其中一个车钩处在开锁位置,就可以把两辆连挂在一起的车分开。

（3）全开位置——即钩舌已经完全向外转开的位置。当两车需要连挂时,只要其中一个车钩处在全开位置,与另一辆车钩碰撞后就可连挂。在连挂前,将进行连挂的车钩调整到便于安全连挂的位置,称为调整钩位。

在直线上连挂车辆,车辆钩头位于中心,一方车辆的车钩在全开位,另一方车辆的车钩置于闭锁位。防止两钩都在全开或都关闭而造成临时抢扳钩舌或重复连挂的现象。

想一想：

在直线上连挂车辆,下列能安全连挂的是(　　　)

A. 闭锁位置+全开位置　　　　B. 开锁位置+全开位置

C. 闭锁位置+开锁位置　　　　D. 全开位置+全开位置

在曲线上挂车时,其情况如图 2-11 所示。两车纵向中心线相错,车身越长或曲线半径越小,则相错的错度越大,而要使两车钩连挂,必须使两钩的纵中心线相近,错度过大,则不易连挂。如果勉强连挂,可能使两钩头相错,互触于车辆制动主管头,甚至撞坏端梁。因此在曲线上连挂时,应调整钩位,将两钩头向曲线内侧扳动,使两车钩纵向中心线相近,并将两钩各开六七成,以加大两钩接触面,再去连挂。

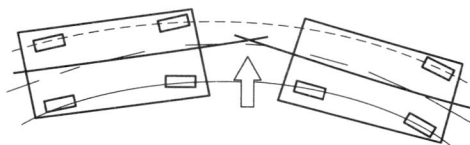

图 2-11　曲线连挂时两车纵中心线示意图

2）显示信号,指挥机车连挂

机车带车连挂时,领车的调车人员要及时显示十、五、三车距离信号,并听取司机鸣笛回示,没有回示立即显示停车信号。连续连挂时,可不停车连挂,但要确认连挂状态,车组间距超过 10 车时,应进行试拉作业。

3）确认车钩连挂状态

车钩连挂后应认真确认是否连挂稳妥,确认的方法具体为以下三种。

（1）上作用式车钩。车钩下部的钩锁铁锁脚是否在锁头底部露出,车钩上部的钩销露出在 56mm 以内,确认连挂状态妥当,如图 2-12 所示。

（2）下作用式车钩。车钩下部的钩销是否正确降落在钩头的后部下方,如钩销露出在 240mm 以上,说明连挂妥当,如图 2-13 所示。

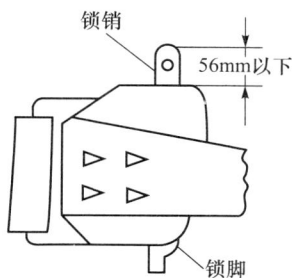

图 2-12　上作用式车钩上锁销露出情况

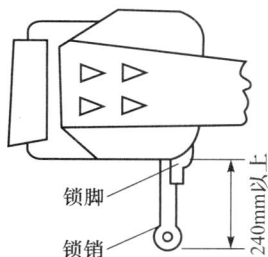

图 2-13　下作用式车钩下锁销露出情况

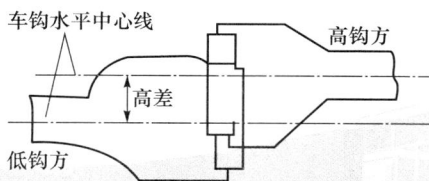

图 2-14　连挂时车钩纵中心线高差

（3）两车连挂后,除了确认是否连挂妥当外,还应确认两车钩纵向中心水平线的高差是否超过 75mm,如图 2-14 所示。

车钩中心线距轨面最高为 890mm,最低为 815mm,两者之差决定车钩中心线高度差 75mm。

观察车钩高差的方法是:在车钩中心线上有一条

白线,首先检查两车钩连挂后两白线是否吻合成同一水平线,如果发现错开时,就应观察两中心水平线的高差是否超过75mm,若超过时,应立即报告调车长或车站调度员,转告车辆部门处理。

4)试拉

连结制动软管前应试拉,以免动车时因车钩脱开而拉断制动软管。故试拉是对车钩连挂状态的进一步实践检验。

5)连结软管

连结软管前应先检查车钩是否连挂好,确认钩锁稍是否落槽;为了防止漏风,应检查两管头部是否良好、胶皮圈有无丢失,若有丢失,应及时补充,禁止以一个胶皮圈反扣,因为这样会造成下次摘软管时胶皮圈丢失,影响作业,导致列车晚点。同时,反扣还会引起漏风,发生列车运行中自动抱闸,危及行车安全。

连结软管时应两脚一里一外,即一只脚迈入道心,另一只脚在轨外蹲下,以左手紧握靠身体一侧的软管接头,随即将肘部弯曲,使手握的软管接头接近肩部,同时右手扶起另一侧软管头,对好接头,借软管本身的弹力,向下推压软管,即可连结。

进入道心连结软管时,必须取得调车指挥人的同意,并向司机显示停车信号,防止机车移动伤人。软管连结妥当后,应向调车指挥人显示"好了"信号。

6)打开折角塞门并确认各部分无泄漏

当折角塞门的手柄和列车制动主管平行时为开通位,垂直时为关闭位。

软管连结后需要确认是否已连结妥当,然后才能打开折角塞门,以免风压的冲击力使两软管因未连结好而发生分离,打伤作业人员。打开折角塞门时,应先打开机车方向的折角塞门,以便检查是否漏风,确认后,再打开另一端的折角塞门。连结软管后,遇有漏风情况,应摘开软管,重新调整或更换胶皮圈后再连结软管。

7)撤除防溜措施

对已经连挂好了的车辆,必须撤除防溜措施后才能动车。

3. 挂车时的注意事项

1)连续连挂车辆

在同一线路内连续连挂作业时,可不停车连挂(超过2.5‰下坡道的线路上除外),但必须确认连挂状态。车组间距超过十车时,必须试拉后再继续连挂。连挂最后一组车或推送车辆运行前,必须试拉,以实践检验车钩的连挂状态。

2)在尽头线上或接触网终点连挂车辆

距线路终端或接触网终端应有10m的安全距离。遇特殊情况,必须接近10m时,应严格控制速度,并在停留车前一度停车,并要确认最后一、二辆车已拧紧人力制动机或安放铁鞋等防溜措施后,再以不超过5km/h的速度连挂。挂妥后,再撤除防溜措施。

3)线路末端连挂车辆

如果停留车距警冲标较近,连挂车辆(或车组)有越出警冲标的可能时,应拧紧最后车辆的人力制动机或采取其他防溜措施。必要时应向扳道员要道或通知道岔操纵人员开通就近一、二组道岔,才准连挂。

4)在有坡道的线路上连挂车辆

在超过2.5‰坡度的线路上连挂车辆时,应有安全措施。连挂前,应检查停留车的防溜措施,连挂妥当后再撤除防溜措施。在连挂调车时,10辆及以下是否需要连结软管、连结软管数量、11辆及以上必须连结软管的数量,应根据《站细》规定执行。

5)客车连挂

客车由于经常不摘挂,所以车钩一般不灵活、不好用。另外,客车本身的车体长、配件多,所以在连挂时应注意以下几点。

(1)被连挂车辆,应先拧紧人力制动机或在车辆下安放止轮器,然后再进行连挂。

(2)客车连挂后除连结软管外,还要将各种电线、通过台的吊链等连结好。

(3)客车与货车连挂时,如货车为上作用车钩,应将客车活动板吊起,防止活动板撞动货车车钩提链,提开车钩发生列车分离。

(4)连挂客车时应注意轻挂,确保车内人员安全,即便是连挂空客车,也因客车构造和车内设备备品比较复杂,不能挂重钩。

【任务实施】

工作任务二　学习任务单

班级:_____　　姓名:_____　　学号:_____　　日期:_____

知识认知	1. 摘车作业程序包括哪几个步骤? 2. 挂车作业程序包括哪几个步骤? 3. 送车作业程序包括哪几个作业项目? 4. 取车作业程序包括哪几个作业项目?

续上表

知识认知	5. 中间站摘车防溜和挂车防溜有何不同？
能力训练	按《取送车辆作业的作业程序和标准》要求，按角色分组扮演（车站值班员、司机、调车长、连结员、制动员）在××站平面示意图上模拟作业，完成"图 2-6 调车作业通知单"中的第二个调车钩（专 1-6）和第三个调车钩（专 2+2）。作业细节可参考"典型工作任务四　中间站调车综合演练实训"中的相关内容

【任务评价】

评价指标	组长评价	自我评价	教师评价
1. 知识学习效果			
2. 技能目标达成度			
3. 素质提升效果			
本模块最终评价			
个人总结及反思			

　　技能训练评分标准参考如下：

姓名	角色	作业内容	标准用语	标准操作	总评
	0 号调车长				
	1 号连结员				
	2 号制动员				
	车站值班员				
	司机				

备注：
1. 作业内容栏填记错漏细节数量，以"正"字笔画记录，每错 1 次扣 5 分；
2. 标准用语和标准操作填记优、良、差之一，各按扣 0、10、20 计分；
3. 原始总分按 100 分计，例如作业内容错 2 次，标准用语和标准操作分别为优、良，总评分为 100−5×2−0−10＝80，即总评分为 80 分。

典型工作任务三
停留车作业

【任务描述】

中间站调车组根据车站值班员编制和下达的调车作业计划,组织列车摘挂调车作业中的停留车作业,对到发线和货物作业线(专用线)上的停留车采取安全防溜措施,保证作业安全;在需要时,正确组织手推调车作业,确保手推调车作业安全。

【任务引入】

讨论如图 2-15 所示的调车作业通知单中每一钩的停留车需符合哪些规定?

调车作业通知单

2018 年 6 月 30 日第 1 号

第 40251 次列车,9 时 30 分起至 10 时 30 分止

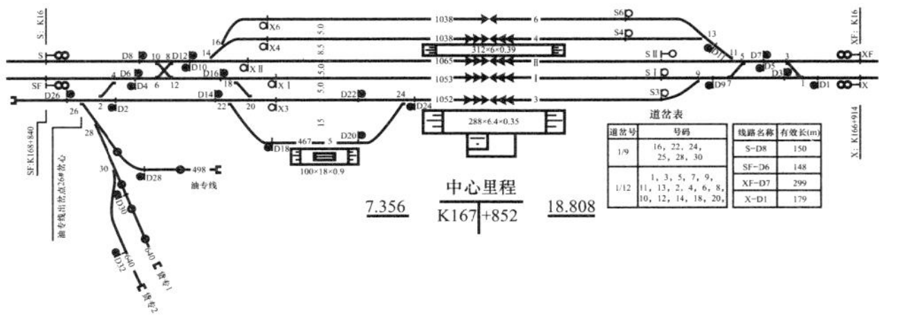

线别	车数		记事
	挂	摘	
3	6		C₆₂4018260
专₁		6	对位
专₂	3		全部
5	3		全部
3	本列		开车

重点注意事项:

专 1 摘 6 辆车,分两组停留。尽头线确认好距离,进入线路前做好检查,大门前停车。

图 2-15　调车作业通知单

【任务准备】

思考问题 1　你认为在上述案例中,停留车需要有哪些限制规定?

_____

_____

_____

思考问题 2　你认为在铁路调车作业过程中,出现车辆溜逸原因有哪些?

_____

_____

_____

【任务分组】

建议学习者组建学习小组,制订学习计划,共同完成相关任务。

姓名	学号	分工	备注	学习计划
			组长	

【任务学习】

一、停留车作业标准

停留车作业标准主要包括车辆停留、防溜措施和手推调车三部分,作业程序及项目如图 2-16 所示。

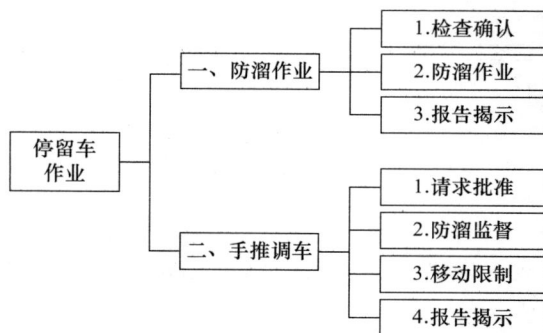

图 2-16 铁路调车停留车作业程序图

1. 车辆停留

1)停留限制

(1)机车车辆停在警冲标外方时,会妨碍邻线机车车辆的运行,有可能发生侧面冲突。因此,到发线、调车线、货物线等线路停留机车车辆时,必须停在警冲标内方。遇下列情况时,在不影响接发列车及调车作业的条件下,准许车辆临时停放在警冲标外方。

① 停在调车线警冲标外方。调车作业中,因溜放车组调速不当未进入警冲标内方,但不妨碍本批计划的进路时,准许临时停在调车线警冲标外方。在一批作业完成后,立即将该车组送入警冲标内方。

② 停在到发线警冲标外方。因车站装卸线货位紧张,货位固定设备设在警冲标外方,抢运军运物资或急用物资等特殊情况下,车辆需停在警冲标外方进行装卸作业时,须经车站值班员、调车区长准许,在不影响列车到发及调车作业情况下方可进行,装卸作业完成后,应

立即取走或送入警冲标内方。

（2）正线上不得停留车辆,安全线、避难线、机车固定走行线上禁止停留机车车辆。到发线上停留车辆时,应经车站值班员准许。在中间站上应取得列车调度员的准许,方可占用。安全线、避难线、机车固定走行线上,禁止停留机车车辆,这是因为安全线、避难线的设置是为了防止列车和机车、车辆冲突,如在该线上停留机车、车辆,不仅失去了它的作用而且增加了冲突机会。

（3）牵出线、渡线、道岔联动区及轨道衡上不得停留车辆。必须停留时,由《站细》规定。因为牵出线是专门调车的线路,如果停放了车辆,不仅影响调车作业效率,而且危及调车安全。

> 讨　论:
>
> 　　正线上能否短时间停留列车? 正线上能否短时间停留车辆? 机走线和牵出线能否短时间停留机车? 机走线和牵出线能否短时间停留车辆?"车辆"和"机车车辆"有何区别?

2）道岔处理

（1）中间站到发线停留车辆时,两端道岔扳向不能进入该线的位置并加锁(设有轨道电路的线路及到发线兼货物线停留车辆除外)。

（2）装载爆炸品,压缩气体、液化气体的车辆及救援列车,必须停放在固定的线路上,两端道岔应扳向不能进入该线的位置并加锁。

（3）临时停留有公务车线路的道岔应扳向不能进入该线的位置并加锁,一般不准利用该线进行与其无关的调车作业。集中操纵的道岔可在控制台上进行锁闭。

2. 防溜措施

1）防溜措施的实施方法

由于货物的性质、车辆的特点或线路坡度方面的因素,停留车辆不进行调车作业时,应采取防溜措施或其他安全措施,以保证行车和货物安全。

（1）编组站、区段站在到发线、调车线以外的线路上停留车辆,不进行调车作业时,应连挂在一起,并须拧紧两端车辆的人力制动机,或以铁鞋(止轮器、防溜枕木等)牢靠固定。因装卸车对货位等情况,不能连挂在一起时,应分组做好防溜措施。

（2）中间站停留车辆,无论停留的线路是否有坡道,均应连挂在一起,拧紧两端车辆的人力制动机,并以铁鞋(止轮器、防溜枕木等)牢靠固定。因装卸车对货位等情况,不能连挂在一起时,应分组做好防溜措施。一批调车作业中临时停留的车辆,须拧紧两端车辆的人力制动机或以铁鞋(止轮器)止轮。

（3）电气化区段或人力制动机链损坏时,可用防溜紧固器防溜。

（4）超过 6.0‰坡道的线路上停留车辆时,必须连挂机车;不能连挂机车时,由车站制定安全措施报铁路局集团公司批准后,纳入《站细》。

（5）编组站和区段站的到发线、调车线是否需要采取防溜措施以及作业量较大的中间站执行上述规定有困难时,由铁路局集团公司作出规定。

> 想一想:
>
> 　　中间站的防溜规定与技术站的防溜规定有何异同?

2）防溜措施的检查确认

（1）接班检查。对站内停留车辆的防溜措施,有关人员接班时应检查确认,并实行对口交接。

（2）防溜报告。对停留车进行防溜后,有关人员在一批作业结束时报告调车长（编组场、编发场除外）。

（3）揭示防溜。揭示防溜措施时,用下列符号标明防护措施。

① 拧紧手制动机——⊗。

② 放置铁鞋(止轮器)——◁ 或 ◁。

③ 人力制动机紧固器—— $1 或 ⊥。

④ 停车器——‖。

⑤ 放置防溜枕木——⫽。

3. 手推调车

手推调车是调移车辆的一种辅助形式,一般只在缺乏动力的情况时采用。它是利用人力或其他机械设备短距离移动车辆(如对货位等)。因为手推调车没有动力制动,存在不安全因素,所以除遵守调车有关规定外,需要有严格限制和作业要求。

1）手推调车作业要求

（1）手推调车,须取得调车领导人的同意,人力制动机作用必须良好,有胜任人员负责制动。

在调车线、货物线及其他线路上手推调车时,应得到调车领导人的同意。因为调车领导人全面掌握线路使用、设备特点和作业进度等情况。在正线、到发线及其衔接线路上手推调车时,还应得到车站值班员的准许,以保证接发列车安全。在货物线内,当手推调车不越过警冲标时,停留车的辆数,顺序都不会发生变化,因此,可由有关货运员同意后进行,但货运员应将移动后的车辆停留车位置及时通知调车领导人。胜任人员系指车站助理值班员、调车组人员和经过鉴定考核合格的货运人员。

（2）手推调车速度不得超过3km/h,以保证随时停车。

（3）手推调车时每批移动不得超过一辆重车或两辆空车。

（4）手推调车指挥人应用规定的符号在行车提示板上标明防溜的方式、数量和位置。

2）禁止手推调车的情况

（1）在超过2.5‰坡度的线路上(确需手推调车时,必须经铁路局集团公司批准)。坡度指的是线路的实际坡度。这主要考虑在实际坡度超过2.5‰的线路上调车时,若制动不及时,车辆溜逸,可能会造成严重后果。由于设备条件限制,必须在超过2.5‰坡度的线路上手推调车时,车站必须制定安全措施,报铁路局集团公司批准后纳入《站细》。

（2）遇暴风雨雪等天气导致车辆有溜走可能或夜间无照明时。

（3）接发列车时,能进入接发列车进路的线路上无隔开设备或脱轨器。(隔开设备系指安全线、避难线以及与邻线能起隔开作用的道岔。脱轨器在调车作业时可作为隔开设备。)

（4）装有爆炸品、压缩气体、液化气体的车辆。

（5）电气化区段,在接触网未停电的线路上,对棚车、敞车类的车辆禁止手推调车。因为在电气化区段接触网导线高度为 5 700mm,接触网未停电时,为保证制动人员的安全,棚车、敞车类的车辆不能使用人力制动机。

（6）在停有动车组的线路上。

手推调车是一种辅助调车形式。在一些中间站,由于缺少调车动力,手推调车被经常采用。特别是装卸人员为了装卸作业方便,经常以手推调车的方式移动车辆位置。但由于组织不当,常发生车辆溜入区间或闯入接发列车进路的重大、较大事故,造成巨大损失和恶劣影响。

二、车辆溜逸的原因分析与防溜的意义

1. 车辆溜逸的原因分析

车辆溜逸是指车辆或车列未采取防溜或防溜不当,由车站溜入区间或由区间溜入车站,由岔线、专用线溜入区间或站内的现象,现场俗称为"放飚"。

调车作业中因调车人员未认真执行防溜规定,在风力或外力作用下,造成车辆溜逸,这是车辆溜逸的主要原因,详细分析如下。

（1）挂车时,对停留车未做好防溜措施或提前撤除防溜措施,由于钩位不正,钩销不落槽、车组之间冲撞等原因造成车辆溜逸。

（2）摘车时,未先做好防溜便提钩,甚至在车辆未停妥的情况下提活钩,致使脱钩后,车辆以原有速度运行,加上线路坡度等原因,使车辆溜逸。

（3）溜放作业时,未提前试闸,或无人制动,或未等车辆停妥便离开。

（4）推送车辆时,未先进行试拉或确认连挂状态,由于车组间连挂状态不良或车钩在开锁状态,造成前部车组溜逸。

（5）作业中采取防溜措施不当。

（6）手推调车时,无胜任人员制动。

2. 防止车辆溜逸的意义

车辆溜逸事故,对行车安全危害极大,造成巨大损失和极坏影响。车辆溜入区间可能与正在运行的货物列车相撞,造成列车脱轨、颠覆、中断行车、人员伤亡等严重后果。铁路行车事故中,车辆溜逸事故占有一定的比例。对停留车采取防溜措施,对于减少事故发生,确保列车正常运行和作业安全具有重要意义。

三、连挂车辆未采取防溜措施的教学案例

1. 事故概况

×站线路示意图如图 2-17 所示。

××××年×月×日 41146 次列车于 02 时 32 分进×站 1 道,本务机调车作业计划为:1 道单机出,5+3,8+11,5 道东头出,6-3,5-8,6+5,回 1 道连结。再去 6 道连续连挂前,6 道共存 14 辆车（连同 6-3 在内）分三组存放,东头第一组车 2 辆距警冲标 70m,第二组 9 辆距第一组车 150m,第三组车 3 辆距第二组车 110m。

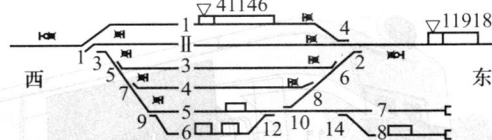

图 2-17　×站线路示意图

　　当在 6 道进行第二次连挂时,由于作业人员不齐,防溜措施不力,连结员采用压钩式提钩(提活钩),导致 6 道存放的 9 辆车顺着 5.5‰ 的下坡道溜逸,溜出 506m,挤坏 2 号道岔,并在上行进站信号机处与正在进站的 11918 次列车发生正面冲突。

2. 事故后果

　　11918 次机后第 2、8 位货车脱轨,第 9 位货车颠覆,溜逸的 9 辆货车第一位脱轨。

　　事故损失:司机轻伤 1 名,机车中破 1 台,货车报废 1 辆,货车大破 7 辆、中破 1 辆、小破 3 辆,挤坏道岔尖轨 1 根,损坏枕木 58 根,中断正线行车 12 时 51 分,构成行车重大事故。

3. 事故原因

　　(1) 防溜措施不力,6 道第二次连挂提钩前,调车人员未对停留车辆采取任何防溜措施。

　　(2) 调车作业时,调车组人员不齐,第一钩连结员擅离工作岗位,没有参加作业。在人员不足、没有采取任何安全措施的情况下盲目作业。

　　(3) 车站防溜工具作用不良、管理不善,车组溜逸后虽使用铁鞋制动,但防溜铁鞋鞋底不平,鞋尖弯曲,起不到防溜制动作用。

　　(4) 站场改建和股道延长后,6 道向西为 5.5‰ 的下坡道,而修订《站细》时,未制定特殊的防溜措施。

四、人力制动机紧固器的使用

　　人力制动机紧固器是当人力制动机故障或因接触网有电,敞车、棚车等车辆的人力制动机无法使用时用来防溜的专用设备,如图 2-18 所示。人力制动机紧固器使用前应进行培训学习,掌握其使用方法。

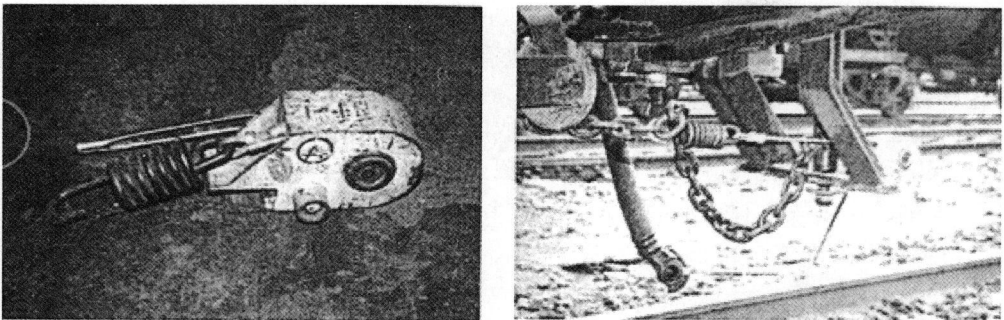

图 2-18　人力制动机紧固器

　　(1) 使用前应检查人力制动机紧固器各部件性能良好,发现问题及时更换。

　　(2) 使用时应将人力制动机紧固器牢固固定在闸杆最下端的托架上。用人力制动机紧固器的活动一端勾住闸链,此时应尽量勾紧。扳动人力制动机紧固器的手把或摇动手柄,逐渐拉紧闸链,起到制动作用。锁好人力制动机紧固器,防止制动失效,车辆溜逸。

　　(3) 紧固后应检查制动是否有效,用脚蹬闸链看是否张紧。

　　(4) 撤除时用专用钥匙拧开人力制动机紧固器的开关即可。撤除后应将紧固绳或铁链收回,调整到待用状态。

【任务实施】

工作任务三　学习任务单

班级：_____　　姓名：_____　　学号：_____　　日期：_____

知识认知	1. 揭示停留车防溜采用哪些符号？ 2. 如何深刻认识停留车防溜的作用和意义？ 3. 车辆溜逸的原因有哪些？ 4. 中间站摘挂调车防溜作业如何分工？

续上表

知识认知	5. 人力制动机紧固器如何使用？
能力训练	按《取送车辆作业的作业程序和标准》要求,按角色分组扮演(车站值班员、司机、调车长、连结员、制动员)在河湾站平面示意图上模拟作业,完成"图 2-14 调车作业通知单"中的第四个调车钩(5+3)和第 5 个调车钩(3 道本列)。作业细节可参考"典型工作任务四　中间站调车综合演练实训"中的相关内容

【任务评价】

评价指标	组长评价	自我评价	教师评价
1. 知识学习效果			
2. 技能目标达成度			
3. 素质提升效果			
本模块最终评价			
个人总结及反思			

　　技能训练评分标准参考如下：

姓名	角色	作业内容	标准用语	标准操作	总评
	0 号调车长				
	1 号连结员				
	2 号制动员				
	车站值班员				
	司机				

备注：
1. 作业内容栏填记错漏细节数量,以"正"字笔画记录,每错 1 次扣 5 分；
2. 标准用语和标准操作填记优、良、差之一,各按扣 0、10、20 计分；
3. 原始总分按 100 分计,例如作业内容错 2 次,标准用语和标准操作分别为优、良,总评分为 100-5×2-0-10＝80,即总评分为 80 分。

典型工作任务四
中间站调车综合演练实训

【任务描述】

调车组根据车站值班员编制和下达的调车作业计划,组织完成列车摘挂调车作业、取送车辆作业和停留车作业。

【任务引入】

作业情境参照任务一的【案例引入】,调车作业通知单如图 2-19 所示。按照前面所讲的《列车摘挂作业标准》《取送车辆作业标准》《停留车作业标准》等相关要求,学生分组进行调车作业过程的演练。

每小组扮演角色为:列车调度员 1 人、车站值班员 1 人、调车长 1 人、连结员 1 人、制动员 1 人、司机 1 人,共计 6 人。

实训场地和设备:站场平面图(铺画在实训室地面中央);无线调车灯显设备 1 套(调车长手持台 1 台编为"0 号",手持台连结员编为"1 号",手持台制动员编为"2 号",手持台车站值班员编为"3 号",司机手持台 1 台编为"4 号");演练用货车模型若干辆,铁鞋若干只,简易紧急停车阀 1 个;计算机联锁车站控制系统或 6502 控制台 1 套(作业中演练排列调车进路用);安全带若干条。

调车作业通知单

2018 年 6 月 30 日第 1 号

第 40251 次列车,9 时 30 分起至 10 时 30 分止

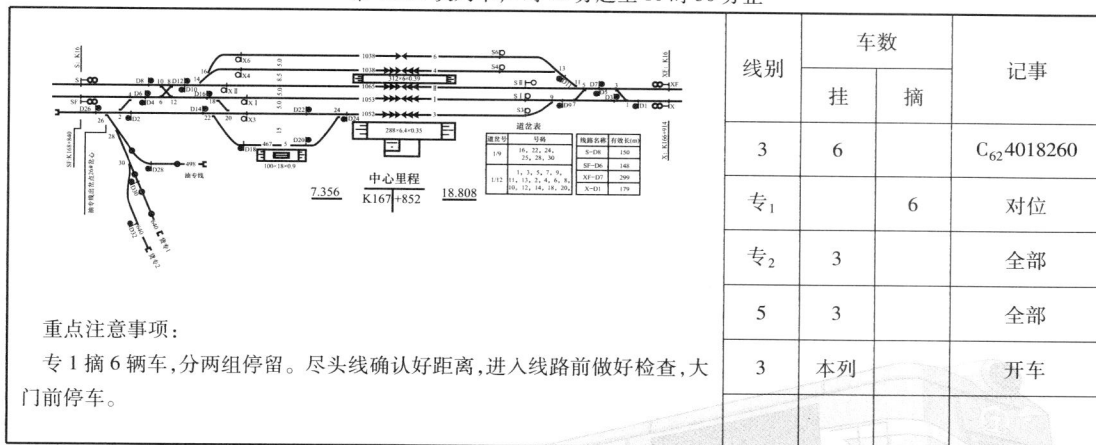

线别	车数		记事
	挂	摘	
3	6		$C_{62}4018260$
专1		6	对位
专2	3		全部
5	3		全部
3	本列		开车

重点注意事项:

专 1 摘 6 辆车,分两组停留。尽头线确认好距离,进入线路前做好检查,大门前停车。

图 2-19 调车作业通知单

【任务准备】

思考问题 1 依据《调标》,中间站摘挂列车摘挂取送调车作业完成后,调车人员、调车

长和车站值班员分别应该向谁报告什么内容?

_____

_____

_____

思考问题 2 你认为在调车作业前,应检查确认哪些事项?

_____

_____

_____

【任务分组】

建议学习者组建学习小组,制订学习计划,共同完成相关任务。

姓名	学号	分工	备注	学习计划
			组长	

【任务学习】

根据本项目案例,中间站××站白班班组摘挂列车 40251 次调车作业任务,完成调车综合实训演练。

一、作业计划编制与传达

作业计划编制与传达如表 2-1 至表 2-3 所示。

程序 1:车站值班员作业联系　　　　　　　　　　　　　　　　　　表 2-1

序号	作业人员	作业内容(带引号为通话内容)	配合人员
1	车站值班员	"调度员,××站,40251 次调车作业,请指示。(此处停顿数秒)40251 次机次摘 6 辆,货物线挂重车,10 时 40 分开车,××站明白。"	列车调度员
2	车站值班员	"××站货运员,9 时 40 分,请做好接车准备,专 1 线送 6 辆,专 2 挂 3 辆,货物线挂 3 辆,本列开车。"	货运员
3	车站值班员	"××站调车组,请做好调车作业准备。"	调车长
4	调车长	"做好调车作业准备,调车长明白。"	车站值班员
5	车站值班员	编制 40251 次调车作业计划	无

程序2：传达调车作业计划第1次 表2-2

序号	作业人员	作业内容(带引号为通话内容)	配合人员
1	车站值班员	"传达调车作业计划。2018年6月30日第1号,第40251次列车,9时30分起至10时30分止。3道挂6辆,开口号,敞$_{62}$4018260;专1线摘6辆,对位;专2线挂3辆,全部;5道挂3辆,全部;回3道本列开车。" "重点注意事项: 专1摘6辆车,分两组停留。尽头线确认好距离,进入线路前做好检查,大门前停车。"	调车长 (车站值班员把4份书面调车作业计划交给调车长,两人面对面站立)
2	调车长	"2018年6月30日第1号,第40251次列车,9时30分起至10时30分止。3道挂6辆,开口号,敞$_{62}$4018260;专1线摘6辆,对位;专2线挂3辆,全部;5道挂3辆,全部;回3道本列开车。" "重点注意事项: 专1摘6辆车,分两组停留。尽头线确认好距离,进入线路前做好检查,大门前停车。"	车站值班员
3	车站值班员	"复诵正确。"	调车长

程序3：传达调车作业计划第2次 表2-3

序号	作业人员	作业内容(带引号为通话内容)	配合人员
1	调车长0号	"传达调车作业计划。2018年6月30日第1号,第40251次列车,9时30分起至10时30分止。3道挂6辆,开口号,敞$_{62}$4018260;专1线摘6辆,对位;专2线挂3辆,全部;5道挂3辆,全部;回3道本列开车。" "重点注意事项: 作业中要认真检查线路及现车,专1尽头线送车时,控制好速度,加强停留车止轮。"	连结员1号 制动员2号 (调车长把书面调车作业计划交给连结员和制动员,面对面站立)
2	连结员1号	"1号计划正确。"	调车长0号
3	制动员2号	"2号计划正确。"	调车长0号
4	调车长0号	"作业分工:3道挂6辆,1号负责3道摘车,并对剩余车组西侧采取止轮措施;安装简易紧急停车阀及专$_1$领车。2号负责3道剩余车组东侧采取止轮措施。 专1摘6辆,1号负责采取外侧车组止轮措施,2号负责检查线路采取里侧车组止轮措施。 专2挂3辆,1号负责撤除外侧车组止轮措施,2号负责检查线路确认过程状态,撤除里侧车组止轮措施。 5道挂3辆,1号负责领车,连结,撤除西侧车组止轮措施,2号负责检查线路,撤除防溜枕木及东侧车组止轮措施。 回3道本列开车,1号负责领车、连结,撤除西侧车组止轮措施,2号负责撤除东侧车组止轮措施。1号复诵。"	连结员1号 制动员2号
5	连结员1号	"3道挂6辆,负责3道摘车,对剩余车组西侧采取止轮措施;专1摘6辆,负责领车,采取西侧车组止轮措施。专2挂3辆,负责撤除外侧车组止轮措施。5道挂3辆,负责领车,连挂,撤除西侧车组止轮措施。回3道本列开车,负责领车、连结,撤除西侧车组止轮措施。1号复诵结束。"	调车长0号
6	调车长0号	调车长:"1号复诵正确,2号复诵。"	
7	制动员2号	"3道挂6辆,负责东侧采取止轮措施。专1摘6辆,负责检查线路采取里侧车组止轮措施。 专2挂3辆,负责检查线路,撤除里侧车组止轮措施。5道挂3辆,负责检查线路,撤除防溜枕木及东侧车组止轮措施。回3道本列开车,负责撤除东侧车组止轮措施。2号复诵完毕。"	调车长0号

序号	作业人员	作业内容(带引号为通话内容)	配合人员
8	调车长 0 号	调车长:"2 号复诵正确。"	制动员 2 号

二、作业前准备

作业前准备如表 2-4 至表 2-6 所示。

程序 1:作业准备　　　　　　　　　　　　　　　　表 2-4

序号	作业人员	作业内容(带引号为通话内容)	备注
1	调车长 0 号 连结员 1 号 制动员 2 号	(旁白:根据《铁路调车作业标准》,作业前检查手信号(旗)、无线调车灯显设备,安全带、口笛、防溜工具、简易紧急制动阀及着装等。)	—
2	调车长 0 号	"整理着装,出务"	—
3	调车长 0 号 连结员 1 号 制动员 2 号	(旁白:调车作业员携带铁鞋、简易紧急制动阀。横越线路"一站,二看,三通过。" 在接车线旁边立岗接车。调车长登乘机车。)	列队行进,1 号和 2 号注意站立位置

程序 2:传达调车作业计划第 3 次　　　　　　　　　表 2-5

序号	作业人员	作业内容(带引号为通话内容)	配合人员
1	调车长	"传达调车作业计划。2018 年 6 月 30 日第 1 号,第 40251 次列车,9 时 30 分起至 10 时 30 分止。3 道挂 6 辆,开口号,敞$_{62}$4018260;专 1 线摘 6 辆,对位;专 2 线挂 3 辆,全部;5 道挂 3 辆,全部;回 3 道本列开车。" "重点注意事项:作业中注意瞭望信号,并鸣笛回示。侵正作业时注意提高运行速度。"	司机 (调车长把书面调车作业计划交给司机,两人面对面站立)
2	司机	"2018 年 6 月 30 日第 1 号,第 40251 次列车,9 时 30 分起至 10 时 30 分止。3 道挂 6 辆,开口号,敞$_{62}$4018260;专 1 线摘 6 辆,对位;专 2 线挂 3 辆,全部;5 道挂 3 辆,全部;回 3 道本列开车。" "重点注意事项:作业中注意瞭望信号,并鸣笛回示。侵正作业时注意提高运行速度。"	调车长
3	调车长	"复诵正确。"	司机

程序 3:试验电台　　　　　　　　　　　　　　　　表 2-6

序号	作业人员	作业内容(带引号为通话内容或电台音)	备注
1	调车长	"调车组试验电台,1 号。"	—
2	连结员 1 号	"1 号有",1 号操作电台:"(长按红键)紧急停车,1 号;(长按黄键)1 号,解锁。" "1 号电台好。"	试验前,调车长须先按停车键
3	调车长	"1 号电台好,2 号。"	—
4	制动员 2 号	"2 号有",2 号操作电台:"(长按红键)紧急停车,2 号;(长按黄键)2 号,解锁。" "2 号电台好。"	—
5	调车长	"2 号电台好。信号楼,电台通话试验。"	车站值班员
6	车站值班员	"信号楼有,信号楼电台好。"	—

续上表

序号	作业人员	作业内容(带引号为通话内容或电台音)	备注
7	调车长	"信号楼电台好。司机,试验电台。"	—
8	司机	"试验电台。"	—
9	调车长	(调车长依次操作电台:) "(按红键)停车,停车; (长按绿键)启动,启动, (依次按两次绿键)推进,推进, (依次按绿、黄键)溜放,溜放, (依次按绿、红键)连结,连结, (长按黄键)十车,十车, (长按黄键)五车,五车, (长按黄键)三车,三车, (长按黄键)一车,一车, (按红键)停车,停车。"	—
10	司机	"司机电台好。"	—
11	调车长	"电台试验完毕,准备作业。"	—

三、3 道牵出(3+6)

3 道牵出调机动态图如图 2-20 所示。具体程序如表 2-7 至表 2-10 所示。

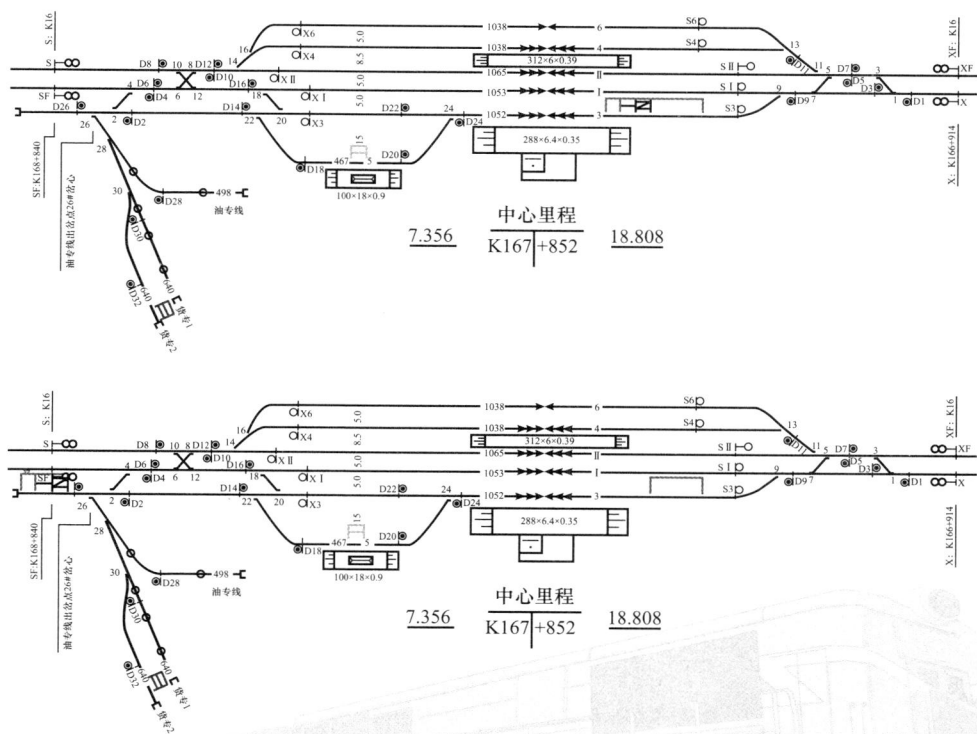

图 2-20　3 道牵出调机动态图

程序 1:1 号止轮、摘管、安阀、试验　　　　　　　　　　　　　　表 2-7

序号	作业人员	作业内容(带引号为通话内容或电台音)
1	车站值班员	"列车调度员,××站 9 时 30 分起到 10 时 30 分止,40251 次,下行方向侵正调车作业,好,××站值班员明白。"
2	连结员 1 号	[作业联系]"1 号止轮、摘管、安阀、试验。"
3	调车长 0 号	"0 号明白。"
4	连结员 1 号	[作业防护](长按红键)"紧急停车,1 号。"
5	连结员 1 号	[进档作业](作业:拧手闸,安放铁鞋,摘风管,安阀,试验。作业要点:只允许单脚跨入股道。) "上车、挂钩、拧手闸、松钩、下车;打上防溜铁鞋" "一关前,二关后,三摘风管" "安装简易放风阀,嘟…嘟…"
6	连结员 1 号	[作业报告]"1 号作业完毕。"
7	调车长 0 号	"0 号明白。"
8	连结员 1 号	[防护撤销](长按黄键)"1 号解锁。"

程序 2:2 号止轮　　　　　　　　　　　　　　表 2-8

序号	作业人员	作业内容(带引号为通话内容或电台音)
1	制动员 2 号	[作业联系]"2 号采取止轮措施。"
2	调车长 0 号	"0 号明白。"
3	制动员 2 号	[作业防护](长按红键)"紧急停车,2 号。"
4	制动员 2 号	[进档作业](作业:拧手闸,安放铁鞋。)"上车、挂钩、拧手闸、松钩、下车;打上防溜铁鞋。"
5	制动员 2 号	[作业报告]"2 号作业完毕。"
6	调车长 0 号	"0 号明白。"
7	制动员 2 号	[防护撤销](长按黄键)"2 号解锁。"

程序 3:要道还道　　　　　　　　　　　　　　表 2-9

序号	作业人员	作业内容(带引号为通话内容或电台音)
1	司机	[作业联系:要道]"××站信号楼,40251 次已到达停车地点。"
2	车站值班员	[准备进路,开放信号]"40251 次已到达停车地点,信号楼明白。"(车站值班员排列进路,执行眼看,手指,口呼作业标准。)"3 道,正线,信号好了。"
3	车站值班员	[作业联系:还道]"40251 次司机,3 道,调车进路好了。"
4	司机	"40251 次,3 道,调车进路好了,司机明白。"

程序 4:牵出车列　　　　　　　　　　　　　　表 2-10

序号	作业人员	作业内容(带引号为通话内容或电台音)
1	连结员 1 号	[作业联系](手托提钩杆)"牵出。"
2	调车长 0 号	"牵出。" [牵出车列](长按电台的绿色按钮)"启动"。
3	司机	[动车](机车鸣笛音:一短声)"嘟…"(司机操作启动)
4	连结员 1 号	"牵出好了。"(同时上车)
5	调车长 0 号	"牵出好了。" (旁白:车列末端作业员向调车指挥人显示或口呼"牵出",调车指挥人向司机显示"起动"信号(或指令),末端作业员确认车列起动无误后,向调车指挥人回示(或口呼)"牵出好了"。调车指挥人确认末端作业员的回示,同时确认调车人员上车及安全等情况后,向司机回示"好了"信号,司机鸣笛示意。)

序号	作业人员	作业内容(带引号为通话内容或电台音)
6	连结员1号	(确认车列末端越过返岔地点)"减速,减速,……停车。"
7	调车长0号	(按电台上的红色按钮)"停车"(电台音)
8	司机	[停车](机车鸣笛音:一短声)"嘟…"(司机操作停车)

四、专1-6辆

专1-6辆调机动态图如图2-21所示。具体程序如表2-11至表2-17所示。

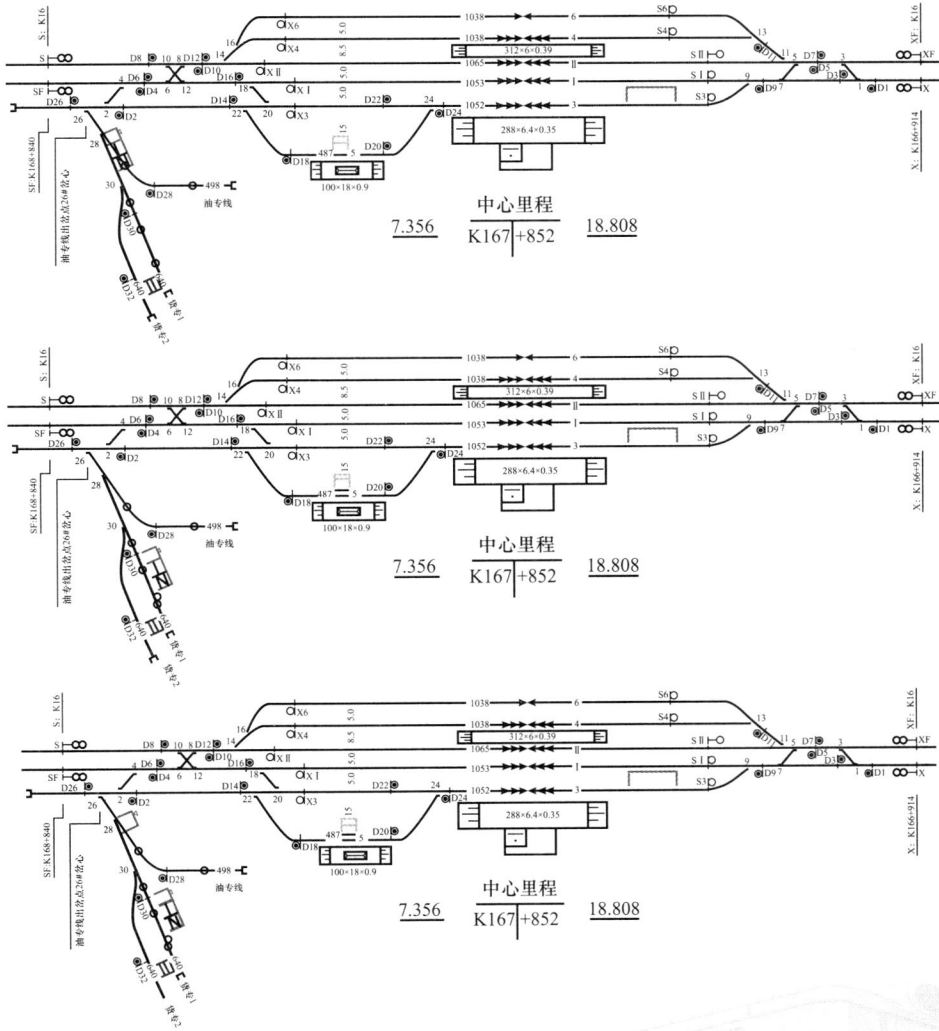

图2-21　专1-6辆调机动态图

程序1:要道还道　　　　　　　　　　　　　　　　表2-11

序号	作业人员	作业内容(带引号为通话内容或电台音)
1	连结员1号	[作业联系:要道]"××站信号楼,40251次调车组已到达停车地点。"

续上表

序号	作业人员	作业内容(带引号为通话内容或电台音)
2	车站值班员	[准备进路,开放信号]"40251 次已到达停车地点,信号楼明白。"(车站值班员排列进路,执行眼看,手指,口呼作业标准。)"正线,专₁,信号好了。"
3	车站值班员	[作业联系:还道]"40251 次调车组,专₁调车进路好了。"
4	连结员 1 号	"40251 次,专₁调车进路好了,调车组明白。专₁信号好了。""推进,1 号领车。"(1 号上车领车。)

程序 2:推进+一度停车　　　　　　　　　表 2-12

序号	作业人员	作业内容(带引号为通话内容或电台音)
1	调车长	"专₁信号好了,推进。1 号领车。" (按手台绿、绿键)"推进、推进"(电台音)
2	司机	[动车](机车鸣笛音:一短声)"嘟…"(司机操作推进)
3	连结员 1 号	"十车"
4	调车长	(按手台黄键)"十车"(电台音) (机车鸣笛音:一短声)"嘟…"
5	连结员 1 号	"五车"
6	调车长	(按手台黄键)"五车"(电台音) (机车鸣笛音:一短声)"嘟…"
7	连结员 1 号	"三车"
8	调车长	(按手台黄键)"三车"(电台音) (机车鸣笛音:一短声)"嘟…"
9	连结员 1 号	"一车"(同时下车)
10	调车长	(按手台黄键)"一车"(电台音) (机车鸣笛音:一短声)"嘟…"
11	连结员 1 号	"停车"
12	调车长	(按手台红键)"停车"(电台音)
13	司机	(机车鸣笛音:一短声)"嘟…"(司机操作停车)

程序 3:2 号检查进路、线路　　　　　　　表 2-13

序号	作业人员	作业内容(带引号为通话内容或电台音)
1	制动员 2 号	(下车检查大门、道岔、进路后)"2 号,专₁开通。"
2	调车长	"专₁开通,0 号明白。"
3	制动员 2 号	(检查专₁线后)"2 号,专₁检查好了。"
4	调车长	"专₁检查好了,0 号明白。"

程序 4:再度推进+停车　　　　　　　　　表 2-14

序号	作业人员	作业内容(带引号为通话内容或电台音)
1	调车长	"专₁检查好了,推进。" (按手台绿、绿键)"推进、推进"(电台音)
2	司机	[动车](机车鸣笛音:一短声)"嘟…"(司机操作推进)

续上表

序号	作业人员	作业内容(带引号为通话内容或电台音)
3	连结员 1 号	"十车"
4	调车长	(按手台黄键)"十车"(电台音) (机车鸣笛音:一短声)"嘟…"
5	连结员 1 号	"五车"
6	调车长	(按手台黄键)"五车"(电台音) (机车鸣笛音:一短声)"嘟…"
7	连结员 1 号	"三车"
8	调车长	(按手台黄键)"三车"(电台音) (机车鸣笛音:一短声)"嘟…"
9	连结员 1 号	"一车"(同时下车)
10	调车长	(按手台黄键)"一车"(电台音) (机车鸣笛音:一短声)"嘟…"
11	连结员 1 号	"停车"
12	调车长	(按手台红键)"停车"(电台音)
13	司机	(机车鸣笛音:一短声)"嘟…"(司机操作停车)

程序 5:2 号止轮+撤阀　　　　　　　　　　　　　　　　表 2-15

序号	作业人员	作业内容(带引号为通话内容或电台音)
1	制动员 2 号	[作业联系]"2 号采取止轮措施。"
2	调车长 0 号	"0 号明白。"
3	制动员 2 号	[作业防护](长按红键)"紧急停车,2 号。"
4	制动员 2 号	[进档作业](作业:拧手闸,安放铁鞋。撤除试验排风阀)"上车、挂钩、拧手闸、松钩、下车;打上防溜铁鞋。关闭折角塞门,撤除简易紧急停车阀。"
5	制动员 2 号	[作业报告]"2 号作业完毕。"
6	调车长 0 号	"0 号明白。"
7	制动员 2 号	[防护撤销](长按黄键)"2 号解锁。"

程序 6:1 号止轮+摘管　　　　　　　　　　　　　　　　表 2-16

序号	作业人员	作业内容(带引号为通话内容或电台音)
1	连结员 1 号	[作业联系]"1 号止轮、摘管。"
2	调车长 0 号	"0 号明白。"
3	连结员 1 号	[作业防护](长按红键)"紧急停车,1 号。"
4	连结员 1 号	[进档作业](作业:拧手闸,安放铁鞋,摘风管。) "上车、挂钩、拧手闸、松钩、下车;打上防溜铁鞋" "一关前,二关后,三摘风管"
5	连结员 1 号	[作业报告]"1 号作业完毕。"
6	调车长 0 号	"0 号明白。"
7	连结员 1 号	[防护撤销](长按黄键)"1 号解锁。"

程序 7：牵出（单机）　　　　　　　　　　　　　　　表 2-17

序号	作业人员	作业内容（带引号为通话内容或电台音）
1	调车长 司机	（手托提钩杆）"牵出。" （按压绿色按钮）"启动"（电台音） （机车鸣笛音：一短声）"嘟…"（司机操作启动）
2	调车长 司机	（机车越过道岔）"停车。" （按压红色按钮）"停车"（电台音） （机车鸣笛音：一短声）"嘟…"（司机操作停车）

五、专 2+3 辆

专 2+3 辆调机动态图如图 2-22 所示。具体程序如表 2-18 至表 2-23 所示。

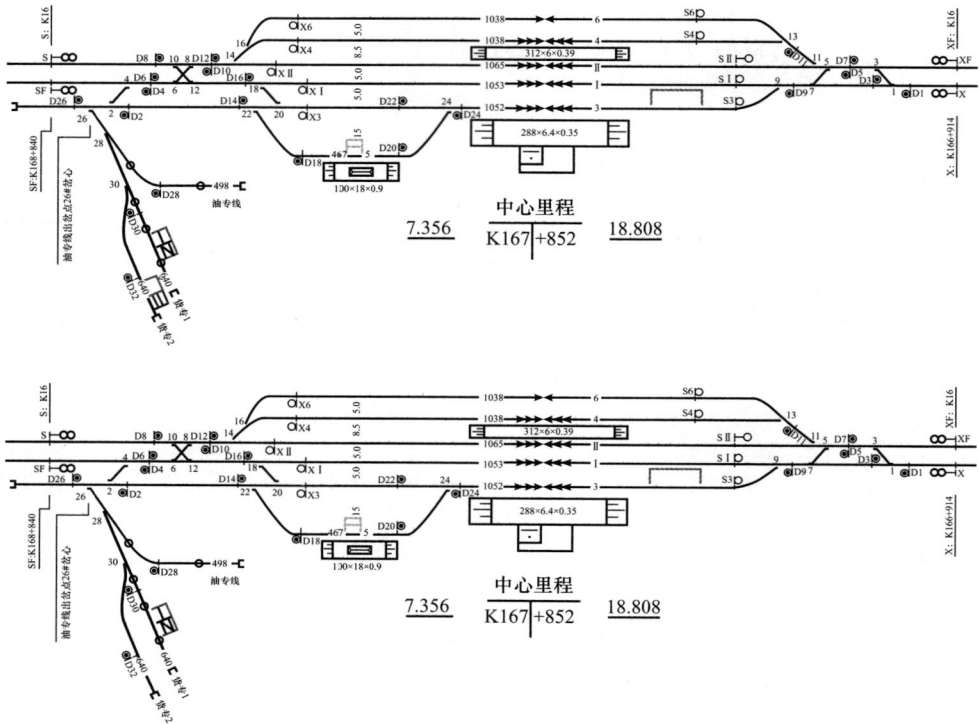

图 2-22　专 2+3 辆调机动态图

程序 1：连挂+试拉（单机）　　　　　　　　　　　　　　　表 2-18

序号	作业人员	作业内容（带引号为通话内容或电台音）
1	连结员 1 号	（调整专 2 停留车的车钩状态）"1 号，车钩状态好"
2	制动员 2 号	（扳动道岔，准备专 2 进路，并检查专 2 线路和车辆） "2 号，专 2 线路检查好了。"
3	调车长	"专 2 线路检查好了，0 号明白。专 2 线路开通好了。" （按压手持台绿键）（电台音）"启动"
4	司机	（机车鸣笛音：一短声）"嘟…"（司机操作启动）

续上表

序号	作业人员	作业内容(带引号为通话内容或电台音)
5	连结员1号	"连结"
6	调车长 司机	(按压手台绿、红键)(电台音)"连结" (机车鸣笛音:一短声)"嘟…"
7	连结员1号	"停车"
8	调车长	(按压手红键)(电台音)"停车"
9	司机	(机车鸣笛音:一短声)"嘟…"(操作停车)
10	连结员1号	(撤除铁鞋,站在连结地点旁)"试拉。"
11	调车长 司机	(按压手台绿键)(电台音)"启动" (机车鸣笛音:一短声)"嘟…"(司机操作启动)
12	连结员1号	"停车。"
13	调车长 司机	(按压手台红键)(电台音)"停车" (机车鸣笛音:一短声)"嘟…"(司机操作停车)
14	连结员1号	"试拉好了。"
15	调车长	"试拉好了。"

程序2:1号撤除止轮+接风管+安阀+试验+二次试拉　　　　　　　　　表2-19

序号	作业人员	作业内容(带引号为通话内容或电台音)
1	连结员1号	[作业联系]"1号连接风管,撤除止轮措施。"
2	调车长0号	"0号明白。"
3	连结员1号	[作业防护](长按红键)"紧急停车,1号。"
4	连结员1号	[进档作业](作业:先接风管,再打开折角塞门。接着松手闸。与货运员交接铁鞋。)"接风管,一开前(折角塞门),二开后(折角塞门)。上车、挂钩、松手闸、松钩、下车;上车、挂钩、松手闸、松钩、下车。" "安装简易紧急停车阀,嘟…嘟…"
5	连结员1号	[作业报告]"1号作业完毕。"
6	调车长0号	"0号明白。"
7	连结员1号	[防护撤销](长按黄键)"1号解锁。"
8	连结员1号	(站在车列末端)"试拉。"
9	调车长 司机	"试拉。"(按压手台绿键)(电台音)"启动" (机车鸣笛音:一短声)"嘟…"(司机操作启动)
10	连结员1号	"停车。"
11	调车长 司机	"停车。"(按压手台红键)(电台音)"停车" (机车鸣笛音:一短声)"嘟…"(司机操作停车)
12	连结员1号	"试拉好了。"
13	调车长	"试拉好了。"

程序3:连挂第二组车+三次试拉　　　　　　　　　表2-20

序号	作业人员	作业内容(带引号为通话内容或电台音)
1	连结员1号	(上车)"连结。"

续上表

序号	作业人员	作业内容(带引号为通话内容或电台音)
2	调车长 司机	"连结。"(按手台绿、红键)"连结"(电台音) [动车](机车鸣笛音:一短声)"嘟…"(司机操作连结)
3	连结员 1 号	"十车"
4	调车长 司机	(按手台黄键)"十车"(电台音) (机车鸣笛音:一短声)"嘟…"
5	连结员 1 号	"五车"
6	调车长 司机	(按手台黄键)"五车"(电台音) (机车鸣笛音:一短声)"嘟…"
7	连结员 1 号	"三车"
8	调车长 司机	(按手台黄键)"三车"(电台音) (机车鸣笛音:一短声)"嘟…"
9	连结员 1 号	"一车"(同时下车)
10	调车长 司机	(按手台黄键)"一车"(电台音) (机车鸣笛音:一短声)"嘟…"
11	连结员 1 号	"停车"
12	调车长 司机	(按手台红键)"停车"(电台音) (机车鸣笛音:一短声)"嘟…"(司机操作停车)
13	连结员 1 号	(站在连结地点旁)"试拉。"
14	调车长 司机	"试拉。"(按压手台绿键)(电台音)"启动" (机车鸣笛音:一短声)"嘟…"(司机操作启动)
15	连结员 1 号	"停车。"
16	调车长 司机	"停车。"(按压手台红键)(电台音)"停车" (机车鸣笛音:一短声)"嘟…"(司机操作停车)
17	连结员 1 号	"试拉好了。"
18	调车长	"试拉好了。"

程序 4:1 号接管+撤止轮　　　　　　　　　表 2-21

序号	作业人员	作业内容(带引号为通话内容或电台音)
1	连结员 1 号	[作业联系]"1 号,接风管,松手闸。"
2	调车长 0 号	"0 号明白。"
3	连结员 1 号	[作业防护](长按红键)"紧急停车,1 号。"
4	连结员 1 号	[进档作业](作业:先接风管,再打开折角塞门。接着松手闸。) "接风管,一开前(折角塞门),二开后(折角塞门)。上车、挂钩、松手闸、松钩、下车。"
5	连结员 1 号	[作业报告]"1 号作业完毕。"
6	调车长 0 号	"0 号明白。"
7	连结员 1 号	[防护撤销](长按黄键)"1 号解锁。"

程序 5:2 号撤止轮+简易试风　　　　　　　表 2-22

序号	作业人员	作业内容(带引号为通话内容或电台音)
1	制动员 2 号	[作业联系]"2 号撤除止轮措施。"

续上表

序号	作业人员	作业内容（带引号为通话内容或电台音）
2	调车长0号	"0号明白。"
3	制动员2号	[作业防护]（长按红键）"紧急停车,2号。"
4	制动员2号	[进档作业]（作业:松手闸,撤除铁鞋,再交给货运员） 上车、挂钩、松手闸、松钩、下车。撤除防溜铁鞋。"
5	制动员2号	[作业报告]"2号作业完毕。"
6	调车长0号	"0号明白。"
7	制动员2号	[防护撤销]（长按黄键）"2号解锁。"
8	制动员2号	"40251次司机请制动。"
9	司机	"40251次司机已制动。"
10	制动员2号	（确认制动） "40251次司机请缓解。"
11	司机	"40251次司机已缓解。"
12	制动员2号	（确认缓解） "缓解好。"
13	司机	"缓解好。"

程序6：回站要道还道+牵出车列   表2-23

序号	作业人员	作业内容（带引号为通话内容或电台音）
1	司机	[作业联系:要道]"××站信号楼,40251次已到达停车地点。"
2	车站值班员	[准备进路,开放信号]"40251次已到达停车地点,信号楼明白。"（车站值班员排列进路, 执行眼看,手指,口呼作业标准。）"专2,正线,信号好了。"
3	车站值班员	[作业联系:还道]"40251次司机,回站调车进路好了。"
4	司机	"40251次,回站调车进路好了,司机明白。"
5	连结员1号	[作业联系]"牵出。"
6	调车长0号	"牵出。" [牵出车列]（长按电台的绿色按钮）"启动"（电台音）
7	司机	[动车]（机车鸣笛音:一短声）"嘟…"（司机操作启动）
8	连结员1号	"牵出好了。"（同时上车）
9	调车长0号	"牵出好了。"
10	连结员1号	"减速,停车"
11	调车长	（在专用线大门处一度停车）（长按电台的红色按钮）"停车"（电台音）
12	司机	[停车]（机车鸣笛音:一短声）"嘟…"（司机操作停车）
13	制动员2号	（把大门处的人工道岔恢复定位并加锁） "2号,道岔已恢复定位并加锁"
14	调车长	"0号明白"

六、5道+3

5道+3调机动态图如图2-23所示,具体程序如表2-24至表2-29所示。

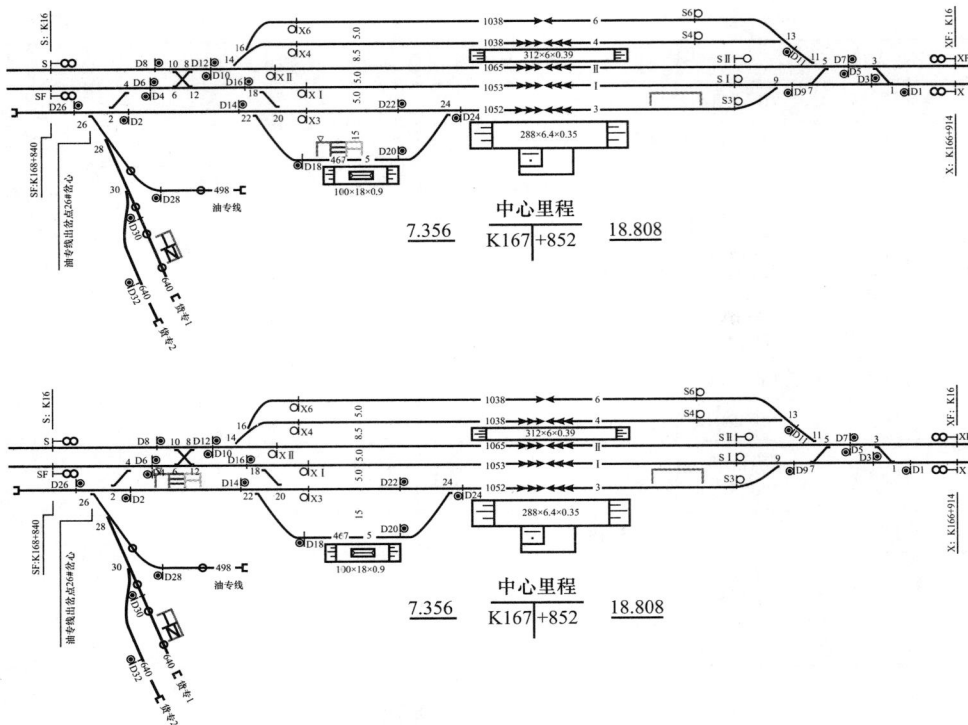

图 2-23　5 道+3 调机动态图

程序 1:要道还道+检查线路　　　　　　　　　　　　表 2-24

序号	作业人员	作业内容(带引号为通话内容或电台音)
1	连结员 1 号	[作业联系:要道]"××站信号楼,40251 次调车组已到达停车地点。"
2	车站值班员	[准备进路,开放信号]"40251 次已到达停车地点,信号楼明白。"(车站值班员排列进路,执行眼看,手指,口呼作业标准。)"正线,5 道,信号好了。"
3	车站值班员	[作业联系:还道]"40251 次调车组,5 道调车进路好了。"
4	连结员 1 号	"40251 次,5 道调车进路好了,调车组明白。"
5	制动员 2 号	(检查 5 道线路、进路、调整待挂车辆钩位,撤除防溜枕木)"2 号,5 道检查好了"
6	调车长	"0 号明白"

程序 2:连结　　　　　　　　　　　　　　　　　表 2-25

序号	作业人员	作业内容(带引号为通话内容或电台音)
1	连结员 1 号	(上车)"连结。"
2	调车长 司机	(按手台绿、红键)"连结"(电台音) [动车](机车鸣笛音:一短声)"嘟…"(司机操作连结)
3	连结员 1 号	"十车"
4	调车长 司机	(按手台黄键)"十车"(电台音) (机车鸣笛音:一短声)"嘟…"
5	连结员 1 号	"五车"

续上表

序号	作业人员	作业内容（带引号为通话内容或电台音）
6	调车长 司机	（按手台黄键）"五车"（电台音） （机车鸣笛音：一短声）"嘟…"
7	连结员1号	"三车"
8	调车长 司机	（按手台黄键）"三车"（电台音） （机车鸣笛音：一短声）"嘟…"
9	连结员1号	"一车"（同时下车）
10	调车长 司机	（按手台黄键）"一车"（电台音） （机车鸣笛音：一短声）"嘟…"
11	连结员1号	"停车"
12	调车长 司机	（按手台红键）"停车"（电台音） （机车鸣笛音：一短声）"嘟…"（司机操作停车）

程序3：撤除防溜措施　　　　　　　　　　　　　　　表2-26

序号	作业人员	作业内容（带引号为通话内容或电台音）
1	连结员1号	［作业联系］"1号撤除止轮措施。"
2	调车长0号	"0号明白。"
3	连结员1号	［作业防护］（长按红键）"紧急停车，1号。"
4	连结员1号	［进档作业］（作业：先撤除铁鞋，再松手闸。） "撤除防溜铁鞋。上车、挂钩、松手闸、取钩、下车。"
5	连结员1号	［作业报告］"1号作业完毕。"
6	调车长0号	"0号明白。"
7	连结员1号	［防护撤销］（长按黄键）"1号解锁。"
8	制动员2号	［作业联系］"2号撤除止轮措施。"
9	调车长0号	"0号明白。"
10	制动员2号	［作业防护］（长按红键）"紧急停车，2号。"
11	制动员2号	［进档作业］（作业：先撤除铁鞋，再松手闸。） "撤除防溜铁鞋。上车、挂钩、松手闸、取钩、下车。"
12	制动员2号	［作业报告］"2号作业完毕。"
13	调车长0号	"0号明白。"
14	制动员2号	［防护撤销］（长按黄键）"2号解锁。"

程序4：防溜报告　　　　　　　　　　　　　　　　　表2-27

序号	作业人员	作业内容（带引号为通话内容或电台音）
1	调车长	"信号楼，5道两端止轮措施已撤除。"
2	车站值班员	"5道两端止轮措施已撤除，信号楼明白。"

程序5：要道还道　　　　　　　　　　　　　　　　　表2-28

序号	作业人员	作业内容（带引号为通话内容或电台音）
1	司机	［作业联系：要道］"××站信号楼，40251次已到达停车地点。"

序号	作业人员	作业内容(带引号为通话内容或电台音)
2	车站值班员	[准备进路,开放信号]"40251次已到达停车地点,信号楼明白。"(车站值班员排列进路,执行眼看,手指,口呼作业标准。)"5道,正线,信号好了。"
3	车站值班员	[作业联系:还道]"40251次司机,5道调车进路好了。"
4	司机	"40251次,5道调车进路好了,司机明白。"

程序6:牵出车列　　　　　　　　　　　　　　　　　　　表2-29

序号	作业人员	作业内容(带引号为通话内容或电台音)
1	连结员1号	[作业联系]"牵出。"
2	调车长0号	"牵出。" [牵出车列](长按电台的绿色按钮)"启动"(电台音)
3	司机	[动车](机车鸣笛音:一短声)"嘟…"(司机操作启动)
4	连结员1号	"牵出好了。"(同时上车)
5	调车长0号	"牵出好了。"
6	连结员1号	(确认车列末端越过返岔地点)"减速,减速,……停车。"
7	调车长0号	(按电台上的红色按钮)"停车"(电台音)
8	司机	[停车](机车鸣笛音:一短声)"嘟…"(司机操作停车)

七、3 道连结

3 道连结调机动态图如图 2-24 所示。具体程序如表 2-30 至表 2-35 所示。

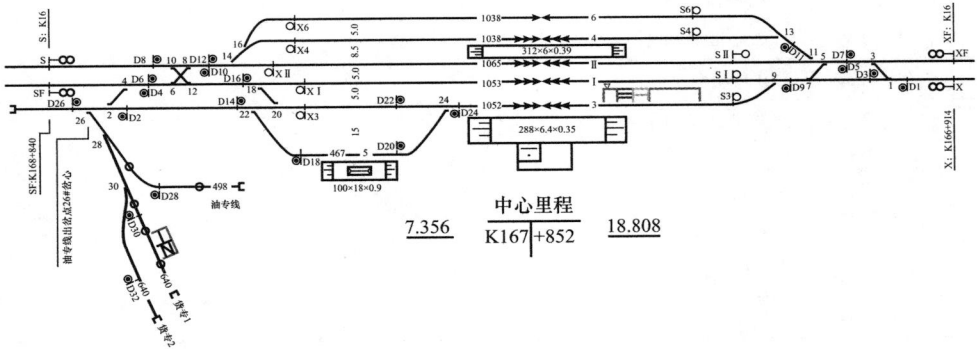

图 2-24　3 道连结调机动态图

程序1:1 号要道还道　　　　　　　　　　　　　　　　　表2-30

序号	作业人员	作业内容(带引号为通话内容或电台音)
1	连结员1号	[作业联系:要道]"××站信号楼,40251次调车组已到达停车地点。"
2	车站值班员	[准备进路,开放信号]"40251次已到达停车地点,信号楼明白。"(车站值班员排列进路,执行眼看,手指,口呼作业标准。)"正线,3道,信号好了。"
3	车站值班员	[作业联系:还道]"40251次调车组,3道调车进路好了。"

续上表

序号	作业人员	作业内容（带引号为通话内容或电台音）
4	连结员1号	"40251次,3道调车进路好了,调车组明白。"

程序2：连结+试拉　　　　　　　　　　表2-31

序号	作业人员	作业内容（带引号为通话内容或电台音）
1	制动员2号	"2号,3道检查好了。"
2	连结员1号	"3道检查好了,1号明白。"（上车）"连结。"
3	调车长	"连结。"（按手台绿、红键）"连结"（电台音） ［动车］（机车鸣笛音：一短声）"嘟…"（司机操作连结）
4	连结员1号	"十车"
5	调车长 司机	（按手台黄键）"十车"（电台音） （机车鸣笛音：一短声）"嘟…"
6	连结员1号	"五车"
7	调车长 司机	（按手台黄键）"五车"（电台音） （机车鸣笛音：一短声）"嘟…"
8	连结员1号	"三车"
9	调车长 司机	（按手台黄键）"三车"（电台音） （机车鸣笛音：一短声）"嘟…"
10	连结员1号	"一车"（同时下车）
11	调车长 司机	（按手台黄键）"一车"（电台音） （机车鸣笛音：一短声）"嘟…"
12	连结员1号	"停车"
13	调车长 司机	（按手台红键）"停车"（电台音） （机车鸣笛音：一短声）"嘟…"（司机操作停车）
14	连结员1号	（撤除铁鞋后,站在连结点旁）"试拉。"
15	调车长 司机	"试拉。"（按压手台绿键）（电台音）"启动" （机车鸣笛音：一短声）"嘟…"（司机操作启动）
16	连结员1号	"停车。"
17	调车长 司机	（按压手台红键）（电台音）"停车" （机车鸣笛音：一短声）"嘟…"（司机操作停车）
18	连结员1号	"试拉好了。"
19	调车长	"试拉好了。"

程序3：1号接管、撤除止轮　　　　　　表2-32

序号	作业人员	作业内容（带引号为通话内容或电台音）
1	连结员1号	［作业联系］"1号连接风管,撤除止轮措施。"
2	调车长0号	"0号明白。"

续上表

序号	作业人员	作业内容(带引号为通话内容或电台音)
3	连结员1号	[作业防护](长按红键)"紧急停车,1号。"
4	连结员1号	[进档作业](作业:先接风管,再打开折角塞门。接着松手闸。) "接风管,一开前(折角塞门),二开后(折角塞门)。上车、挂钩、松手闸、松钩、下车。" "接风管,一开前(折角塞门),二开后(折角塞门)。"
5	连结员1号	[作业报告]"1号作业完毕。"
6	调车长0号	"0号明白。"
7	连结员1号	[防护撤销](长按黄键)"1号解锁。"

程序4:2号撤除止轮　　　　　　　　　　　　　　表2-33

序号	作业人员	作业内容(带引号为通话内容或电台音)
1	制动员2号	[作业联系]"2号撤除止轮措施。"
2	调车长0号	"0号明白。"
3	制动员2号	[作业防护](长按红键)"紧急停车,2号。"
4	制动员2号	[进档作业](作业:先撤除铁鞋,再松手闸。) "撤除防溜铁鞋。上车、挂钩、松手闸、取钩、下车。"
5	制动员2号	[作业报告]"2号作业完毕。"
6	调车长0号	"0号明白。"
7	制动员2号	[防护撤销](长按黄键)"2号解锁。"

程序5:试拉　　　　　　　　　　　　　　　　　表2-34

序号	作业人员	作业内容(带引号为通话内容或电台音)
1	制动员2号	(站在车列末端)"试拉。"
2	调车长 司机	"试拉。"(按压手台绿键)(电台音)"启动" (机车鸣笛音:一短声)"嘟…"(司机操作启动)
3	制动员2号	"停车。"
4	调车长 司机	"停车。"(按压手台红键)(电台音)"停车" (机车鸣笛音:一短声)"嘟…"(司机操作停车)
5	制动员2号	"试拉好了。"
6	调车长	"试拉好了。"

程序6:作业完毕报告、返回　　　　　　　　　　表2-35

序号	作业人员	作业内容(带引号为通话内容或电台音)
1	调车长	"信号楼,40251次作业完毕,3道两端止轮措施已撤除。"
2	车站值班员	"40251次作业完毕,3道两端止轮措施已撤除,信号楼明白。"
3	车站值班员	"列车调度员,××站,40251次调车作业10时30分完毕。"
4	列车调度员	"××站,40251次调车作业10时30分完毕,调度员明白。"
5	0号、1号、2号	(携带铁鞋,返回行车值班室,铁鞋等调车作业工具归位。)
6	调车长	填写占线板

【任务实施】

工作任务四　学习任务单

班级：_____　　姓名：_____　　学号：_____　　日期：_____

知识认知	1. 中间站摘挂调车作业计划是如何编制的？
	2. 列车调度员在中间站摘挂调车作业中起什么作用？
	3. 车站值班员（或信号员）是如何排列调车作业进路的？
	4. 专 2+3 与 5+3 作业有哪些异同？

续上表

知识认知	5. 调车作业完毕调车长如何填写占线板？
能力训练	按《取送车辆作业的作业程序和标准》要求，按角色分组扮演（车站值班员、司机、调车长、连结员、制动员）在××站平面示意图上模拟作业，完成"图 2-18 调车作业通知单"中的全部 5 钩调车作业；作业细节可参考"典型工作任务四　中间站调车综合演练实训"中的相关内容

【任务评价】

评价指标	组长评价	自我评价	教师评价
1. 知识学习效果			
2. 技能目标达成度			
3. 素质提升效果			
本模块最终评价			
个人总结及反思			

　　技能训练评分标准参考如下：

姓名	角色	作业内容	标准用语	标准操作	总评
	列车调度员				
	0 号调车长				
	1 号连结员				
	2 号制动员				
	车站值班员				
	司机				

备注：
1. 作业内容栏填记错漏细节数量，以"正"字笔画记录，每错 1 次扣 5 分；
2. 标准用语和标准操作填记优、良、差之一，各按扣 0、10、20 计分；
3. 原始总分按 100 分计，例如作业内容错 2 次，标准用语和标准操作分别为优、良，总评分为 100-5×2-0-10＝80，即总评分为 80 分。

【思政小课堂】

防溜用上"千里眼"，铁鞋长了"智能芯"

2017年8月31日9时35分，鸡西车务段鸡西站东场区长室的微机屏幕显示，"智能防溜系统V2.0"防溜作业实时监控系统出现假防溜红色警报：鸡西站东场货2线20－17号智能铁鞋偏离车轮踏面300毫米。调车区长王阿满立即联系制动员鞠成军现场确认，红色警报是由于机械装车震动造成铁鞋偏移。现场立即处置妥当后，调车区长室监控系统显示警报解除。智能铁鞋大显神威，让防溜止轮铁鞋这块"铁疙瘩"长了"千里眼"。

鸡西车务段管内有29个车站、18个货运营业部，平均日装车525车。由于作业量大，车辆防溜工作和铁鞋管理一直都是安全工作的重点和难点。该段新使用的这种结构简单、技术先进、性能稳定并具有防松动、全天候实时监控功能的智能铁鞋和安全监测巡检系统，可以有效杜绝隐患问题的出现。

智能铁鞋由鞋体、接近传感器、方向传感器、无线通信模块、微控制单元和电池组成，接近传感器和方向传感器检测的信号经过微控制单元处理后，通过无线通信模块发送至监控终端，实现了智能控制代替简单人工控制。

该系统实现了铁鞋放置不牢固、远离车轮、装置电量不足等状况，能及时通过报警提示通知作业人员和值班室，便于作业人员随时掌握和了解每只铁鞋的运用状态，发现异常情况及时处理，有效确保停留车辆安全。

针对智能铁鞋新设备使用情况和秋季大风天气多的特点，这个段在秋季安全生产大检查期间，重点对防溜作业安全隐患进行排查整治，深入开展中间站调车作业专项整治工作，各级干部开展现场检查、跟班写实、调车工作分析等专项任务，确保管好用好智能铁鞋。

"有了智能铁鞋和先进的管理系统，我们对车辆防溜安全工作真是'心知肚明'。""铁鞋长了'智能芯'，新设备给车辆防溜安全上保险。"鸡西站调车组职工对智能铁鞋赞不绝口。

(摘编自《人民铁道报》)

项目三

技术站调车作业

⚙ 【项目描述】

技术站调车是一项复杂的技术作业,涉及线路多、人员多、环节多,安全责任大,因此,调车准备作业要细致、充分,保证设备和人员处于良好状态,不断提高调车作业效率,保证调车作业安全。技术站设有先进、完善的调车设备,调车作业量大,技术要求高。牵出线调车技能为技术站调车的基本技能,要重点掌握。编组列车作业是编组站的一项重要工作内容,列车应按《技规》、列车编组计划和列车运行图的有关规定进行编组。调车人员应熟悉编组站的站场布置和调车作业规定,具备良好的调车技能,圆满完成编组列车任务。目前,国内大多数技术站装备了驼峰设备,对于铁路行车人员来说,驼峰设备的运用大大减少了作业人员的工作量,但同时对系统设备的操作提出了更高的要求。因此,要掌握驼峰调车作业的基本理论和思路,熟悉各种驼峰系统的操作以提高相关的业务技能。

本项目旨在加强技术站调车作业程序和作业标准训练。通过学习应掌握准备作业和编组作业程序及要求;掌握牵出线、驼峰调车作业程序及安全措施,确保技术站调车作业效率和人员设备安全。

⚙ 【知识目标】

1. 掌握铁路准备作业、平面牵出线作业、编组列车作业程序;
2. 了解简易驼峰、半自动化驼峰、自动化驼峰设备特点作业过程;
3. 掌握技术站调车作业相关标准作业规定。

⚙ 【技能目标】

1. 能够进行调车作业计划布置与传达演练;
2. 能按照铁路准备作业、平面牵出线作业要求组队(分工合作)完成模拟演练;
3. 能够根据不同驼峰设备特点办理解体作业。

⚙ 【素质目标】

培养作业安全和人身安全意识,培养团队协作、互相配合精神,培养爱岗敬业、吃苦耐劳精神。

典型工作任务一
准备作业

【任务描述】

掌握调车作业准备工作,能够正确布置、传达及变更计划,能够进行全面的作业前检查,按照调车准备作业程序及技术要求进行调车作业。

【任务引入】

某站为车场配置为二级四场的编组站,该站的到达场 3 道停有待解车列一列,调车场线路可以使用。车站本班有车站值班员 1 名,助理值班员 1 名;调车组有调车长 1 名,连结员 1 名,制动员 1 名。根据《调标》《技规》《站细》的有关规定,完成调车准备作业。

【任务准备】

思考问题 1　技术站调车作业前,应该做好哪些准备工作?

_____

_____

_____

思考问题 2　调车组成员应该如何完成调车计划的下达与传达?

_____

_____

_____

【任务分组】

建议学习者组建学习小组,制订学习计划,共同完成相关任务。

姓名	学号	分工	备注	学习计划
			组长	

【任务学习】

一、铁路调车准备作业程序

提前做好调车作业前的准备工作,做好安全预想,才能顺利地进行调车作业,安全迅速地完成调车工作任务。铁路调车准备作业程序应符合《调标》规定,如图 3-1 所示。

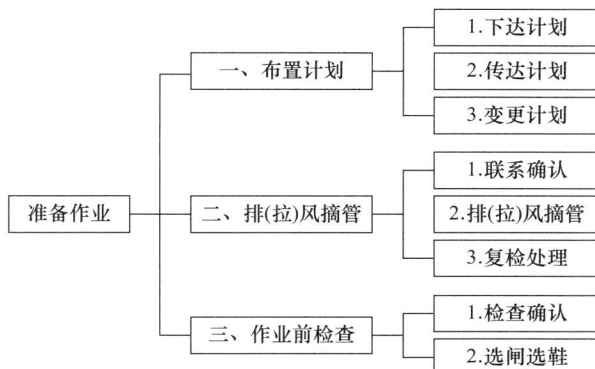

图 3-1　铁路调车准备作业程序图

调车作业前主要做好下列准备工作。

1. 做好排风、摘管工作

作业开始前要事先做好排风、摘管工作。排风,是指由专人拉动待解车列每辆车的缓解阀,将副风缸、制动缸的风排净,防止因副风缸内余风漏泄发生制动,造成车辆作业中抱闸,危及溜放车辆的安全。摘管,是指按调车作业计划的要求,将摘解的车辆软管摘开,方便提钩作业,以免在解散或溜放过程中停车摘管,延长解体时间。

在调车作业开始前,为了使调车人员进一步清楚作业计划和分工,有关人员应进一步核实确认计划,明确各自的作业分工、并做好安全预想。特别是对调车指挥人不能亲自传达布置的人员,更要认真核对计划防止错漏发生。在填写或抄收、传收"调车作业通知单"的过程中,也要认真核对,防止传错、抄错。

确认进路、检查线路、道岔(集中联锁区除外)和停留车位置等工作,都是确保调车作业安全的重要环节。在集中区调车时,要确认进路上所有调车信号机都处于开放状态;在非集中区调车时,要确认扳道人员的开通信号,无扳道人员时调车组人员要确认道岔开通位置。确认进路时,调车人员必须做到钩钩确认。

在轨道电路分路不良区段进行调车作业时,调车组人员(司机)还应在确认调车车列(机车)到达指定地点后通知准备进路人员,准备进路人员方可排列进路,防止因轨道电路分路不良造成道岔中途转换,危及调车安全。

调车组人员要提前检查线路、道岔(集中联锁区除外)、停留车位置,尤其是去往货物线、专用线、段管线取送车辆时,应事先派人检查线路、道岔(集中联锁区除外)、车辆、大门、货物堆放距离及安全防护用具使用情况。因路途较远或受人员、设备的限制,可在进入上述线路前检查,具体办法应在《站细》内规定。货物线、专用线、段管线由于作业特点、人员和管理方面的问题,不确定的因素多,作业条件变化大,因此要认真检查确认,不得简化作业过程、臆测作业和盲目图快,同时要有联控制度,以防疏漏,确保安全。

检查停留车辆的防溜措施,主要是指在货物线、专用线、段管线及其他停有采取防溜措施车辆的线路上摘挂车辆时,应先检查停留车是否采取了防溜措施。牵出或推进车列时,要检查车下有无铁鞋、止轮器,人力制动机是否松开,防止因拉鞋、轧止轮器或抱闸造成事故。对摘下需要采取防溜措施的车辆,要检查是否按规定采取了防溜措施。

2. 做好选闸和试闸工作

人力制动机制动时,要事先做好选闸和试闸工作。在选闸和试闸中要保证溜放的车组有足够的制动力,防止选闸不当制动力不够或未试闸等,致使人力制动机制动力不强或不制动造成事故。为了保证调车作业人员的人身安全,使用人力制动机制动的人员,必须按规定挂好安全带。

3. 准备足够、良好的制动铁鞋和防溜器具

为满足调车作业过程中溜放车组制动和机车车辆停留后防溜需要,作业前应准备足够、良好的制动铁鞋和防溜器具。铁鞋制动时,包线制动员要根据溜放车组的空重及辆数的多少,提前在安放铁鞋地点备好足够的制动铁鞋。

铁鞋无论用于制动还是防溜,都应该保持状态良好,必须认真检查。不合格的铁鞋禁止使用,并应及时更换。

4. 无线调车灯显设备试验良好

无线调车灯显设备作为指挥调车作业的关键设备,调车作业过程中必须时刻保持良好的状态,因此作业开始前必须进行试验。试验主要包括调车组人员间的试验和调车长与司机间的试验,以防作业过程中发生故障,影响调车作业的正常进行。

对于有固定调车组和调车机车的车站,无线调车灯显设备也是固定使用,一一对应。一般要求调车组人员和机车乘务组人员接班后进行一次试验,确保无线调车灯显设备状态良好。在本班时间内,可以不用每批作业前进行无线调车灯显设备试验。但遇班中更换无线调车灯显设备或更换机车时,应在更换后对无线调车灯显设备进行测试。对于不固定作业机车的车站,如利用本务机车进行调车作业时,每次作业前均需对无线调车灯显设备进行测试。

二、布置调车计划

调车作业计划是调车人员的行动依据,调车领导人是通过调车作业计划来实现对调车工作的领导,完成调车工作任务。调车领导人必须根据车站技术作业过程所规定的各项技术作业时间标准和班计划、阶段计划的任务要求,结合站内或有关区域内现在车分布情况和列车到达确报,按始发列车的编组要求、到达列车的编组内容、旅客列车车底、货物作业车和检修车取送安排、接发列车与调车作业的进展情况等,正确及时地编制、布置调车作业计划。

1. 下达计划

调车领导人应正确及时地编制、布置调车作业计划。布置调车作业计划时,应使用调车作业通知单(企业另有特殊规定时除外);普速铁路中间站利用本务机车调车以及高速铁路车站进行有车辆摘挂的调车作业时,应使用有示意图的调车作业通知单(示意图可另附)调

车作业通知单按企业规定格式符号及要求填写。

调车领导人与调车指挥人应亲自交接（连续作业时可由连结员接取）计划，并布置作业要求和注意事项；由列车调度员担当调车领导人时，可指派胜任人员代为转达。由于设备原因，亲自交接计划确有困难以及设有调车作业通知单传输装置的车站，交接办法由企业规定。

一批作业不超过三钩时，可采用口头方式布置（普速铁路中间站利用本务机车调车及高速铁路车站进行有车辆摘挂的调车外），有关人员应进行复诵。

2. 传达计划

调车指挥人应亲自向司机递交调车作业通知单，传达作业方法及注意事项。对较远的制动组及扳道组，传达计划的办法由企业规定。调车指挥人向调车组人员传达计划时（连续作业、向其他有关人员传达计划有困难时，可指派连结员进行），应明确分工，布置重点注意事项，并及时听取复诵，如图 3-2 所示。

图 3-2　调车指挥人向司机、调车组人员传达计划

为正确及时地完成调车作业计划，调车指挥人每次接受调车作业计划后，应根据计划内容和要求，结合设备、车辆停留、人员配备等情况，制定具体的调车作业方法，连同注意事项亲自向司机交递和传达；对其他人员也应亲自传达，使参加调车作业的人员明确作业方法和注意事项，按照计划统一协调行动。线路比较分散、业务量比较大的车站，调车指挥人亲自传达计划有困难时，可指派连结员进行传达，具体传达办法在《站细》内规定。比如由调车领导人将调车作业计划向信号员传达；驼峰作业时，调车领导人向峰顶提钩人员及峰下铁鞋制动长传达；未设调车组的中间站利用本务机车作业时，由车站值班员向扳道员传达等。

调车作业计划的传达，有一个最根本的要求，那就是无论采取何种传达和联系方法，最后都必须由调车指挥人确认有关人员均已正确了解调车作业计划、掌握作业要求及注意事项后，方可开始作业。

动车段（所）设备及管理模式不尽相同，调车内容和调车工作计划的编制及下达办法也与车站有所区别，具体由铁路局集团公司规定。

3. 变更计划

由于调车作业涉及的环节多且现场情况多变，变更调车作业计划在所难免，及时了解和准确掌握实际情况，增强预见性，做到不变更或少变更计划，是对调车领导人的一项重要要求。变更调车作业计划,会打乱调车指挥人已经布置的作业方案,而且常常因为传达不彻底,造成调车人员预想不够,失去协调,以至发生错漏,破坏工作秩序,引发混乱,甚至酿成事故。因此,遇变更调车作业计划时,必须把住传达彻底这一关。

变更调车作业计划有以下限制。

(1) 变更计划(指一张调车作业通知单)不超过三钩时,可以口头方式传达(普速铁路中间站利用本务机车调车及高速铁路车站进行有车辆摘挂的调车时除外),有关人员应复诵。仅变更作业方法或辆数时,不受口头传达三钩的限制,但调车指挥人应向有关人员传达清楚。

(2) 变更股道时,应停车传达。驼峰解散车辆,只变更钩数、辆数、股道时,可不通知司机,但调车机车变更为下峰作业或向禁溜线送车前,应通知司机。

(3) 作业中变更计划,影响编组顺序、股道停车顺序和车数时,要取得调车领导人的同意;变更正线、到发线的调车作业计划时,应事先取得车站值班员同意。

考虑到变更计划多在作业过程中发生,重新填写书面计划影响作业效率,但又考虑到人的记忆能力有限,所以规定一批作业不超过3钩或变更计划不超过3钩时可用口头方式布置。为了确保作业人员协调一致,传达必须清楚彻底,重点工作和注意事项要布置清楚,接受计划人员必须复诵,对重点工作和注意事项做好预想,做到心中有数。

调车作业线路的有效长、停留车、作业要求各不相同,因此变更股道涉及面较广,是变更调车计划的主要内容,也对调车安全的危害最大。在执行调车作业计划中,因某种原因,不得不改变原来计划的股道时,为安全起见,调车指挥人必须停止作业,重新传达给有关人员。

仅变更作业方法或辆数时,主要是指溜放与推送方法、摘挂车数的变更,因而不受口头传达三钩的限制,但调车指挥人必须向有关人员传达清楚,推送变更溜放时,有关人员要提前做好车辆制动的准备工作。

驼峰作业,由于司机按信号显示要求推峰,如驼峰解散作业只变更钩数、辆数、股道时,对司机操纵影响不大,可不通知司机。但变更为调车机车下峰作业或向禁溜线送车时,涉及调车作业方法的改变,下峰作业或向禁溜线送车时如果速度掌握不好,容易引发事故,对安全危害较大,因此必须向司机传达清楚。

去货物线、专用线调车时,遇现场的实际情况与原计划不符时,准许调车指挥人根据实际情况,自行变更或制定作业计划,但使用无线调车灯显设备能够与调车领导人取得联系时,须取得其同意;同时中间站利用本务机车调车时,也可以采用改写调车作业通知单的方式向司机传达,但作业完了后,必须及时向调车领导人汇报计划变更和车辆停留情况。

三、排(拉)风摘管

1. 联系确认

调车人员作业前应与调车领导人联系,了解列车到达情况和解体顺序,做到明确车次、股道、时间、钩序(或组号)。多人作业时,做好分工。列车到达后,确认列检到达试风完毕后,方可开始排(拉)风。排(拉)风摘管时,调车人员应按规定做好防护。

2. 排(拉)风摘管

排(拉)风摘管就是调车人员缓缓打开折角塞门,放出制动主管的风的过程。排放制动缸余风,做到风排净、不漏排、不抱闸,排(拉)风作业在列车解体前完成。根据调车作业计划或车号员的开口通知单(或粉笔标记)正确摘管。

3. 复检处理

调车人员检查(核对)禁止溜放、禁止通过驼峰、不宜使用铁鞋制动的车辆,未下达计划的将检查情况报告调车领导人,已下达计划的将核对不一致的情况报告调车领导人和调车指挥人。在排(拉)风摘管后,逐辆检查,发现问题及时处理。调车指挥人根据报告或指示,在调车作业通知单上注明人力制动机制动、禁止溜放或禁止过峰车的钩序,并向有关人员传达清楚。

排(拉)风摘管作业方法具体见项目四中的相关内容。

四、作业前检查

1. 检查确认

(1)检查工具备品

调车人员检查无线调车灯显设备、手信号灯(旗)、安全带、号角、口笛、防溜器具、铁鞋叉子、提钩摘管器、制动管胶圈、简易紧急制动阀等。

(2)检查线路

连结员、制动员检查线路上有无障碍物,防护信号是否撤除,大门开启状态,调车组扳动的道岔是否良好并确认开通位置,线路两旁及站台上堆放货物距离是否符合规定。不符合规定要求时,不允许进行调车作业。

(3)检查车辆

连结员、制动员根据调车作业计划核对车辆及注意事项,检查停留车位置(开口车号)、连挂状态、有无压鞋、人力制动机是否松开、是否调整好钩位。

2. 选闸选鞋

(1)选闸

连结员、制动员使用人力制动机制动时,应提前检查闸链、闸杆、闸盘、闸台等是否完好。按照"选前不选后、选重不选空、选高不选低、选大不选小、选标不选杂、选双不选单"的要求进行选闸,使用折叠式人力制动机,应事先做好准备。

(2)选鞋

制动员使用铁鞋制动时,应准备足够数量且符合标准的铁鞋。

选闸选鞋技能训练内容具体见项目四中的相关内容。

【任务实施】

工作任务一　学习任务单

班级:＿＿＿＿　姓名:＿＿＿＿　学号:＿＿＿＿　日期:＿＿＿＿

知识认知	1. 准备作业有哪几个环节?

续上表

知识认知	2. 传达调车作业计划有哪些注意事项？ 3. 变更计划有哪些要求？ 4. 作业前检查包含哪些内容？
能力训练	1. 画出调车准备作业程序图。（请自备 A4 纸张完成程序铺画）； 2. 小组编制调车作业计划并分角色完成计划传达； 3. 结合【案例引入】中条件，以小组为单位，分角色完成准备作业

【任务评价】

评价指标	组长评价	自我评价	教师评价
1. 知识学习效果			
2. 技能目标达成度			
3. 素质提升效果			
本模块最终评价			
个人总结及反思			

典型工作任务二
平面牵出线作业

【任务描述】

了解牵出线调车特点,掌握牵出线调车作业方法,能够按要求进行调车进路准备,掌握禁止溜放的车辆线路及其他限制,能够按照平面牵出线调车作业程序及技术要求完成平面牵出线作业。

【任务引入】

丁站是一座铁路区段站。该站车场 1-5 道为到发线,6-15 道为调车线,其中 6 道集结甲站车流,7 道集结乙站车流及甲-乙间车流,8 道集结丙站及乙-丙间车流,9 道集结丙-丁间车流,14 道集结本站作业车,调车场尾部设有牵出线 2 条。车站本班设有车站值班员 1 名,助理值班员 1 名。调车组设有调车长 1 名,连结员 1 名,制动员 1 名。现在到发线 2 道停有待解车列一列,其编组内容依次为:甲/8,丙/4,甲-乙/3,丁/1,乙-丙/2,乙/6,丁/4,甲/1,乙/2,丙-丁/4,丙/2,乙-丙/3。调车组分别采用推送调车法与单组溜放法分散解体该车列,按照平面牵出线调车作业程序及技术要求完成平面牵出线作业。

【任务准备】

思考问题 1　你认为牵出线位于调车场的什么位置?牵出线调车可采用哪些调车作业方法?

_____

_____

_____

思考问题 2　调车作业前,办理调车进路应做好哪些准备工作?

_____

_____

_____

【任务分组】

建议学习者组建学习小组,制订学习计划,共同完成相关任务。

姓名	学号	分工	备注	学习计划
			组长	

【任务学习】

牵出线调车是技术站调车的重要形式,需要调车长、连结员、制动员等工种密切配合,对调车组人员技术要求、团队协作能力有较高的要求。为保证调车作业安全及人身安全,牵出线调车必须加强基本技能训练,严格执行作业规定。

一、牵出线调车的特点

平面牵出线调车具有以下特点。

（1）车辆移动及溜放的动力来源,完全依靠机车的推送力。因此,要求调车组与机车乘务组之间要密切配合,协调作业。

（2）解体车组时的提钩地点,随着调车车列的移动不断变化。

（3）溜放车组脱离调车车列时的速度是该车组的最高速度,为使大小不同的车组溜到不同的地点,调车长掌握速度的变化范围较大。

（4）溜放调车时,车组脱离车列后相互间的距离以及能否停在适当位置,主要依靠制动员随车进行人力制动机制动来调节,因此,对制动员技术要求高。

（5）调车人员的劳动强度大,经常需要在车列、车组走行过程中上下车,因此,要十分重视调车人员的人身安全。

二、牵出线调车作业方法

牵出线调车按操作技术可分为推送调车法和溜放调车法两种。

1. 推送调车法

推送调车法是使用机车将车辆送至指定地点停妥后再提开车钩,并将车辆停在指定地点的作业方法。采用推送调车法分解车辆时,调车司机按照调车长的信号或指令,将车列牵出至牵出线或分歧道岔外方,然后变更运行方向,推送至指定地点停车,由调车人员摘下第一个车组;调车司机按照调车长的信号或指令指示,变更机车运行方向,牵引车列返回牵出线或分歧道岔外方,并用同样的方法,依次分解以后的车组,如图3-3所示。

推送调车法的基本作业过程为挂车、牵出、推进和摘车,并往复循环直至调车作业完成的过程。

（1）挂车

调车长在指挥机车挂车前,应亲自或派人做好确认进路,检查线路、道岔、停留车状况、防溜措施及调整钩位等准备工作。非集中区调车作业时,要认真执行要道还道制度。推进车列运行时,必须先进行试拉。车列前部应有人瞭望,及时显示信号。当调车指挥人确认停留车位置有困难时,应派人显示停留车位置信号。推进车辆连挂时,要显示十、五、三车的距离信号。没有显示十、五、三车的距离信号时,不准挂车。没有司机回示时,应立即显示停车信号。

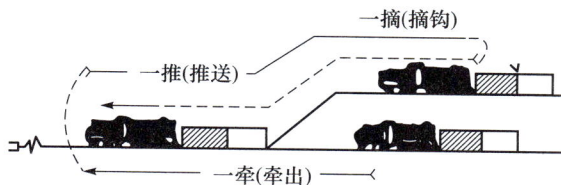

图 3-3 推送调车法

推进车辆时,要先试拉,以检查车钩连挂状态,防止车钩没有挂好,导致推进中的车辆溜走。在同一线路内,连续连挂车辆时,可不停车连挂,但要确认连挂状态,车组间距超过十车以上时,必须进行顿钩或试拉作业。被连挂车辆距警冲标较近(不足 30m)时,必须采取相应安全措施。列车编组完了最后一钩,应进行试拉。

(2)牵出

车辆挂妥后,调车指挥人在确认连挂人员的信号或语音后,按规定向司机显示起动信号或指令。车列起动并再次确认负责连挂人员的"好了"信号或语音后,向司机显示"好了"信号或应答语音。作业过程中应注意调车人员的上车安全。

(3)推进

推进除执行挂车有关规定外,还应做到推进车辆运行前必须进行试拉,防止车辆未挂妥而在推进运行中发生溜逸。根据规定接通相应数量的软管,保证车列有足够制动力。

推进运行中,调车指挥人应位于既能确认前方进路又能使机车乘务员看见自己所显示信号的位置,如两者不能兼顾时,应指派他人协助确认前方进路和显示联系信号。此时,调车指挥人应位于既能看到前方调车人员显示的信号,又能使乘务员看到自己所显示信号的位置。

(4)摘车

摘车时,应在车列停妥后,按规定对对应车辆采取防溜措施。在妥当采取防溜措施后,调车人员再提开车钩。采用推送法调车时,车辆在移动过程中始终和机车连挂在一起,直到车列停妥后再摘车,技术简单,作业安全。但由于它主要使用牵出半程和推送半程等长距离行程来完成调车作业过程,因此该方法消耗时间多,作业效率低。

2. 溜放调车法

机车推送车列达到一定的速度,在推进中将车组提钩,使摘离的车组利用已获得的动能,自行溜向指定地点的调车作业方法,称为溜放调车法。

溜放调车法按其作业方法不同,分为单钩溜放法、连续溜放法、多组溜放法和惰力溜放法等,下面详细讲解单钩溜放法和连续溜放法。

(1)单钩溜放法

机车推送车列每加速、减速一次,车列溜出一个车组即制动停车,然后机车向牵出线回拉或停轮等待,要通进路后,再溜放一次车组的方法,称为单钩溜放法,如图 3-4 所示。

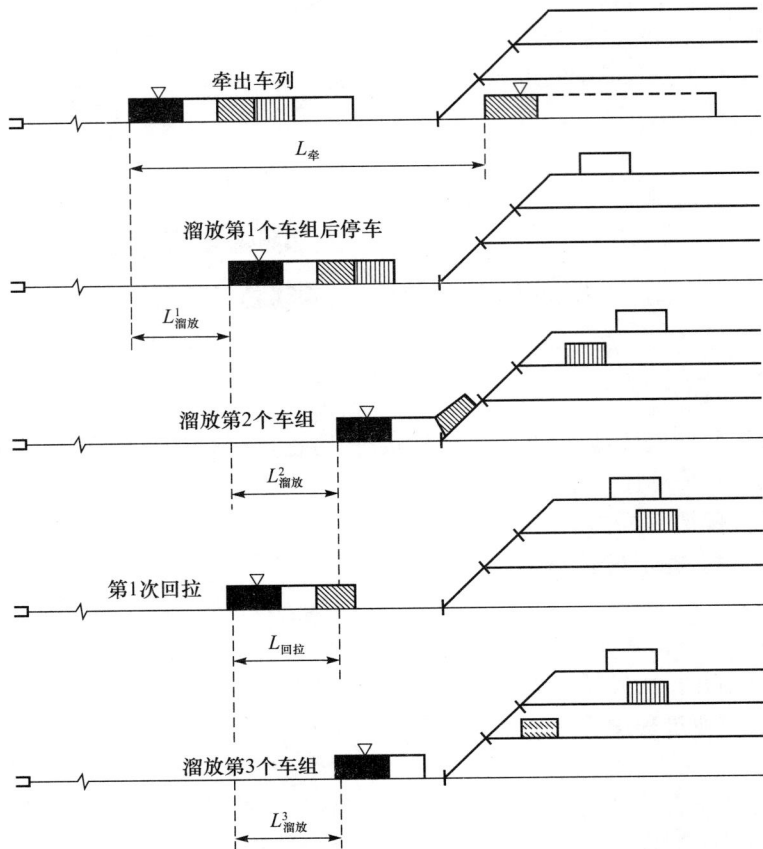

图 3-4　单钩溜放法

采用单钩溜放法解体车列时,机车将车列牵往牵出线,至分歧道岔外方有足以溜放第一组车辆的距离时停车,调车指挥人按规定与扳道人员"要道还道"(集中联锁的车站,调车指挥人确认有关调车信号开放正确,并得到制动员"好了"信号后,向司机显示溜放信号)。司机根据调车指挥人的信号指示,向调车场方向加速推进,连结员将计划溜出的车组提开车钩,当调车车列加速到一定速度时,调车指挥人显示减速或停车信号,被摘开的车组即溜入指定线路。此时,制动员对溜出的车组使用人力制动机或铁鞋进行制动。为了溜放一次车组,调车机车需要将车列向牵出线回拉或停轮等待,在溜出车组越过分歧道岔不妨碍后续车组进路时,要通进路后,再溜放下一个车组。

单组溜放法分解车列时,由于摘解一个车组的调车行程比较短,其调车效率比推送调车法提高 30%。但每溜出一钩车组需要向牵出线回拉或停轮等待,调车效率仍不高。

单钩溜放调车法主要适用于:牵出线过短的车站或车场及其他设备条件限制、车辆或装载限制、调车组人数或技术水平限制的车站。

(2)连续溜放法

当调车车列加速、减速一次,溜出一组车辆后,调车车列不停车,继续不变更运行方向的加速、减速运行,每加速、减速一次溜出一个车组,这种连续溜放几个车组后才向牵出线回拉的方法,称为连续溜放法,如图3-5所示。

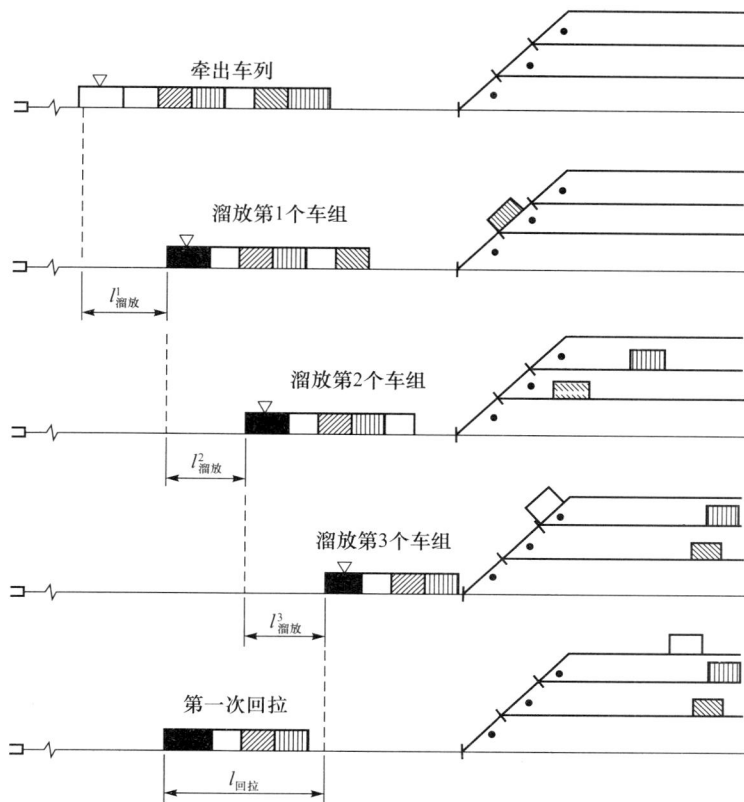

图 3-5　连续溜放法解体车列作业

　　采用连续溜放时,司机根据调车指挥人的信号指示,将车列牵出至牵出线第一分歧道岔外方适当地点停车。在牵出过程中,制动员按分工分别蹬车试闸或准备足够数量、性能良好的铁鞋。调车指挥人根据调车作业计划,向扳道人员要通第一钩的进路后,向司机显示溜放和进行信号,司机即向调车场加速推进,当车列达到一定速度时,连结员根据调车作业计划提开第一组车钩,调车指挥人向司机显示减速或停车信号,司机根据调车指挥人的信号指示施行制动,第一组车即脱离车列溜出。当第一组车离开车列20m左右时,调车指挥人再次显示溜放和进行信号,机车起动加速到一定速度时,连结员提开第二组车钩,调车指挥人向司机显示减速或停车信号,司机又施行制动,第二组车脱离车列溜出,如此作业直至距离不足,不能连续溜放时,调车指挥人才指示机车向牵出线回拉,以便进行下一批的连续溜放。

　　连续溜放法在调车过程中分为停车和不停车两种情况,无论停车与否,机车第一次加速只是为了使第一组车辆获得能溜至指定地点必要的溜放速度,而此后的多次加速与减速,则不仅要使依次溜出的后续车组能溜至指定地点,而且也是为了使各车组能拉开必要的距离,保证车组之间必要的技术间隔或扳道间隔,以便扳道员能安全地扳动道岔。

　　连续溜放法分解一个车组的调车行程不但比单钩溜放法更短,并且大大减少了回拉次数和停轮等待时间,平均钩分小,调车效率比单钩溜放法提高50%。

在现场实际作业过程中为保障平面溜放调车作业安全,各铁路局集团公司集团有限公司对平面溜放调车作业有严格要求。以武汉铁路局集团公司集团有限公司为例,路局集团公司规定禁止中间站采用平面溜放调车作业,编组站、区段站在正线、到发线及与其衔接而未设隔开设备的线路,禁止进行平面溜放调车作业。采用平面溜放调车作业时仅准使用单组推送溜放法调车。

三、调车进路的准备

准备调车进路时,按下列规定执行。

（1）在扳动道岔、操纵信号时,应执行"一看、二扳（按、点击）、三确认、四显示（呼唤）"制度。

（2）扳道人员扳动道岔准备调车进路时,先确认道岔开通位置,再扳向所需位置。

（3）确认分管区域内调车进路上的道岔开通位置正确后须进行还道。

（4）扳道人员在显示道岔开通信号时,应先显示股道号码信号（有股道号码表示器装置除外）。

（5）使用无线调车灯显设备时,准许以语音通话方式办理要道还道。

作业中,扳道人员应按调车作业计划的作业钩序进行扳道;扳道员、信号员、驼峰值班员（作业员）在每钩调车作业计划完成后,应立即抹销。

四、禁止溜放的车辆、线路及其他限制

溜放调车可以缩短调车行程、压缩调车钩分、提高调车效率,但为了确保人身、调车作业和货物的安全,溜放调车应遵守以下限制条件。

（1）装有禁止溜放货物的车辆,按中国国家铁路集团有限公司铁路危险货物运输管理相关规定执行。

（2）对于特种车辆,如非工作机车、铁路救援起重机、机械冷藏车、凹型车、落下孔车、客车、动车组和特种用途车（发电车、无线电车、轨道检查车、钢轨探伤车、试验车、通信车等）等,因车体构造特殊,不宜通过驼峰或不能使用铁鞋、人力制动机进行制动,或装有精密仪器,需要匀速、平稳作业,所以对这些车辆禁止采用溜放调车。

（3）由于溜放调车时,车辆速度难以控制,容易发生冲撞等问题,为了保证旅客舒适和人身安全,对乘坐有旅客的车辆及停有该种车辆的线路,禁止溜放作业。由于动车组是独立固定编组,正常情况下不具备与其他机车、车辆连挂的条件,调车溜放时,车辆速度难以控制,容易发生与停留动车组接触、冲撞等问题,损坏动车组,因此,规定停有动车组的线路,禁止溜放调车作业。

（4）调车组不足3人时,禁止溜放调车作业。在进行溜放作业时,至少要有一人指挥、一人提钩,一人制动,这样才能保证溜放调车安全,所以规定调车组不足3人时禁止溜放作业。

（5）不准采用牵引溜放法调车。牵引溜放调车是调车机车牵引调车车列快速运行,在途中摘钩后机车加速,机车与车列离开一定距离,扳动道岔,使机车与调车车列进入不同股道的调车方法,如图3-6所示。这种调车方法对司机、调车人员、扳道员相互间的配合要求

较高,必须严格掌握减速、提钩、加速和扳道的时机,如果稍有不当,就可能造成前堵后追、侧面冲撞或进入"四股"的后果,因此明确规定不准采用牵引溜放法调车。

图 3-6　牵引溜放调车示意图

(6)以下线路禁止采用溜放调车作业。

① 超过 2.5‰坡度的线路(为溜放调车而设的驼峰和牵出线除外)。2.5‰坡度是指线路有效长内的平均坡度。在这样坡道的线路上溜放时,溜放车组不易在预计地点停车,所以禁止溜放。

② 停有正在进行技术检查、修理、装卸作业车辆的线路。这是因为被溜放车组的减速与停车,是靠人力制动机和铁鞋等制动来实现的,如果人力制动机失灵、铁鞋脱落或调速不当失去控制,就将严重地威胁有关作业人员的人身安全,同时车辆也可能轧上防护用具造成脱轨等事故,所以禁止溜放。

③ 无人看守道口的线路。这是因为车组溜放后,无法控制行人、车辆横越线路;在情况突变时,对溜放的车组也难以控制停车,容易造成人员伤亡、撞坏车辆或车辆脱轨事故,禁止溜放。

④ 停有装载爆炸品、气体类危险货物车辆的线路。这是因为上述物品对撞击、摩擦特别敏感,一旦调速不当发生冲撞,可能发生爆炸或漏出毒气,造成人民生命财产的重大损失,所以禁止溜放。

⑤ 停留车距警冲标的长度容纳不下溜放车辆的线路,也就是通常所说有"堵门车"的线路。因为溜放车辆可能停留在警冲标外影响后续溜放作业安全,所以禁止溜放。

⑥ 中间站正线、到发线及与其衔接而未设隔开设备的线路。随着我国铁路的几次大提速,列车运行速度普遍提高,中间站的作业更加繁忙,正线、到发线及与其衔接而未设隔开设备的线路上溜放车辆一旦失控,有可能进入区间,后果十分严重;同时中间站的正线、到发线主要是用于接发列车,也不宜大量利用其进行调车作业,因此,为保证接发列车作业安全,禁止溜放作业。

五、平面牵出线调车作业程序及技术要求

铁路调车平面牵出线作业程序应符合图 3-7 的规定。

铁路调车平面牵出线作业应符合表 3-1 的规定。

图 3-7　平面牵出线调车作业程序图

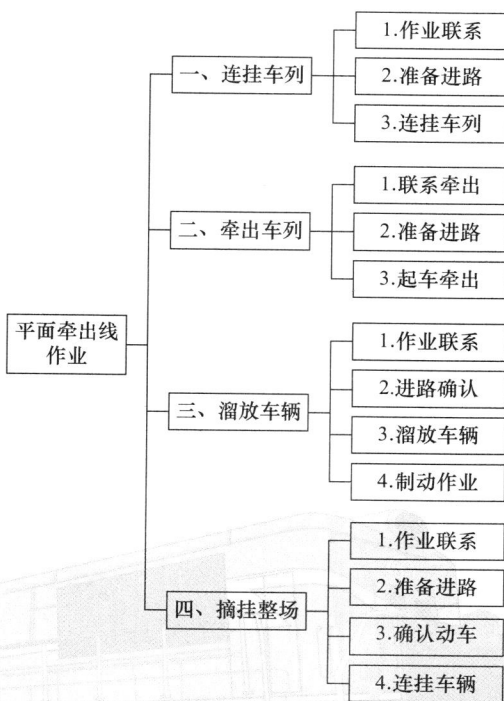

铁路调车平面牵出作业表

表 3-1

程序	作业程序项目	内容	作业人员	岗位作业 技术要求	事项要求
一、连挂车列	1. 作业联系	(1) 布置联系	调车长	a) 根据计划要求，了解作业准备情况，通知司机开始作业	—
		(2) 指挥动车	调车长	b) 显示起动信号，指挥司机开车	—
	2. 准备进路	(1) 请求挂车	信号员 扳道员	a) 根据计划，提出挂车请求，在正线、到发线上调车时，应经过车站值班员的准许	—
		(2) 准备进路	信号员 扳道员	b) 根据计划变更道信号，按规定准备进路，确认进路开通正确	—
		(3) 立岗还道	扳道员	c) 显示股道号码和道岔开通信号，立岗监视机车车辆走行	—
	3. 连挂车列	指挥挂车	调车长	a) 接近车列，确认具备挂车条件 b) 显示连结信号，指挥机车连挂	—
二、牵出车列	1. 联系牵出	(1) 信号联系	制动员	a) 提前到达车地点，按规定摘管提钩，核对取车末端车号，确认调车长的联络信号，向调车长回示 b) 向车列开口处或未端制动员显示联络信号，确认制动员回示机车车辆走行	—
		(2) 指挥动车	调车长	a) 与站值班员联系，请求牵出	—
	2. 准备进路	(1) 请求作业	信号员 扳道员	b) 根据计划变更道信号，按规定准备进路，确认进路开通正确	—
		(2) 准备进路	信号员 扳道员	c) 显示股道号码和道岔开通信号，立岗监视机车车辆走行	—
		(3) 立岗还道	扳道员		—
	3. 起车牵出	(1) 确认牵出	制动员 调车长	a) 确认车列起动无误，向调车长回示 b) 确认开口处及未端制动员的回示，向司机回示"好了"信号	遇特殊情况，连结员不能确认牵出车及牵出车列最后一辆车号时，由制动员负责确认
		(2) 核对确认	连结员	c) 车列牵出，按计划查车数，核对牵出车数 d) 根据作业计划，确认牵出车所需位置，指示司机停车	
		(3) 指挥停车	调车长		—
三、溜放车辆	1. 作业联系	(1) 联系溜放	调车长 制动员	a) 通知各作业点解体车次、股道、防溜情况及重点注意事项，听取制动员报告 b) 向调车长报告准备好了 c) 人力制动机制动、试闸良好后，向调车长或连结员试闸"好了"信号（或试闸良好的报告）	—
		(2) 汇报上岗	连结员	d) 检查核对车辆无误，确认制动良好的报告，向调车长报告	

续上表

程序	作业程序 项目	内容	作业人员	岗位作业 技术要求	事项要求
三、溜放车辆	2. 进路确认	(1) 准备进路	信号员 扳道员	a) 按规定定路,确认进路开通正确 b) 连续溜放第一钩执行要道还道制度(集中联锁设备除外) c) 非集中区第一钩确认扳道员道岔或通信号,集中区道岔开放,指示开始作业	—
		(2) 对道确认	调车长		
	3. 溜放车辆	(1) 掌握溜放	调车长	a) 开放(或显示溜放)信号。根据停留车位置、气候条件、车组大小、空重、车辆走行状态,难易行线等情况,掌握溜放速度,保证溜放车速度均匀,间隔适当 b) 发现异常情况,果断处理 c) 按计划核对车数、车号,随时确认调车信号或调车长信号机显示状态,根据车组大小,车辆走行性能,气候条件,同隔距离,易溜行线,禁溜车等情况,提前或发现异常情况,及时报告或采取措施 d) 按计划准备进路,监视溜放车组走行 e) 扳道员做到溜放车组间隔不足规定距离不扳,未过道岔不扳,未联动道岔不扳,有压钩车或车辆过侧面可能冲突时不扳 f) 发现异常情况,果断采取措施处理	溜放车组间隔距离由企业规定
		(2) 提钩作业	连结员		
		(3) 扳道作业	信号员 扳道员		
	4. 制动作业	(1) 人力制动机制动	制动员	a) 人力制动机制动时,按规定使用安全带,进行试闸 b) 试好闸后,向调车长或连结员显示(报告)试闸良好 c) 正确观速调速,观前顾后,均衡调速,稳妥连挂 d) 多人制动一车组,以第一位制动员为主,其他制动员听从第一位制动员指挥 e) 制动完了,松开人力制动机(按规定防溜除外) f) 根据作业计划,掌握重点车组,重点观速,人员及技术,停留车股道,认真观速观距,正确调速 g) 发生危及行车安全情况时,及时采取措施或向制动人员报警 h) 一批作业完了	—
		(2) 脱鞋调速	制动员	i) 根据计划钩序,辆数,空重,难易行线,停留车位置,气候条件,车辆走行等,采用相应的下鞋方法,准备足够数量的铁鞋;但每个车辆应"一车三鞋走基本",小组车应下基本鞋 j) 选择适宜地点,准备足够数量符合标准的铁鞋,遇天气不良或钢轨有油渍、盐、碱、冰、雪、霜等情况时,撒好沙子,正确观速观距,准备安放铁鞋,做到车组间安全连挂或车组间天窗不大于4m	
		(3) 铁鞋制动	调车长	k) 一批作业完了,及时撤除铁鞋,归位,摆齐 l) 压鞋时的处理方法,由企业规定。根据作业进度或将一批作业完了,及时安排取出	

续上表

作业程序			岗位作业		事项要求
程序	项目	内容	作业人员	技术要求	
	1. 作业联系	作业联系	调车长	a) 根据计划要求,通知有关人员做好摘挂车整场准备 b) 需越区作业时,同时按规定办理越区作业手续	—
	2. 准备进路	(1) 立岗还道	信号员 扳道员	a) 根据计划或要求显信号,按规定准备进路,确认进路开通正确	—
		(2) 立岗还道	扳道员	b) 显示股道号码和道岔开通信号,立岗监视机车车辆走行	—
	3. 确认动车	确认动车	调车长	a) 推进运行时,确认扳道员股道号码和道岔开通信号,集中区确认调车信号、瞭望运行,指挥运行 b) 单机或牵引运行时,向司机显示起动信号,指示动车	
四、摘挂整场	4. 连挂车辆	(1) 检查线路	制动员	a) 检查线路,停留车辆,调整好钩位	
		(2) 推送车辆	调车长 制动员	b) 推送车辆应先试拉,车列前部应有人进行瞭望,及时显示信号。当调车长确认停留车位置困难时,应派人显示停留车位置信号。末端车辆距信号机(警冲标)不足30m时,应采取安全措施 c) 使用手信号作业时,应位于易于瞭望所看见司机看得见又能使司机看见司机看见信号的位置	
		(3) 连挂车辆	调车长 连结员 制动员	d) 使用手信号作业时,中转信号人员位置适当,正确及时显示十、五、三车距离信号。车组同隔超过十车时,应顿 e) 推进挂车时,车列前部应有人瞭望,正确及时连挂状态 f) 连续试拉;末端车辆距信号机(警冲标)不足30m时,应采取安全措施 g) 推送或牵出车辆前,按规定确认车列挂安	—

【任务实施】

工作任务二　学习任务单

班级：_____　姓名：_____　学号：_____　日期：_____

知识认知	1. 平面牵出线调车有哪些特点？ 2. 如何进行连挂车列？ 3. 准备调车进路扳动道岔、操纵信号时，应执行什么制度？ 4. 禁止溜放的线路有哪些？ 5. 什么是牵引溜放法调车？为什么不准采用牵引溜放法调车？
能力训练	按照【案例引入】中作业条件，以小组为单位，分别采用推送调车法与单组溜放法分散解体该车列，小组分角色按照平面牵出线调车作业程序及技术要求完成平面牵出线作业

【任务评价】

评价指标	组长评价	自我评价	教师评价
1. 知识学习效果			
2. 技能目标达成度			
3. 素质提升效果			
本模块最终评价			
个人总结及反思			

典型工作任务三
编组列车作业

【任务描述】

了解列车编组重量与长度的要求,掌握禁止编组列车的车辆,掌握"关门车"编组要求,掌握列尾装置的摘挂及运用,能够按照编组列车作业程序及技术要求编组相关列车。

【任务引入】

丙站为编组站,车场配置为二级四场,调车场尾部设有牵出线 2 条,待编车辆 78 辆(其中关门车 3 辆)分别停于 5 条不同调车线,结合有关规定,按照编组列车作业程序及技术要求完成列车编组。

【任务准备】

思考问题 1　想一想编组列车有哪些具体的要求?

_____

_____

_____

思考问题 2　哪些车辆禁止编入列车?

_____

_____

_____

【任务分组】

建议学习者组建学习小组,制订学习计划,共同完成相关任务。

姓名	学号	分工	备注	学习计划
			组长	

【任务学习】

编组列车作业是编组站的一项重要工作内容,列车编组的质量直接影响列车的安全。列车应按《技规》、列车编组计划和列车运行图的有关规定进行编组。调车人员应熟悉编组站的站场布置和调车作业规定,具备良好的调车技能,圆满完成编组列车任务。

编组列车就是按列车种类、用途和运输性质,根据《技规》、列车编组计划和列车运行图规定的编挂条件、车组、重量或长度编组,将车辆或车组选编成车列。

一、列车重量与长度

列车重量是根据机车牵引力、区段内限制坡度等因素,通过计算、试运行和各种类型机车牵引重量的平衡,最后取整确定的。

列车长度是根据运行区段内各站到发线的有效长,并预留 30m 的附加制动距离来确定的。编组列车时,其重量或长度应满足列车运行图规定的各区段牵引定数或换长。

超重列车是指实际牵引重量超过列车运行图规定的该区段货物列车牵引质量标准(考虑规定的波动尾数)的货物列车。积极提高列车重量,能节省机车运用台数,提高区段通过能力,降低运输成本。但如随意开行超重列车,由于受机车性能、司机操纵技术水平等的限制,可能造成运缓、区间停车或会让不当打乱运行秩序。为此,编组超重列车时,在编组站、区段站应商得机务段调度员的同意;在中间站应得到司机的同意。并均须经列车调度员准许,以便指挥行车时心中有数,保证列车运行有序。

超长列车是指实际牵引长度超过列车运行图规定的该区段货物列车计算长度的货物列车。在具体车站行车作业中,列车的长度超过车站到发线的有效长,不能在车站正常进行会让等作业时,须按超长列车办理。

各铁路局集团公司制定超长列车运行办法时,要考虑区段内的具体条件,如各站到发线的有效长及数目、接近车站的线路纵断面等情况。在调车线长度不足时,还应确定分部编组与技术检查如何配合及到达甩车的办法等。开行超长列车时,列车调度员必须事先有计划地向各有关站、段布置作业计划,特别要注意列车会让计划。单线区段应避免对开超长列车,避免给中间站会车带来困难。超长列车内不宜挂超限及其他限速车辆。各站应根据铁路局集团公司制定的超长列车运行办法,按本站和机务、列检等具体条件,制定出相应的接发超长列车办法,并纳入本站《站细》。

列车的重量是车辆自重与货物重量的总和,机车、车辆编入列车时,重量及长度按《技规》中"机车重量及长度表"和"车辆重量及长度表"确定。

二、禁止编入列车的车辆

为了保证行车安全,在编组列车时,对其所挂的车辆,在技术条件上必须满足安全运行的要求。以下情况的车辆,禁止编入列车。

1. 插有扣修、倒装色票及车体倾斜超过规定限度的车辆

"色票"是表示定检到期或技术状态不良需要检修车辆的临时标记,主要包括以下几种。

(1)送往修车专用线。

(2)送往车辆段。

（3）送往修理工厂，必须附有车辆检修回送单。

（4）货车倒装。

车体倾斜是指车辆一侧或一端倾斜，如图 3-8 所示。当客车倾斜超过 50mm、货车倾斜超过 75mm 禁止编入列车。

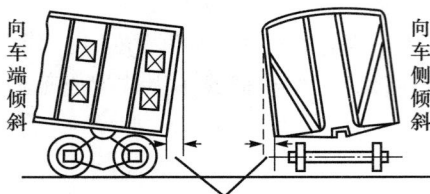

图 3-8 车体倾斜示意图

此种车辆多为经检车人员确定故障车辆，包括车辆技术状态不良、定检到期或过期需要扣修或重车因技术状态不良需倒装后进行摘车修理，这些车辆不准使用，列检人员应按照规定正确插、撤色票，并及时向车站发出"车辆检修通知书"，车站应送往车辆部门指定地点修理。

2. 曾经发生冲突、脱轨、火灾、爆炸或曾编入发生特别重大、重大、较大事故列车内以及在自然灾害中损坏，未经检查确认可以运行的车辆

这些车辆经过激烈冲撞，其主要零部件，如转向架、轮对、轴箱、车钩及车底架等，可能存在隐患，威胁行车安全，所以未经过列检检查时，禁止编入列车。

3. 装载货物超出机车车辆限界，无挂运命令的车辆

装载超限货物的车辆，在运行上须有特殊的要求，如限制运行速度、禁止通过的线路、桥梁和隧道等，列车调度员均应根据批准装运电报发布挂运命令，否则禁止编入列车。

4. 装载跨装货物（跨及两平车的汽车除外）的平车，无跨装特殊装置的车辆

跨装是指一件货物的长度或重量不能容纳于一辆车上，须用两辆平车共同负担载重。为使跨装货物的车辆能灵活地通过曲线，必须在车辆与货物之间使用特殊装置货物转向架。同时，为了防止因车钩弹簧压缩、伸张而造成货物窜动，在货物跨装的车辆与车辆之间，还必须使用车钩缓冲停止器（特殊情况除外）。如无跨装特殊装置，通过小半径曲线或坡道地段则可能产生移动，甚至发生脱轨或颠覆。跨及两车装载的汽车或爬装的汽车，由于有车轮的小距离转动，可以缓解和适应车钩的伸缩，因此，不用使用跨装特殊装置。

5. 装载货物的平车及敞车违反装载和加固技术条件的车辆

装载货物违反装载和加固技术条件的平车、敞车。平车、敞车装载的货物，违反《铁路货物运输规程》等规定的装载加固技术条件时，可能会造成货物窜动或发生货物坠落，危及行车安全。

6. 未关闭侧开门、底开门以及平车未关闭端、侧板的车辆（有特殊规定者除外）

未关闭端、侧板或侧开门的车辆，在运行中侧板或侧开门可能掀动或摇晃，甚至超出机车车辆限界，威胁线路附近设备和人员的安全。一旦端、侧板或侧门脱落，还可能导致列车脱轨，甚至颠覆。底开门不关闭，容易刮坏线路、道岔，甚至脱落。

7. 由于装载的货物需停止自动制动机的作用，而未停止的车辆

根据装载货物性质（如易燃、易爆等）要求关闭自动制动机，是考虑在列车制动时防止闸瓦与车轮踏面摩擦发热，产生高温或发出火星，特别在长大下坡道上，制动时间过长，闸瓦处于高热状态,如不停止自动制动机,对装有爆炸品或怕受高温货物的车辆,有可能引燃或引爆,所以必须停止自动制动机作用。关闭自动制动机是指关闭制动支管的截断塞门,并将副风缸的压缩空气排出。

8. 企业自备机车、车辆、自轮运转特种设备和城市轨道车辆,进出口机车车辆过轨时,未经铁路机车车辆人员检查确认的车辆

为保证铁路行车安全,企业自备的机车、车辆和自轮运转特种设备、城市轨道车辆、进出口机车车辆在进入铁路营业线过轨前,须经铁路机车车辆部门检查鉴定,确定其各技术状态符合铁路规章及有关规定的要求。

9. 缺少车门的车辆(检修回送车除外)

缺少车门的车辆(检修回送车除外),装货后,容易造成货物窜出或坠落、丢失,不能保证货物的完整和行车安全。

10. 超过定期检修期限的客车车辆(经车辆部门鉴定的回送客车除外)

超过了定期检修期限的车辆,由于超期运行,其各部技术状态可能发生变化,如结构松弛,零部件磨耗、裂纹变形、材质疲劳、老化和制动作用不良等,可能产生不易发现的隐患,直接威胁行车和人身安全,因此不准编入旅客列车。但为使客车尽早入厂、段施修或随原车底入段(所),经车辆部门鉴定走行部良好后,在不影响旅客列车的运行和安全的条件下,可编入旅客列车。

三、装载危险、易燃货物车辆编入列车的隔离

危险货物是指具有爆炸、易燃、毒害、感染、腐蚀、放射性等特性,在运输、装卸和储存保管过程中,容易造成人身伤亡、财产损毁和环境污染而需要特别防护的货物。易燃货物是指遇明火或高温容易引起燃烧和造成火灾的货物。

由于危险和易燃货物遇高热、摩擦、冲击或与其他物质接触而有剧烈反应,容易引起燃烧、爆炸,侵入人体造成中毒或伤亡等危害。根据这一特性,装有上述货物的车辆编入列车时,要施行必要的隔离。一是使易燃、易爆物品与火源隔离;二是万一发生意外时,能尽量减少或避免扩大损失。

危险货物按其主要危险性和运输要求分为以下九类。

第一类:爆炸品;

第二类:气体;

第三类:易燃液体;

第四类:易燃固体、易于自燃的物质、遇水放出易燃气体的物质;

第五类:氧化性物质和有机过氧化物;

第六类:毒性物质和感染性物品;

第七类:放射性物品;

第八类:腐蚀性物质;

第九类:杂项危险物质和物品。

有些货物虽不属于上述危险货物,但容易引起燃烧,属易燃货物,在铁路运输过程中需采取防火措施。易燃货物品名如表3-2所示。

易燃货物品名表　　　　　　　　　　　　　　　　　　表 3-2

序号	品名
1	《品名表》规定之外的籽棉,皮棉,黄棉花,废棉,飞花,破籽花
2	《品名表》规定之外的各种麻类和麻屑
3	麻袋(包括废、破麻袋),各种破布,碎布,线屑,乱线,化学纤维
4	牧草,谷草,油草,蒲草,羊草,芦苇,荻苇,玉米棒(去掉玉米的),玉蜀黍秸,豆秸,秫秸,麦秸,蒲叶,烟秸,甘蔗渣,蒲棒,蒲棒绒,芒杆,亚麻草,烤烟叶,晒烟叶,棕叶以及其他草秸类
5	葵扇(芭蕉扇),蒲扇,草扇,棕扇,草帽辫,草席,草帘,草包,草袋,蒲包,草绳,芦席,芦苇帘子,笤帚以及其他芦苇、草秸的制品
6	干树皮,干树枝,干树条,树枝(经脱叶加工),带叶的竹枝,薪柴(劈柴除外),松明子,腐朽木材(喷涂化学防火涂料的除外)
7	刨花,木屑,锯末
8	纸屑,废纸,纸浆,柏油纸,油毡纸
9	炭黑,煤粉
10	粮谷壳,花生壳,笋壳
11	羊毛,驼毛,马毛,羽毛,猪鬃以及其他禽兽毛绒
12	麻黄,甘草

注:1. 用敞、平、砂石车装运易燃普通货物时,应用篷布苫盖严密,在调车或编入列车时,应进行隔离。但对干树皮,干树枝,干树条和带叶的竹枝,由于干湿程度、带叶多少不同,应否苫盖篷布,由发站根据气温和运输距离在确保运输安全的原则下负责确定。
　　2. 腐朽木材喷防火涂料或采取其他防火措施后,可不苫盖篷布。
　　3. 本表未列的品名,是否也属于易燃普通货物,由发站报铁路局集团公司确定。
　　4. 以易燃材料做包装、捆扎、填塞物,以竹席、芦席、棉被等苫盖的非易燃货物,以及用木箱、木桶、铁桶包装的易燃普通货物,均按普通货物运输。以敞车装运时,是否应苫盖篷布,由托运人根据货物的运输安全情况负责确定,并在运单托运人记事栏内注明。

　　由于危险货物具有遇高温、摩擦、撞车、火花或与其他货物接触而引起燃烧、爆炸等剧烈反应,或侵入人体后造成中毒、死亡等危害,所以装载危险及易燃货物的车辆,在运输过程中必须采取隔离措施,编入列车的隔离办法,按《技规》铁路车辆编组隔离表进行,具体如表 3-3 所示。

铁路车辆编组隔离表　　　　　　　　　　　　　　　　　　表 3-3

货物种类(品名编号) / 隔离标记 / 最少隔离辆数 / 隔离对象	距牵引的内燃、电力机车,推进运行或后部补机及使用火炉的车辆	距乘坐旅客的车辆	距装载雷管及导爆索(11001,11002,11007,11008)的车辆⑦	距装载除雷管及导爆索以外爆炸品的车辆⑧	距装载易燃普通货物的敞车、平车	距装载高出车帮自动货物的车辆	备注
气体(含空罐车)　易燃气体非易燃无毒气体毒性气体 ⚠	4	4	4	4	2	2	运输气体类危险货物重、空罐车时,每列编挂不得超过3组。每组间的隔离车不得少于10辆

续上表

货物种类(品名编号) / 隔离标记 / 最少隔离辆数 / 隔离对象	隔离标记	距牵引的内燃、电力机车,推进运行或后部补机及使用火炉的车辆	距乘坐旅客的车辆	距装载雷管及导爆索(11001,11002,11007,11008)的车辆 △7	距装载除雷管及导爆索以外爆炸品的车辆 △8	距装载易燃普通货物的敞车、平车	距装载高出车帮易窜动货物的车辆	备注
一级易燃液体 一级易燃固体 一级易于自燃的物质 一级氧化性物质 有机过氧化物 一级毒性物质(剧毒品) 一级酸性腐蚀性物质 一级碱性腐蚀性物质 一级其他腐蚀性物质	△2	2	3	3	4	2		运输原油时,与机车及使用火炉的车辆可不隔离。 运输硝酸铵时,与机车及使用火炉的车辆隔离不少于4辆
放射性物质(物品)(矿石、矿砂除外)	△3	2	4	×	×	2	1	×标记表示不能编入同一列车
七〇七 一级	△4	4	4	4	4	4	2	一级与二级编入同一列车时,相互隔离2辆以上,停放车站时相互隔离10m以上,严禁明火靠近
七〇七 二级	△5	4	4	4	4	4	2	
敞车、平车装载的易燃普通货物及敞车装载的散装硫磺	△6	2	2	2	2			装载未涂防火剂的腐朽木材的车辆,运行在规定的区段和季节须与牵引机车隔离10辆,如隔离有困难时,各铁路局集团公司与邻局协商规定隔离办法
爆炸品 雷管及导爆索(11001,11002,11007,11008)	△7	4	4		4	2	2	
爆炸品 除雷管及导爆索以外的爆炸品	△8	4	4	4		2	2	

注:1. 小运转列车及调车隔离规定,由铁路局集团公司自行制定。

2. 有△主标记的车辆与装载蜜蜂的车辆运输时按有关规定办理。

3. 空罐车可不隔离(气体类危险货物除外)。

四、编组列车时对"关门车"编挂的规定

货物列车中因装载的货物规定需停止制动作用的车辆,自动制动机临时发生故障的车辆,准许关闭截断塞门,简称关门车。但主要列检所所在站编组始发的列车中,不得有制动故障关门车。

　　编入列车的关门车数不超过现车总辆数的6%(尾数不足一辆按四舍五入计算)时,可不计算每百吨列车重量的换算闸瓦压力,不填发制动效能证明书;超过6%时,由列检人员(无列检时由车站人员)按《技规》规定计算闸瓦压力,并填发制动效能证明书交司机。

　　为保证列车运行安全,列车必须有充分可靠的制动性能,因此规定了列车中对车辆制动机关门的限制。

　　(1)机后三辆之内和列车中连续关门,对全列车的制动作用和紧急制动作用可靠性有较大的影响,且列车中部连续关门,制动时列车的纵向冲动大。根据车辆制动阀的制动性能,规定机后三辆之内不得有关门车和列车中不得连续关门超过两辆。

　　(2)为避免列车尾部纵向冲动过大,造成最后一辆车脱轨,并防止列车最后一辆车分离后溜逸,规定列车最后一辆车不得为关门车,最后第二、三辆车不得连续关门。

　　(3)当车辆发生制动主管故障、通风不良、车钩故障等情况,但转向架技术状态良好时,考虑到对全列车制动作用的不利影响,不适于连挂在列车中部,在必要时可挂于列车尾部,此时对全列车制动作用的影响最小。当车辆的自动制动机不起作用时,必须对该车及相邻车辆连结的车钩采取防止车钩分离的安全措施,保证不发生车钩分离。

　　(4)基于安全性的要求,旅客列车、特快货物班列不准编挂关门车。在运行途中(包括在站折返)如遇自动制动机临时故障,在停车时间内不能修复时,准许关闭一辆,但为避免列车尾部纵向冲动过大,并防止列车最后一辆车分离后溜逸,规定列车最后一辆不得为关门车。对120km/h速度等级及编组小于8辆的140km/h、160km/h速度等级列车关门时,增加了计算闸瓦压力的要求。根据闸瓦压力计算数据和该列车运行区段提出限速要求。

五、列尾装置的摘挂及运用

　　动车组以外的旅客列车应安装列尾装置。特殊情况下,无法安装或使用列尾装置时,应制定具体办法。

　　半自动闭塞区间没有列车占用检查设备,因此规定半自动闭塞区段货物列车须挂列尾装置。其他区段应根据线路实际情况确定货物列车是否挂列尾装置。自动闭塞、自动站间闭塞区段不挂列尾装置时,若其中有个别区间为半自动闭塞时,为统一行车组织方式,货物列车在该区间可不挂列尾装置,但应有其他确认列车完整到达车站的手段。货物列车尾部未挂列尾装置时,为便于作业人员确认列车完整,规定以吊起尾部车辆软管代替尾部标志。对有列检作业的列车,因列检需进行列车自动制动机的试验等作业,为提高作业效率,规定尾部车辆软管吊起。有列检作业的列车,由列检人员负责;对无列检作业的列车,则由车务人员负责。

　　旅客列车列尾装置尾部主机安装在客车车厢内,由车辆部门统一管理,规定其尾部主机的安装与摘解、风管及电源的连结与摘解,由车辆部门负责。

　　为统一货物列车列尾装置的使用和管理,规定货物列车列尾装置尾部主机的安装与摘解,由车务人员负责。列尾装置尾部主机安装好后,对有列检作业的列车,因列检需进行列车自动制动机的试验等作业,尾部软管不能立即与列尾装置尾部主机连结,为提高作业效率,减少列尾装置作业人员的等待时间,规定尾部主机软管的连结,有列检作业的列车,由列检人员负责。对无列检作业的列车,尾部主机软管的连结,则由车务人员负责。有特殊情况时,货物列车列尾装置尾部主机安装、摘解等作业由铁路局集团公司规定。

　　列尾装置是保障列车安全运行的重要设备,应保证其在运用中保持良好的技术状态。

为此,在使用前,列尾设备的管理维护部门必须按规定进行检测,合格后方可投入运用。严禁检测不合格的列尾设备投入运用。

六、单机挂车的规定

为充分利用机车动力和区间通过能力,加速车辆移动,在不影响机车运用、保证运行安全的条件下,准许利用单机附挂车辆。考虑到机车乘务组监护附挂车辆的条件限制,单机挂车不宜过多。在机车实际牵引区段的线路坡度不超过 12‰时,以 10 辆为限;线路坡度超过12‰时,考虑到具体坡度、牵引动力、牵引定数不同,单机挂车辆数不宜全路统一规定,由各铁路局集团公司自行规定。

为确保单机挂车后的运行安全,应遵守下列规定。

(1)为了保证单机运行时有足够的闸瓦压力,全部车辆的自动制动机作用必须良好,不准编挂关门车。发车前列检人员(无列检时由车站发车人员)应按规定进行制动试验。

(2)为了保证货物在运行途中的完整和行车安全,明确交接责任,连挂前必须彻底检查货物装载状态,并将编组顺序表和货运票据交与司机。

(3)为保证行车安全,明确职责,区间被迫停车的防护工作,以及附挂车辆有无脱钩和关闭折角塞门等情况,均由机车乘务组负责。机车乘务组于开车前应确认附挂辆数,制动主管道贯通状态是否良好。

(4)对单机挂车要严格控制,要求列车调度员应严格掌握,不得因单机挂车影响机车固定交路和使乘务员超过劳动时间。

(5)鉴于爆炸品危险性较大,运行上要求隔离,超限货物在运行条件上有很多限制,司机在进行乘务工作的同时难以全面照顾,因而规定单机挂车不准挂装载爆炸品、超限货物的车辆。

(6)单机挂车时因所挂车辆较少,且开行单机车次,因此可不挂列尾装置。在这种情况下,车站接发列车时,应有确认完整到达的办法,并于发车后通知邻站,以确保运行安全。

七、编组列车作业程序及技术要求

铁路调车编组列车作业程序应符合图 3-9 的规定。

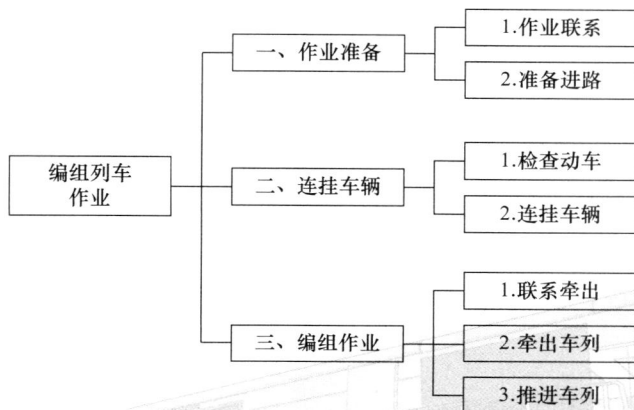

图 3-9　铁路调车编组列车作业程序图

铁路调车编组列车作业应符合表 3-4 的规定。

表 3-4

铁路调车编组列车作业表

程序	作业程序 项目	内容	岗位作业 作业人员	技术要求	事项要求
一、作业准备	1. 作业联系	(1) 联系编车	调车区长	a) 根据计划要求,与有关人员联系编车	调车区长有关作业可由车站值班员办理
		(2) 联系进路	扳道员 调车长	b) 在正线,到发线上调车时,应经过车站值班员的准许	
			调车区长	c) 需越区作业时,同时按规定办理越有关作业手续	
	2. 准备进路	(1) 准备进路	扳道员 信号员 驼峰作业员	a) 根据计划或受道要求信号,按规定排列进路,开放调车信号,确认进路开通正确	—
		(2) 立岗还道	调车员	b) 显示股道号和道岔开通信号,立岗监视机车车辆走行	
二、连挂车辆	1. 检查动车	(1) 挂车检查	连结员 制动员	a) 挂车前检查线路,防溜措施,停留车辆走行	—
		(2) 指挥动车	调车长	b) 确认道岔开通信号或调车信号(单机或牵引运行时除外),向司机机车车辆走行动信号	
	2. 连挂车辆	(1) 选分车组	调车人员	a) 按计划要求分解及编组车组	—
		(2) 信号显示	调车长 连结员 制动员	b) 连挂车辆时,正确及时显示十、五、三车距离信号(单机除外),并得到司机回示,没有回示时,立即显示停车信号;单机挂车信号时,向司机显示起结信号 c) 连续连挂时,可不停车连挂,两端车辆距离(警冲标)不足 30m 时,应顿钩或试拉;未端车辆连挂前,应有调车人员的停车信号防护;按规定做好对停留车辆防溜措施的设置及撤除 d) 确认挂妥后,推进运行前,向调车长显示试拉信号,全部起动后显示"好了"信号	
三、编组作业	1. 联系牵出	(1) 联系转线	扳道员 信号员 驼峰作业员 调车区长	a) 按规定准备进路,确认进路开通正确。需越区作业时,同时按规定办理越区作业手续。需转场作业时,应征得他场值班员同意	调车区长有关作业可由车站值班员办理
		(2) 信号联系	调车长	b) 确认制动员的起动信号,向司机显示起动信号,指挥机车牵出	
	2. 牵出列车	(1) 监视走行	调车长	a) 牵出列车起动后,确认制动员显示"好了"信号况,向司机显示"好了"信号,注意调车人员上车及安全等情	—
		(2) 指挥停车	扳道员	b) 进路准备妥当后,立岗监视机车走行	
			调车长	c) 确认车列牵至所需位置,指示司机停车	

续上表

| 程序 | 作业程序 | | 岗位作业 | | 事项要求 |
	项目	内容	作业人员	技术要求	
三、编组作业	3. 推进车列	(1) 确认进路	连结员 制动员	a) 非集中区确认扳道员道岔开通信号；集中区确认车信号开放，按作业要求显示信号	—
		(2) 推进运行	调车长 连结员 制动员	b) 推进车列，车列前部应有人进行瞭望，及时显示信号。当调车长确认停留车位置有困难时，应派人显示停留车位置信号。未端车辆距信号机（警冲标）不足30m时，应采取安全措施	
			调车长	c) 使用手信号作业时，应位于易于瞭望前方，又能使司机看见所显示信号的位置	
			连结员 制动员	d) 使用手信号作业时，中转信号人员位置适当，确保正确及时一致中转信号	
			调车长 连结员 制动员	e) 连挂车辆时，正确及时显示十、五、三车距离信号，并得到司机回示，没有回示，立即显示停车信号 f) 编组车列，确认车列挂妥后应进行试拉。根据需要，将车列停放在适当地点或企业规定的位置，按规定采取防溜措施后摘钩	
		(3) 编成复检	连结员 制动员	g) 对编成车列复检车辆是否连挂妥当、车编挂位置及数量是否符合规定，防溜措施以外的人力制动机（人力制动机紧固器）或铁鞋是否撤除（由其他人员负责检查时除外） h) 车列编成后，向调车领导人报告	

【任务实施】

工作任务三　学习任务单

班级：_____　　姓名：_____　　学号：_____　　日期：_____

知识认知	1. 列车应按照什么规定进行编组？ 2. 列车重量和长度分别由什么决定？ 3. 禁止编入列车的车辆有哪些？ 4. 为什么要对装有危险和易燃货物车辆施行必要的隔离？ 5. 什么叫做关门车？关门车编组有哪些要求？ 6. 列尾装置摘挂有什么要求？
能力训练	按照【案例引入】中作业条件，以小组为单位，结合有关规定，按照编组列车作业程序及技术要求完成列车编组

【任务评价】

评价指标	组长评价	自我评价	教师评价
1. 知识学习效果			
2. 技能目标达成度			
3. 素质提升效果			
本模块最终评价			
个人总结及反思			

典型工作任务四
简易驼峰作业

【任务描述】

了解驼峰原理与组成,掌握驼峰不同作业方法特点,了解简易驼峰作业特点,能够按照简易驼峰作业程序及技术要求完成相应作业。

【任务引入】

某站为区段站,设有简易驼峰,到发线 5 道停有待解车列一列,根据车辆或车组的走行性能、线路运行阻力、车组大小等因素,选择合适的推峰速度和提钩地点,对待解车列进行分解。

【任务准备】

思考问题 1　驼峰是如何进行车列解体的?

_____

_____

_____

思考问题 2　驼峰解体能力与哪些因素有关?

_____

_____

_____

【任务分组】

建议学习者组建学习小组,制订学习计划,共同完成相关任务。

姓名	学号	分工	备注	学习计划
			组长	

【任务学习】

一、驼峰原理与组成

驼峰是利用车辆的重力和驼峰的位能(高度),辅以机车推力来解散车列的一种调车设

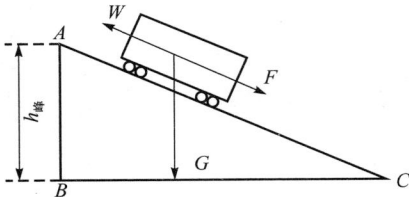

图 3-10　驼峰原理示意图

备。利用驼峰来解散车列时,调车机车将车列推上峰顶,在推送中,依次摘开各溜放车组的车钩后,各车组凭借车辆自身重力和驼峰高度产生的位能,使受到向下作用力的车辆溜入调车场,如图 3-10 所示。

驼峰设在编组站、区段站的到达场(牵出线)和调车场两者之间,主要由推送部分、溜放部分及峰顶平

台三部分组成,如图 3-11 所示。

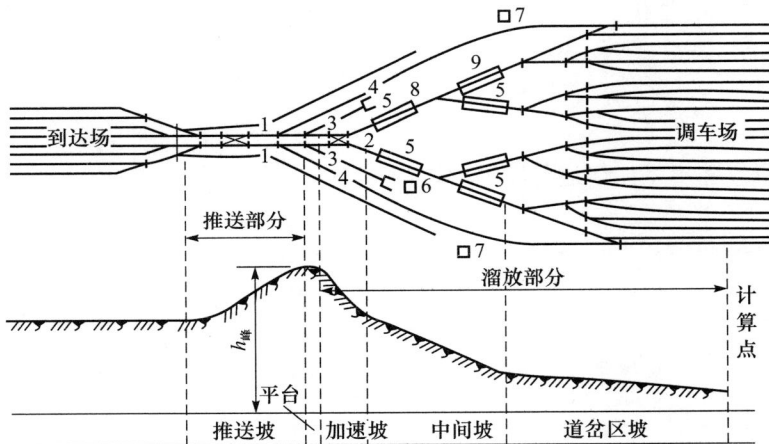

图 3-11　驼峰组成部分示意图

1-联络线;2-溜放线;3-禁溜线;4-迂回线;5-减速器;6、7-信号楼;8-第Ⅰ制动位;9-第Ⅱ制动位

1. 推送部分

推送部分是指经驼峰解体的车列第一钩车位于驼峰时,车列全长所在的线路范围。由到达场出口咽喉最外方道岔(或牵出线车挡)至峰顶间的一段线路叫推送线。靠近峰顶设10‰~15‰坡度,其长度不少于50m。设置这个线段的目的是为了得到必要的驼峰高度,并使车钩压紧,便于摘钩。推送部分包括推送坡和压钩坡两坡段。

2. 溜放部分

溜放部分系指由峰顶至调车线计算点的区段,包括加速坡、中间坡和道岔区坡三个坡段。

(1)加速坡是从峰顶开始至第Ⅰ制动位始端的一段平均坡度。其目的是使车辆尽快加速,保证车组之间的间隔。加速坡受机车类型、减速器最大允许入口速度及峰高等因素限制。

（2）中间坡是由第Ⅰ制动位始端至第Ⅱ制动位末端间的一段平均坡度。这段坡度使行车保持高速溜行,并要求减速器制动后,平稳进入道岔区段。若车辆停在减速器上,减速器缓解后,车辆应能自行溜走。因此,这一段坡度应不少于8‰。

（3）道岔区坡是由第Ⅱ制动位末端至计算点间的一段平均坡度,它可使车辆克服道岔区的各种阻力,保持原来速度运行,不会造成车组压岔追尾,并以较高的速度通过道岔区段。

计算停车点的位置:简易驼峰在警冲标内方50处;半自动化驼峰、自动化驼峰根据作业要求和不同设备情况决定。

从峰顶到计算停车点的距离叫做驼峰计算长度。峰顶与计算停车点间的高差即为驼峰高度,简称峰高。

3. 峰顶平台

峰顶平台系指推送部分和溜放部分中间的一段平道,净平台的长度为7.5m至10m,是驼峰的最高地段。

二、驼峰作业方法

随着驼峰设备条件和配属的调车机车台数不同,驼峰作业组织就有不同的方法。对驼峰作业方法的共同要求是:在确保驼峰调车安全的基础上,各项作业程序尽可能做到快速、平行和不间断进行,以提高驼峰的作业效率和解体能力。驼峰调车作业方法主要有单推单溜、双推单溜和双推双溜三种。

1. 单推单溜作业法

这种方法的特点是驼峰只有一条推送线和一条溜放线,使用一台调车机车担当解体,并负责下峰整理作业。驼峰调车机车没有等待时间,机车效能可以充分发挥,但驼峰设备的利用率比较低,改编能力较小。单推单溜作业法如图3-12所示。

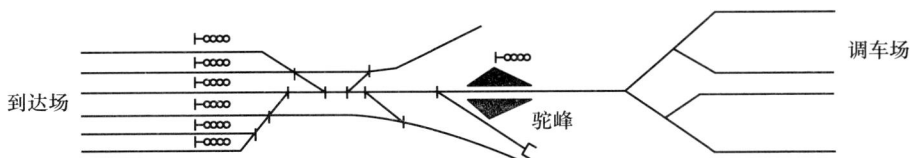

图3-12　单推单溜作业法

2. 双推单溜作业法

双推单溜作业法适用具有两条推送线,一条溜放线,使用两台驼峰调车机车兼办峰下整理作业的一种方法。它的特点是两台驼峰调车机车可以轮流在峰上分解车列。采用这种方法虽然驼峰调车机车有一部分等待时间,但能大大提高驼峰利用率,提高驼峰的改编能力;如编组站衔接的方向较多,还可避免交换转场车的重复改编作业。双推单溜作业法如图3-13所示。

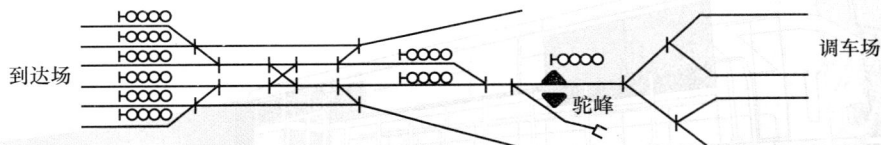

图3-13　双推单溜作业法

3. 双推双溜作业法

这种方法的主要特点是将调车场和到达场按纵向划分为两个作业区,每个区各形成一个独立系统。驼峰调车机车分区平行作业,互不干扰;基本上是两个单推单溜作业法的合并。但当车站衔接方向较多时,两作业区之间难免产生大量的交换车,大大增加重复分解的调车作业。双推双溜作业法如图 3-14 所示。

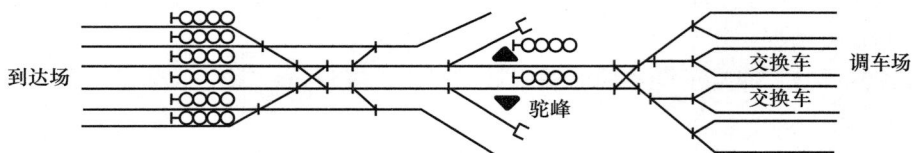

图 3-14　双推双溜作业法

三、影响驼峰解散车辆走行的因素

影响驼峰解散车辆走行的因素主要由以下几个方面。

1. 车辆或车组的走行性能

车辆的走行性能取决于车辆走行部分各部件的状态及油润情况,还取决于车种、车型、载重、气候条件及线路状况等,根据车辆走行阻力的大小可分为易行车、中行车和难行车。

易行车是惰力大、运行阻力小的车辆。如装载油、钢、煤、粮等重质货物的车辆。

难行车是惰力小,运行阻力大,行走比较困难的车辆。如空车及装载轻浮货物的车辆。

中行车居于难、易行车之间,阻力接近平均值。

2. 线路运行阻力

根据线路阻力的大小,可将调车线分为难行线和易行线。

难行线是经过道岔多、曲线多,或者线路内溜行方向为上坡(反坡),阻力较大,车辆溜行比较困难的线路。

易行线是经过道岔、曲线较少,或线路内溜行方向为下坡(顺坡),阻力小,车组容易溜行的线路。

3. 车组大小

车组溜行过程中,一般是小组车溜行快,大组车溜行慢。因为大组车互相牵制,互相阻碍产生很大的阻力,车组加速缓慢。

一般规定为:大组车——7 辆及其以上的车组;中组车——4~6 辆的车组;小组车——1~3 辆的车组。

4. 气温、风向和风力

由于低温时轴油凝固,逆风时车辆走行的阻力显著增加,溜行减速较快;顺风时阻力小,甚至起加速作用。

5. 车组的溜行距离

车组的溜行距离是指从峰顶到车组预定停车地点或从峰顶到线路内停留车之间的距

离。在溜行车组所受各种阻力总和一定的情况下，车组溜行的距离愈长，车组为了克服这些阻力所消耗的能量也就愈大。

四、简易驼峰调车

简易驼峰多数是在牵出线和梯形车场的基础上，抬高牵出线，平地起峰或局部改造编组场咽喉后修建起来的。简易驼峰一般未设车辆减速器，制动工具主要是铁鞋，道岔一般采用集中联锁或人工就地操作。

1. 简易驼峰调车的特点

简易驼峰调车与平面牵出线调车相比较，具有以下特点。

（1）车辆溜行的动力。平面牵出线完全依靠机车的推动力；而简易驼峰调车主要依靠车辆本身的重力（即利用驼峰的位能），机车的推送力只起辅助作用，用以弥补峰高的不足。

（2）提钩地点。平面牵出线调车，随着溜放作业的进程，逐钩移向编组场，提钩地点是不固定的；简易驼峰调车作业时，提钩地点基本上固定在压钩坡至峰顶这一区域内。

（3）溜放速度。在平面牵出线上溜放车辆时，车组脱离车列的速度为最高速度，调车长控制速度的范围较大，因此车辆走行性能对溜放速度和距离的影响不很明显。而在简易驼峰，调车长只能在接近峰顶的较小范围内调节推峰速度，车辆溜行主要靠本身的重力，所以车辆走行性能对其溜放的速度和距离影响较大。

（4）车组间隔的调节。平面牵出线上采用连续或多组溜放时，前后车组的间隔主要靠制动员拧闸来调节；简易驼峰的车组间隔主要靠机车变速推送以及前后车组在峰顶脱钩时形成的间隔来保证。

2. 驼峰溜放车组的间隔

驼峰上溜放车辆是连续进行的，在溜放过程中前行车组与后行车组之间应保持一定的间隔，以便转换分路道岔。前行车组的后钩与后行车组的前钩之间的距离，称为溜放钩距。显然，缩小溜放钩距可以提高驼峰的解体效率。但钩距过小将造成分路道岔来不及转换，致使后一钩车溜入前一钩车的股道，出现追钩现象，造成中途连挂。

在驼峰平纵断面一定，车组大小相同的条件下，溜放间隔主要取决于车组走行性能和共同溜行的距离。

当前后车组的走行性能相同时，当后组车尚未溜出时，前组车已进入加速坡而加速，车组间的间隔距离越来越大。当前组车进入道岔区时，速度逐渐降低。可是此时后组车却在较陡的坡段上溜行，两个车组的溜行速度渐趋接近。当前后车组的速度达到相同的一瞬间，车组间的间隔距离为最大。此后，它们的间隔距离也就逐渐缩短。

这是走行性能相同的前后车组在溜行过程中的时间和距离变化的规律。当前后车组的走行性能不同时，由于受到的基本阻力、空气阻力与风阻力的不同，在相同的坡段上溜行速度也不一样。因此，溜放间隔有一个更加复杂的变化。

控制驼峰车组的间隔主要靠推峰速度、提钩时机、车辆制动来实现。提钩时机与车辆制动操作详见项目四调车技能训练。

3. 推峰速度

推峰速度的大小直接影响简易驼峰作业的安全和效率。推峰速度过高，将会出现道岔来不及转换使车组进错股道,甚至造成追尾冲突。反之,如果推峰速度过低,不仅延长车列解体时间,有时还会使车组不进入股道而在道岔区停车,或是入线后堵门,造成作业中断,大大降低驼峰作业效率。

为了准确掌握推峰速度,驼峰调车长要认真分析调车作业计划中车组的大小、排列顺序、溜入的股道,结合编组场内存车等情况,重点掌握需要变速溜放的车组,做到心中有数,早有准备,采用定速与变速相结合、以变速推峰为主的方法。

（1）定速推峰（前后两组车推峰速度相同）

对车组大小和走行性能基本相同的连续几个车组,可以定速推峰。此外,当有难行车进入易行线,易行车进入难行线,或前后车组共同走行经路较短等情况时,也可采用定速推峰。

（2）变速推峰（前后两组车的推送速度不同）

① 车组排列为前难后易、前远后近时,前行车组应加速推送,后行车组则应减速。

② 前易后难,前近后远时,前行车组应减速推峰,后行车组则应加速。

③ 当小组车按难—易—难或易—难—易顺序排列时,则应根据中间车组的要求决定变速推峰的方法。如遇难行车溜入难行线,应提高推峰速度。

五、简易驼峰作业程序及技术要求

铁路调车简易驼峰作业程序应符合图 3-15 的规定。

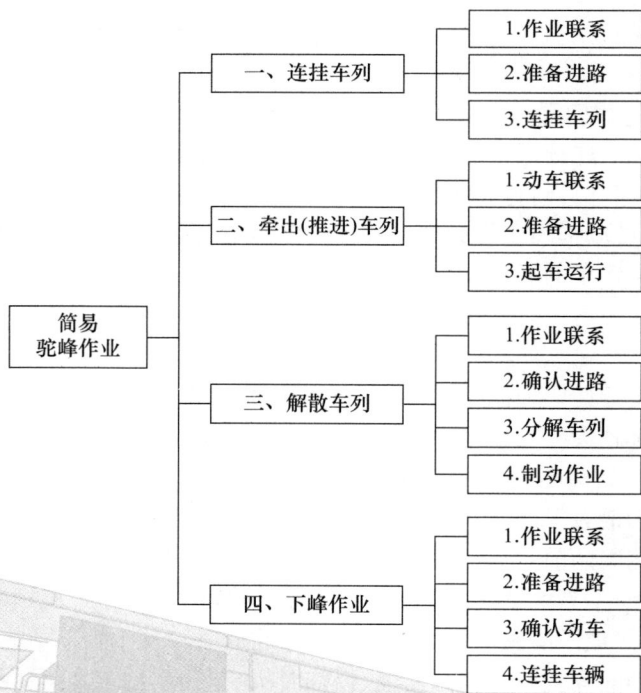

图 3-15　铁路调车简易驼峰作业程序图

铁路调车简易驼峰作业应符合表 3-5 的规定。

铁路调车简易驼峰作业表

表 3-5

程序	项目	内容	作业人员	技术要求（岗位作业）	事项要求
一、连挂车列	1. 作业联系	(1) 作业联系	调车长	a) 根据计划要求，向制动员了解作业准备情况，通知司机开始作业	—
		(2) 指挥动车	调车长	b) 显示起动信号，指挥司机动车，司机按信号显示运行	—
	2. 准备进路	(1) 请求挂车	扳道员 驼峰作业员	a) 根据计划提出挂出车请求，在正线、到发线上调车的，应经过车站值班员的准许	—
		(2) 准备进路	扳道员 信号员	b) 根据计划或要道信号，按规定准备进路，确认进路开通正确	—
		(3) 立岗还道	扳道员	c) 显示股道号码和道岔开通信号，立岗监视机车车辆走行	—
	3. 连挂车列 指挥挂车		调车长	a) 接近车列，确认具备连结车条件，显示连结信号，指挥机车连挂 b) 推进运行前，应进行试拉	—
二、牵出（推进）车列	1. 动车联系	(1) 信号联系	制动员	a) 提前到达挂车地点，按规定摘管提钩，核对取车端车号 b) 推进运行时，在试拉后，向调车长显示起动信号 c) 确认制动员显示起动信号后，向司机显示起动信号	—
		(2) 指挥动车	调车长	a) 与车站值班员联系，请求牵出	—
	2. 准备进路	(1) 请求作业	信号员 扳道员	b) 根据计划或要道信号，按规定准备进路，确认进路开通正确	—
		(2) 准备进路	信号员 扳道员	c) 显示股道号码和道岔开通信号，立岗监视机车车辆走行	—
		(3) 立岗还道	扳道员		—
	3. 起车运行	(1) 确认信号	调车长	a) 确认信号开放或还道信号显示正确（单机或牵引车号运行时除外），显示起动信号，指挥司机动车	—
			制动员	b) 确认车列起动，向调车长显示"好了"信号	—
		(2) 核对确认	调车长	c) 确认制动员的"好了"信号，注意调车人员上车及安全等情况，向司机显示"好了"信号	—
			连结员	d) 车列牵出时，按计划查对车数，核对提钩处制动软管摘开，无抱闸情况，向司机显示出车列最后一辆车号确认车号正确	遇特殊情况，连结员不能确认牵出车号时，最后一辆制动员负责确认
		(3) 指挥停车	调车长	e) 根据作业计划确认车列停车所需位置，指示司机停车	—

139

续上表

程序	作业程序		内容	岗位作业		事项要求
	项目			作业人员	技术要求	
三、解散车列	1. 作业联系		(1) 联系解散	调车长	a) 通知各作业点解体车次，股道，防溜措施及重点注意事项，听取制动员准备好了的报告	其他需要注意的事项由车站自定
			(2) 报告上岗	制动员	b) 上岗后，向调车长报告准备好了 c) 人力制动，试闸良好向调车长或连结员显示"好了"信号	
				连结员	d) 检查核对车辆无误，确认制动员试闸"好了"信号后，向调车长报告或显示"好了"信号	
	2. 确认进路		(1) 准备进路	扳道员	a) 非集中区第一钩应实行要道还制度，从第二钩起，按调还，按调通知单的要求扳动道岔。按计划准备时准备进路 b) 使用驼峰集中设备的，提前储存进路	—
			(2) 对道确认	驼峰作业员	c) 非集中区确认扳道道岔第一钩道岔开通道信号，集中区确认允许推峰信号开放后，开放驼峰信号	
	3. 分解车列		(1) 掌握解散	调车长	a) 根据停留车位置，气候条件等情况，掌握推峰速度，发现异常情况，果断处理 b) 随时交待重点注意事项	—
			(2) 提钩作业	连结员	c) 按调车作业计划准确掌握提钩时机，正确提钩，做到一确认（信号显示、摘钩车数、大组车摘钩过岔），二确认（制动软管、抱闸车、禁止溜过和过岔车辆），三提钩（掌握提钩时机，发现异常情况，及时报告或采取停车措施） d) 遇有漏制动软管变制管拔出有跳插销，使用提钩链不良的车辆，处理不了时，应停车处理	
			(3) 扳道作业	扳道员	e) 按计划正确及时扳道，立岗监视溜放车组走行 f) 做到钩溜放车组间隔不足规定溜距离不足，有压钩车组走行侧面冲突可能时不扳 g) 发现异常情况，果断采取措施处理	
	4. 制动作业		(1) 减速器制动	驼峰作业员	a) 按规定正确使用减速器 b) 根据溜放车组大小、空重、停留车位置，气候条件等情况，随时确认车组缓解状态 c) 按规定掌握好出口速度 d) 发现车辆夹停、途停、堵门、设备故障等情况，及时采取措施，果断处理	其他需要注意的事项由车站自定

续上表

作业程序			作业人员	岗位作业技术要求	事项要求
程序	项目	内容			
三、解散车列	4. 制动作业	（2）脱鞋调速	制动员	e) 根据计划，掌握重点车组、重点股道、人员技术、停留车位置、气候条件、安全注意事项等，监视各股道车组走行，认真速观测。正确调速 f) 发生危及行车安全情况时，及时采取措施或向制动人员报警 g) 一批作业完成，及时将铁鞋归位、摆齐	其他需要注意的事项由车站自定
		（3）铁鞋制动	制动员	h) 根据计划钩序、辆数（空重、难易）行线、停留车位置、车辆走行、气候条件等，采用相应的下鞋方法；但单个车辆应"一车三鞋或双基"，小组车应下基本鞋 i) 选择适宜地点，准备足够数量的铁鞋，遇天气不良或钢轨有油渍、盐、碱、冰、雪、霜等情况时，撒好沙子，正确观速观测，做到安全连挂或车组间天窗不大于4m j) 一批作业完成，及时撤除铁鞋，归位、摆齐	—
			制动员 调车长	k) 压鞋时的处理方法，由企业规定。根据作业进度或在一批作业完了及时安排取出	—
		（4）人力制动机制动	制动员	l) 使用人力制动机时，抓牢站稳，按规定使用安全带，进行试闸 m) 试好闸后，向调车长或连结员显示（报告）试闸良好信号 n) 正确观速观测，观前顾后，均衡调速，稳妥连挂 o) 多人制动一车组，以第一位制动员为主，其他制动员听从第一位制动员指挥（按规定防溜时除外） p) 制动完了，松开人力制动机（按规定防溜时除外）	—
四、下峰作业	1. 作业联系	联系下峰	调车长	a) 根据计划要求，与有关人员联系调车机车下峰作业 b) 需越区作业时，同时按规定处理越区作业手续	—
	2. 准备进路	（1）准备进路	扳道员 驼峰作业员	a) 根据计划或变更信号，按规定准备进路，确认进路开通正确	—
		（2）立岗还道	扳道员	b) 显示股道号码和道岔开通信号，立岗监视机车走行	—
	3. 确认动车	确认动车	调车长	确认道岔开通信号或调车信号开放（单机或牵引运行时除外），向机车显示起动信号	—
	4. 连挂车辆	（1）检查线路	制动员	a) 检查线路，停留车辆，调整好钩位	—
		（2）推送车辆	调车长 制动员	b) 推送车辆应先试动。车列前部应有人进行瞭望，及时显示信号。当调车长确认停留车位置困难时，应派人显示停留车位置信号。末端车辆距车辆机（警冲标）不足30m时，应采取安全措施	—

续上表

作业程序			作业人员	岗位作业	事项要求
程序	项目	内容		技术要求	
四、下峰作业	4. 连挂车辆	(2) 推送车辆	调车长 制动员 连结员	c) 使用手信号作业时，应位于易于瞭望前方又能使司机看见所显示信号的位置 d) 使用手信号作业时，中转信号人员位置适当，正确及时显示十、五、三车距离信号，确保正确及时一致中转信号	—
		(3) 连挂车辆	调车长 连结员 制动员	e) 推进挂车时，车列前部应有人瞭望，正确及时显示十、五、三车距离信号 f) 连续试拉时，可不停车连挂，应确认连挂状态，车组间隔超过十车时，应顿钩或连挂；末端车辆距信号机(警冲标)不足30m时，应采取安全措施 g) 推进或牵出车辆前，按规定确认车列挂妥	—

【任务实施】

工作任务四　学习任务单

班级：_____　　姓名：_____　　学号：_____　　日期：_____

知识认知	1. 驼峰由哪几个部分组成？ 2. 驼峰调车作业方法有哪几种？分别有什么特点。 3. 影响驼峰解散车辆走行的因素有哪些？ 4. 什么叫难行线？什么叫易行线？ 5. 简易驼峰调车与平面牵出线调车相比较有什么特点？ 6. 如何控制推峰速度？
能力训练	按照【案例引入】中作业条件，以小组为单位，结合有关规定，按照简易驼峰作业程序及技术要求完成相应作业演练

【任务评价】

评价指标	组长评价	自我评价	教师评价
1. 知识学习效果			
2. 技能目标达成度			
3. 素质提升效果			
本模块最终评价			
个人总结及反思			

典型工作任务五
半自动化驼峰作业

【任务描述】

了解半自动化驼峰特点,掌握半自动化设备组成,能够利用半自动化驼峰设备准备进路,能够按照半自动化驼峰作业程序及技术要求完成相应作业。

【任务引入】

某站为编组站,车场配置为二级四场,车站设有半自动化驼峰,峰下设有车辆减速器、减速顶对车辆实施制动。到达场 3 道停有待解车列一列,能够根据作业要求正确操纵驼峰信号楼控制台准备进路。能够存储自动进路、半自动进路,能够办理手动进路。驼峰作业员根据车辆走形性能、进入股道、溜放速度、风向等因素,确定各个制动位车辆减速器的出口速度,半自动调速系统自动控制车辆减速器,对车辆实施制动,实现驼峰分解车列任务。

【任务准备】

思考问题 1　半自动化驼峰是如何进行车列解体的?

_____

_____

_____

思考问题 2　半自动化驼峰解体能力与哪些因素有关?

_____

_____

_____

【任务分组】

建议学习者组建学习小组,制订学习计划,共同完成相关任务。

姓名	学号	分工	备注	学习计划
			组长	

【任务学习】

一、半自动化驼峰特点

半自动化驼峰是在机械化驼峰的基础上装设了半自动控制设备,在调车线内增设了一个或两个制动位,同时增设测重、测速及测长等设备。驼峰分解列车时,测重、测速、测长等设备自动显示所测得数据,作业人员根据这些数据给定各个制动位车辆减速器的出口速度,半自动控制系统便能自动控制车辆减速器,使溜行车组的速度达到人工给定的出口速度,安全地停留在指定的调车线上。车辆减速器的出口速度是人工给定的,而车辆减速器的制动和缓解是由控制系统自动控制的。

二、半自动化驼峰设备

1. 设备组成

该系统由车辆减速器、半自动控制机、雷达测速器、音频测长器、半自动控制台和轨道电路等组成,具体如图3-16所示。编组线的空闲长度是用音频测长器测的。为了保证测试精度,将编组线划分为三个测长区段,每段长度不超过300m。测长结果在控制台上给出数字显示,作为驼峰作业员调速的依据。

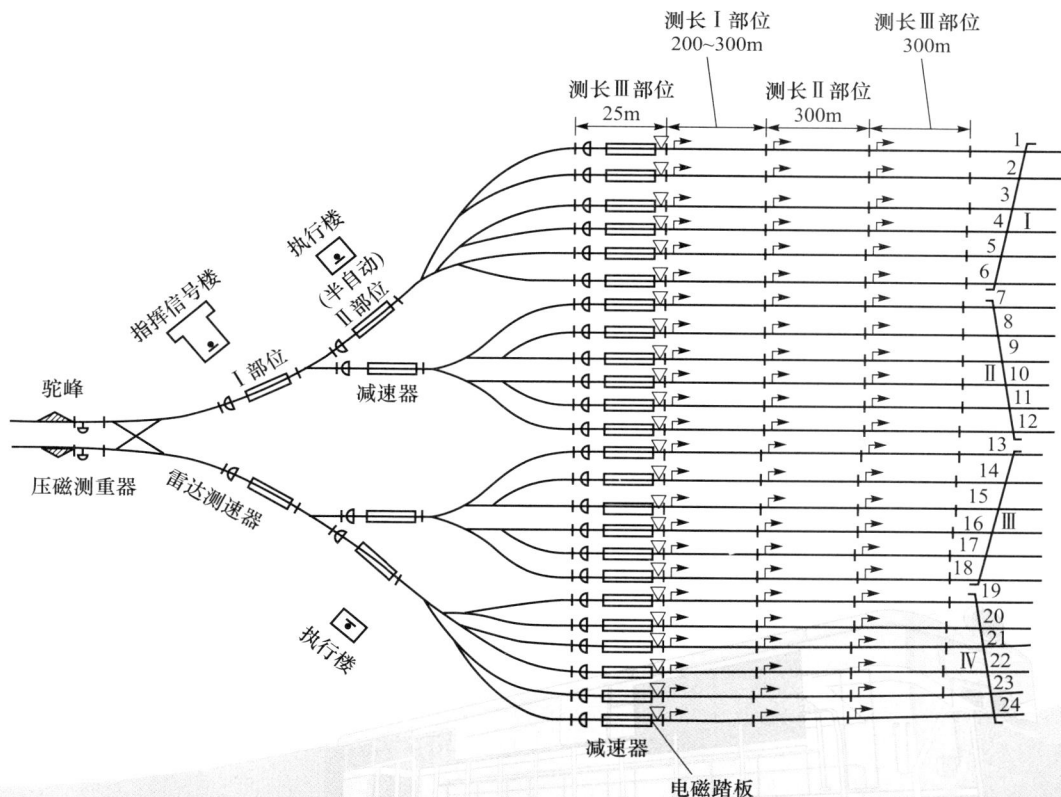

图3-16 半自动调速系统的设备布置图

第Ⅲ部位的调速设备，采用 T JY1 型重力式车辆减速器，距其入口端 10m 处设有测速雷达，用来测量车组经过车辆减速器时的溜放速度。经第Ⅱ部位调速后的车组，能停在编组线的预定地点或以安全速度与停留车连挂。为此，在调速过程中，始终用雷达监测车组的速度，并对其不断地进行调整，以使车组离开车辆减速器时的速度符合给定的数值。

2. 工作原理

车组离开车辆减速器时的速度，称为车辆减速器的出口速度，简称出口速度。出口速度是否符合要求对调速效果影响极大。在自动调速系统中，出口速度是由计算机根据作业条件计算得出的。而在半自动调速系统中，出口速度则是由驼峰作业员根据作业条件给定的。

驼峰作业员根据编组线的空闲长度、车组的装载情况与走行性能、线路状况（坡度）和气象条件（风向、风速、气温）等因素，并结合自己的实践经验选定出口速度。然后，通过半自动控制台上的定速按钮将选定的出口速度输入到半自动控制机。这个被选定的出口速度，称为定速，以 $V_定$ 表示。当车组进入车辆减速器区段时，通过轨道电路使雷达和半自动控制机开始工作。雷达测出车组在车辆减速器上的实际溜放速度 $V_雷$ 后，由比较器对 $V_定$ 与 $V_雷$ 进行比较。根据比较结果，自动控制车辆减速器的制动或缓解。

（1）当 $V_雷 > V_定$ 时，比较器输出制动命令，车辆减速器进入制动状态，使车组减速。

（2）当 $V_雷 \leqslant V_定$ 时，比较器输出缓解命令，使车辆减速器缓解。车辆减速器缓解后，由于坡度或其他原因，车组又逐渐加速超过定速时，比较器会再次输出制动命令，使车辆减速器重复制动。

经过上述调速过程，最终使车组离开车辆减速器的速度等于作业员选定的出口速度 $V_定$，从而达到调速的要求。如果车组因制动而停在车辆减速器上，经过一定时间（20s）确认后，暂停电路发出暂停信号，雷达和半自动控制机强迫关机，并使车辆减速器缓解。车组离开车辆减速器区段后，由轨道电路自动切断雷达和半自动控制机的电源，调速设备恢复常态。

3. 驼峰半自动控制台

在半自动调速系统中，半自动控制台是重要的控制和表示设备。作业人员通过它可以了解编组线的空闲长度和车组的溜放速度，据此对车辆减速器进行适当的操纵，以达到调速的目的。

半自动控制台的盘面布置如图 3-17 所示，设有下列控制与表示器件。

（1）股道按钮，为二位自复式按钮。每股道设一个，并以股道号命名，它用来确定调速的股道。

（2）定速按钮，为二位自复式按钮。因"定速"分为 10 个等级，故设 10 个定速按钮，用于选择不同的定速。定速按钮是各股道共用的。

（3）制动按钮和缓解按钮均为二位自复式带灯按钮。每台车辆减速器各设一个制动按钮和缓解按钮，用来人工控制车辆减速器的制动和缓解。

（4）检修按钮为二位保留式带灯按钮。每台车辆减速器设一个检修按钮。当车辆减速器需要检修时，可按下车辆减速器的检修按钮，这时按钮内的白色表示灯点亮，表明该车辆减速器处于检修状态，并转由液压室控制。

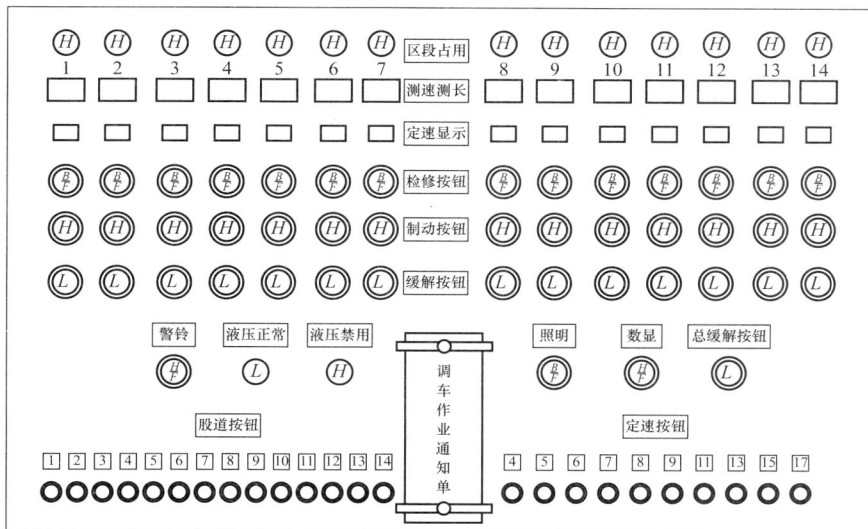

图 3-17　半自动控制台的盘面布置

（5）总缓解按钮为二位自复式带灯按钮。当驼峰解体作业结束时，按下控制台上的总缓解，从而切断全场车辆减速器的工作电源，使全场车辆减速器缓解，并取消半自动控制。

（6）切断报警按钮为二位保留式按钮。当车辆减速器的液压偏离规定值并超出允许范围时，控制台上的液压禁用红色表示灯点亮，并响铃报警。这时，可按下切断报警按钮，使警铃停响。待液压恢复正常，液压禁用的红灯熄灭，液压正常的绿灯点亮时，再次响铃，通知作业人员液压已恢复正常。这时可拉出切断报警按钮，切断警铃。

（7）数显按钮为二位保留式带灯按钮。按下数显按钮后，向数码显示电路供出 5V 稳压电源。

（8）区段占用表示灯。车组占用车辆减速器区段时，该区段的红色占用表示灯点亮。

（9）测速/测长数码显示器。每台车辆减速器设一块超小型数字电压表，测速与测长共用。当车组未进入车辆减速器区段时，数字表显示该股道的空闲长度。当车组进入车辆减速器区段后，数字表则显示车组的溜放速度。车组离开车辆减速器区段，数字表又显示空闲长度。

（10）定速数码显示器。每股道设一个 CL002 型数码显示器，用来显示作业员给出的定速数值。

（11）液压正常表示灯（绿色）。全控制台设一个，绿色点亮表示油压正常。

（12）液压禁用表示灯（红色）。全控制台设一个。液压不正常并超出允许范围时，红灯点亮，同时响铃报警。

（13）制动表示灯（红色）。设在制动按钮内，点亮时，表示该车辆减速器处于制动状态。

（14）缓解表示灯（绿色）。设在缓解按钮内，点亮时，表示该车辆减速器处于缓解状态。

（15）检修表示灯（白色）。设在检修按钮内，检修车辆减速器时，该表示灯点亮。

除上述控制与表示器件外，控制台上还设有照明按钮、报警电铃和作业单夹子等。

由于测长与测速的显示器件共用，不仅减少了器材数量，而且改进了盘面布置，使显示更加清晰易辨。

4. 半自动控制机

每台车辆减速器设一台半自动控制机,用来配合测速雷达完成对车辆减速器的半自动控制。半自动控制机的主要作用是将驼峰作业员给出的定速值变换成相应的模拟电压,并根据车组在车辆减速器上的实际减速情况和调速系统的延迟时间,对定速进行修正,以保证调速精度。

当车组进入车辆减速器区段后,能对车辆减速器进行"比较控制",实现半自动调速,即将雷达测得的车组实际速度与作业员给出的定速进行比较,及时地向车辆减速器输出制动或缓解命令。另外,当进入车辆减速器车组的速度低于 2.5km/h,且持续时间超过 20s 时,半自动控制机能发出暂停信号,使雷达关机,并使车辆减速器缓解。

三、半自动化驼峰作业准备进路

1. 作业程序

正确及时地排列进路,应严格执行"一看、二储、三核对、四开始"的作业程序。

（1）一看:先看机车动态,再看轨道照明盘,盘面有否异常;第一钩进路道岔手柄开通位置是否正确;看有无压标车;看风压表数值;看储存钩序有无残存。

（2）二储:按调车作业计划,办理储存进路。

（3）三核对:按压检查按钮,与作业员核对储存进路是否正确。

（4）四开始:作业开始时按压"自动"按钮,准备作业。

2. 排列进路

半自动化驼峰对峰下分路道岔的控制可以分为自动、半自动和手动作业方式,作业中可以根据具体作业要求确定作业方式。在自动作业中,根据作业的需要,随时可改为半自动作业和手动作业;在半自动作业时,也可随时改为手动作业。

（1）自动作业方式

自动作业方式是最基本的运用方式。驼峰调车长接到调车作业通知单后,即可根据调车作业通知单按自动作业方式进行预排进路。该方式是上部信号楼作业员先将各钩车的进路命令部分或全部储入储存器中,溜放作业开始时,按压"自动"按钮,在溜放过程中,进路命令随钩车的溜放,自动地顺序输出,使各级分路道岔都能够在钩车到达前自动地转换到所需位置。它包括以下几项作业内容。

① 储存作业:在车组开始溜放前,将各车组的进路命令预先储存至进路储存器中。储存的命令是否正确可由储存钩序灯与储存进路灯监督,发现错误可及时更正。

② 检查作业:进路命令储存完毕,可用自动方式或手动方式进行检查,核对所存的命令是否正确,发现错误可立即更正。

③ 溜放作业:经过检查,证明进路命令全部正确后,即可按下"自动"按钮,输出第一钩命令,然后使驼峰信号机开放"推峰信号",车组便可连续溜放。

④ 增加作业:在溜放作业中,如发现某一车组的命令"漏排"或需将车组"分钩"(一钩分为两钩),则应按下"增加"按钮,然后按压有关的进路按钮,临时增加一钩车组的进路命令。

⑤ 溜放取消作业:在溜放作业中,如发现某钩命令有错,在该车组即将下溜前,立即按下"溜放取消"按钮,取消该钩错误命令,接着按下"增加"按钮和"进路"按钮,将错误命令更正过来。

（2）半自动作业方式

半自动作业方式的特点是：驼峰调车长发出的进路命令，经过编码后不储入记忆单元，而直接送到命令输出环节。待该钩车组下溜的命令从输出环节取消后，驼峰调车长才能发出下一钩车组的进路命令。即所谓"排一钩，溜一钩"的作业方式。半自动作业方式在下列情况下使用。

① 由于储存器局部发生故障（如分配环节或记忆环节故障），无法预先储存命令。

② 受气候影响，瞭望条件不好（如雾天作业），作业员不易判定连续溜放的几钩车组的溜放速度，因而无法进行速度调整，采用单钩溜放。

③ 自动溜放过程中的"增加作业"，即新增加的车组命令，是不经储存而直接输出的，故也属于半自动作业。

（3）手动作业方式

当设备故障不能进行自动或半自动作业；驼峰调车机车进行上下峰作业；调车机车需跨越推峰线或道岔维修检查等情况需扳动个别道岔时使用手动作业方式。

在已储存一批进路的作业过程中，如有机车需跨越已准备的进路时，可按下"手动"按钮，原亮灯的自动表示灯即熄灭，储存器的指示灯停留，即可操纵道岔手柄转动道岔，开通所需进路。等机车跨越通过后，恢复原有进路。此时按下"自动"按钮，自动表示灯亮灯，储存进路继续运转，储存器指示灯继续依序显示。

四、半自动化驼峰作业程序及技术要求

铁路调车半自动化驼峰作业程序应符合图 3-18 的规定。

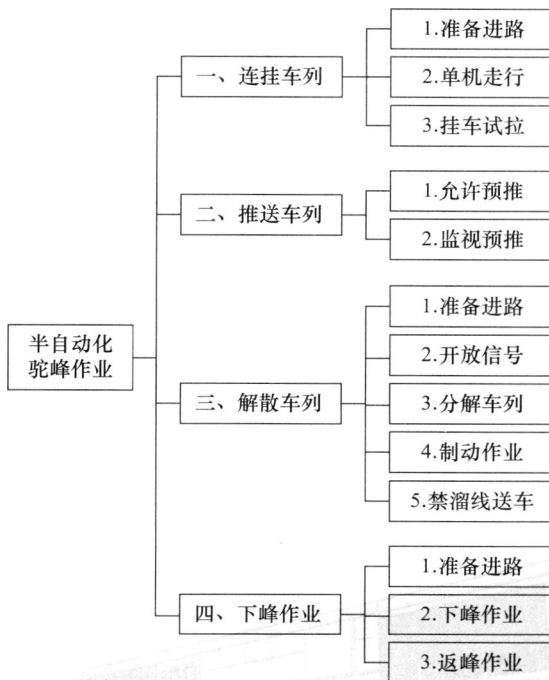

图 3-18　铁路调车半自动化驼峰作业程序图

铁路调车半自动化驼峰作业应符合表 3-6 的规定。

铁路调车半自动化驼峰作业表

表3-6

程序	项目	内容	作业人员	技术要求	事项要求
一、连挂车列	1. 准备进路	(1)联系经路	驼峰值班员	a)根据计划要求,与有关车站值班员联系挂车股道、车次及经路	设有两条及其以上推峰线的车站应详明推峰线别(能从设备上确认的,联系办法由企业规定)
		(2)准备进路	信号员	b)根据计划或车站值班员指示,正确排列进路,开放信号	—
	2. 单机走行	(1)指示动车	调车长	a)向司机显示起动信号,指示司机动车	—
		(2)单机返位	信号员	b)确认机车动态,正确排列进路,开放信号	
	3. 挂车试拉	(1)确认车列	连结员	a)接近排出场至到达场解体车列前下车确认车列(设固定人员时除外)	—
			调车长	b)接近车列,确认具备连挂车条件,显示连挂机车连挂	
		(2)指挥挂车	调车长	c)与连结员联系,得到试拉信号回示后,向司机确认连挂,指挥机车试拉信号	
			连结员	d)确认车列全部起动,向调车长回示"好了"信号	
			调车长	e)确认连结员回示"好了"信号,向司机确认好车信号	
二、推送车列	1. 允许预推	(1)联系预推	车站值班员	a)确认车列进入连挂车股道,报告车站值班员	—
			驼峰值班员	b)联系驼峰值班员,准备预推	
				c)确认具备预推条件,按下允许预推按钮	
		(2)开放信号	信号员	d)确认允许预推表示灯亮,排列预推进路,开放驼峰辅助信号	—
			调车长	e)确认驼峰辅助信号开放,向司机显示起动信号	
	2. 监视预推	监视预推	驼峰值班员	a)从设备上监视预推,发现异常及时处理	—
			调车长 连结员	b)确认驼峰辅助信号显示状态	
三、解散车列	1. 准备进路	(1)核对计划	驼峰值班员	a)车列压上接近表示后,与有关人员核对计划,布置峰尾防溜人员(未设峰尾防溜人员时除外)及重点注意事项	根据作业要求确定储存自动进路或半自动进路或办理手动进路的作业方法
		(2-1)储存自动进路	驼峰值班员	b)将道岔手柄置于中间位置 c)按下自动按钮,确认自动表示灯点亮 d)根据计划销钩序,正确排储存进路命令 e)按压进路检查按钮,逐钩检查储存进路 f)按计划销钩序与有关人员核对	—
		(2-2)储存半自动进路	驼峰值班员 驼峰作业员	b)将道岔手柄置于中间位置 c)按下半自动按钮,确认半自动表示灯点亮 d)按下第一钩序股道储存按钮,正确排储存进路命令	—

续上表

作业程序			岗位作业		事项要求
程序	项目	内容	作业人员	技术要求	
	1. 准备进路	(2~3)办理手动进路	驼峰作业员	b) 根据驼峰值班员指示,将道岔手柄置于计划第一钩序进路所需位置 c) 确认道岔手柄位置正确后,向驼峰值班员汇报	根据作业要求确定储存自动进路、半自动进路或办理手动进路的作业方法
	2. 开放信号	开放信号	驼峰值班员	a) 确认计划正确,进路准备妥当 b) 开放驼峰主体信号,指示司机推峰	一
三、解散车列	3. 分解车列	(1) 指挥推峰	驼峰值班员	a) 根据调速显示器和进路显示器的显示内容,以及停留车位置、气候条件、难易行线、车组去向及大小、空重、车组间隔走行性能、车组上作业等情况,正确提钩和调速推峰 b) 注意提钩信号,掌握好推峰速度 c) 根据车组溜放情况和有关人员报告,及时向有关人员发出指令;遇危及安全的紧急情况,应立即关闭驼峰信号,先停车后处理,未得到有关人员处理完了的回示,不允许开放信号	其他需要注意的事项由车站自定;本标准所称"长轴距车"是指四轴车中三轴距超过企业规定的允许三轴距自动溜放的三轴距长度的车辆
		(2) 监督推峰	调长	d) 监视驼峰信号机的显示,监督司机按信号显示准确掌握推峰速度 e) 按调车作业计划准确掌握提钩时机,正确提钩,做到一确认(信号显示、摘钩车数、大组车摘钩车向、推峰速度、车组走行)二确认(制动软管时机,不错不漏)三提钩(掌握提钩时机,未及时应立即提钩)	
		(3) 提钩作业	连结员	f) 遇有提钩车号不符,危及安全时,应立即关闭驼峰信号,处理不了时,应停车处理 g) 遇有漏摘制动软管或没有拔出防跳插销,使用提钩摘管器进行摘管、提钩,处理不了时,应停车处理	
		(4) 进路处理	驼峰值班员	h) 使用自动储存进路,在溜放过程中,需要拆分、合并,取消以及变更计划重排进路时,严格按照系统操作说明书进行相关操作 i) 使用半自动储存进路,根据计划储存进路命令 j) 办理手动进路,根据计划钩序,确认前钩车已出清分歧道轨道电路后,逐钩操纵道岔手柄	
	4. 制动作业	减速器制动	驼峰作业员	a) 按规定使用间隔制动减速器,随时按钮确认缓解状态 b) 根据溜放车组大小、空重、停留车位置、气候条件等情况,正确溜放车组间隔距离 c) 按规定好出口速度 d) 发现车辆失控、速停、堵门、设备故障等情况,及时报告驼峰值班员,危及安全立即按下切断信号按钮,关闭驼峰信号,停车处理	需人力制动机制动时,按有关规定执行

续上表

作业程序			岗位作业		事项要求
程序	项目	内容	作业人员	技术要求	
三、解散车列	5. 禁溜线送车	(1) 指挥送车	驼峰值班员	a) 根据调车作业计划和连结员的报告，掌握作业进度，及时关闭驼峰信号，停止推峰 b) 机车车辆停妥后，开通禁溜线的道岔，开放信号，待车辆送入禁溜线后，关闭信号 c) 提前检查确认禁溜线线路及车辆。确认信号开放，指挥机车向禁溜线送车 d) 对送入禁溜线的车辆，先防溜后提钩	—
		(2) 联系返峰	调车长 连结员	e) 确认送车完了，开放信号，继续解散作业	—
四、下峰作业	1. 准备进路	(1) 下峰联系	驼峰值班员	a) 根据计划或作业需要，向有关人员布置下峰作业计划 b) 按下手动按钮，正确排列手动进路	—
		(2) 准备进路	驼峰值班员	c) 输入整理开始命令，确认减速器已缓解，进路信号正确	
	2. 下峰作业	(1) 检查线路	连结员 制动员	a) 提前检查线路，停留车辆，调整减速器，调整好钩位。当调车长确认停留车位置有困难时，应派人确认停留车辆距信号机（警冲标）不足30m时，应采取安全措施	—
		(2) 指示下峰	调车长	b) 确认下峰信号，向司机显示起动信号，指挥机车下峰	
		(3) 连送车辆	调车长 连结员 制动员	c) 推送车列下峰时，在车列前部瞭望，正确及时显示信号 d) 单机挂车时，接近车列下车，向司机显示连结信号，指挥机车挂车 e) 推进挂车时，车列前部应有人瞭望，应确认连挂车连接正常，车组同隔超过十、五、三车距离信号 f) 连续连挂拉，未端车辆距信号机（警冲标）不足30m时，应顿钩或减速，确认停留车辆距信号机（警冲标）不足30m时，应采取安全措施	
		(4) 确认摘车	调车长	g) 将车列送到适当地点停车，确认连结员"好了"信号，向司机显示起动信号	
	3. 返峰作业	(1) 检查线路	驼峰值班员	a) 确认返峰进路空闲，正确排列进路	—
		(2) 准备进路	驼峰值班员	b) 确认进路表示灯光正确，开放调车信号，机车带车需越过推峰线进入到达场道岔区时，应得到到达场值班员同意后，开放驼峰后退信号	
		(3) 返峰停车	驼峰值班员	c) 确认机车车辆越过驼峰信号后，关闭驼峰后退信号	

【任务实施】

工作任务五　学习任务单

班级：_____　　姓名：_____　　学号：_____　　日期：_____

知识认知	1. 半自动化驼峰有什么特点？ 2. 半自动化驼峰系统由哪些设备组成？ 3. 驼峰作业员是如何通过出口速度 $V_{定}$ 和实际溜放速度 $V_{雷}$ 的比较，来调节减速器的？ 4. 简述半自动化驼峰作业准备进路过程。 5. 半自动化驼峰对峰下分路道岔的控制可以分为哪几种？
能力训练	按照【案例引入】中作业条件，以小组为单位，结合有关规定，按照半自动化驼峰作业程序及技术要求完成相应作业演练

【任务评价】

评价指标	组长评价	自我评价	教师评价
1. 知识学习效果			
2. 技能目标达成度			
3. 素质提升效果			
本模块最终评价			
个人总结及反思			

典型工作任务六
自动化驼峰作业

【任务描述】

　　了解自动化驼峰设备组成,掌握目的制动的调速方式及选择,了解 TW-2 型驼峰设备组成与功能,了解自动化驼峰溜放作业异常情况处理方法,常见能够按照半自动化驼峰作业程序及技术要求完成相应作业。

【任务引入】

　　某站为编组站,车场配置为三级六场,车站设有 TW-2 自动化驼峰,两条推送线,峰下设有车辆减速器、减速顶对车辆实施制动。根据如图 3-19 所示的调车作业计划,利用自动化驼峰系统,选择合适目的制动的调速方式,对待解车列进行分解,完成自动化驼峰作业,实现全过程自动化解散车辆。

勾序	场别	股道	方式	辆数	状态	注
301		7	—	3	Z	
003		31	—	1	K	空1
004		30	—	2	Z	
005		13	—	7	K	空761
006		31	—	4	K	空4
007		7	—	1	K	空1
008		31	—	1	K	空1
009		7	—	1	K	空1
010		31	—	1	K	空162
011		30	—	3	Z	
012		20	—	1	Z	
013		31	—	3	K	空3
014		8	—	2	Z	
015		18	—	2	K	空260
016		31	—	2	K	空2
017		18	—	4	K	空油4
018		13	—	10	K	空106
302		20	X	7	Z	禁机保
019						
020						
021						
022						
023						

图 3-19　调车作业计划

【任务准备】

思考问题　自动化驼峰解体能力与哪些因素有关?

_____

_____

_____

【任务分组】

建议学习者组建学习小组,制订学习计划,共同完成相关任务。

姓名	学号	分工	备注	学习计划
			组长	

【任务学习】

自动化驼峰调车,就是驼峰解散车列作业的全过程实现自动化,是实现编组站作业自动化的核心。目前我国自动化驼峰主要特点体现为:现在车管理系统与速度控制系统实现交互;进路输入有多种方式;调车信息存储量增大;操作、显示和语言提示采用多媒体方式;控制系统的可靠性加大,功能增多,人机交互更方便;在调速方面大多采用点连式,全面甩掉铁鞋;尾部防溜有更多可靠的设备等。

一、自动化驼峰的主要设备

驼峰调车自动化的主要内容包括驼峰机车推峰作业自动化、驼峰溜放进路控制自动化和车组溜行速度控制自动化。这些驼峰调车自动化功能,除必须具有合理的平、纵断面的驼峰咽喉区和编组场线路设备外,还必须有以下辅助设备。

1. 驼峰机车推峰速度自动控制设备

自动化驼峰调车机车的推峰速度通过无线电遥控装置进行自动控制。推峰速度的大小由电子计算机根据车组大小、排列顺序、走行性能、溜入股道以及溜行距离等因素,计算出每个车组从驼峰下溜的初速度并通过无线电发射机传输给驼峰调车机车。机车上无线电台接收到信息后,通过速度自动控制系统控制机车的推峰速度。

驼峰调车长和调车机车司机可通过监督设备,随时确认和监视作业过程和实际完成的情况。遇有特殊情况时,可从控制台上直接控制调车机车推峰速度。

2. 车辆溜放进路自动控制设备

驼峰车辆溜放进路自动控制是驼峰解体作业过程的重要环节,也是驼峰自动化的基础设备之一。国内外绝大多数驼峰均采用道岔自动集中方式来实现溜放进路的自动控制。道岔自动集中设备包括控制信号设备和控制道岔设备两部分。当驼峰各分路道岔装设有自动选路设备时,才称为道岔自动集中。

溜放进路自动控制系统从现在车信息及数据管理自动化系统调入解体车列的调车作业计划后,驼峰调车长只要在键盘上输入解体车次或解体股道,该车列的解体调车作业计划自动调入溜放进路控制机存储,从而按顺序自动转换溜放进路上的道岔。通过安装在道岔前的车辆计轴器,核对溜经道岔的车数,发现提钩错误或追尾时,能自动纠正后续车组的溜放进路,报警装置同时报警,并做好记录,便于返钩时查找。

3. 车辆溜放速度自动控制系统

车辆溜放速度自动控制系统是由控制计算机根据调车作业计划、车组、走行性能、溜放线条件、停留车距离、车组间隔、车组重量、气象条件等因素计算出各制动位所需要的出口速度,自动输出指令控制系统调速设备,使溜放车组的速度符合系统要求,最终达到安全连挂。车辆溜放速度自动控制系统是驼峰自动化的核心,主要包括调速工具和控制系统两大部分。

（1）调速工具按其功能的不同,可分为以下三类。

① 只能起减速作用的调速工具,如车辆减速器和减速顶;

② 只能起加速作用的调速工具,如钢索牵引推送装置和牵引小车;

③ 既能减速又能加速的调速工具,如加减速顶和直线牵引电机加减速小车等。

（2）车辆溜放速度自动控制系统主要由测速、测重、测长、测阻及测风设备组成。

二、自动化驼峰目的制动调速方式及选择

目前,铁路驼峰自动化的调速方式不尽相同,主要是在解决目的制动方式上不同。现有的自动化驼峰头部咽喉区,一般都采用车辆减速器方案,即在咽喉区设置一个或两个车辆减速器制动位。至于调车场内的目的制动,则根据铁路的驼峰运营条件和科学技术水平,采用各种不同的调速方式。

1. 目的制动的调速方式

（1）全车辆减速器方式（又称为点式或"打靶式"）。这种调速方式的特点是在每股调车线上设置1~2组车辆减速器,用于对入线后的车组进行目的制动。如图3-20所示驼峰溜放速度自动控制方式采用了四个车辆减速器制动位,其中第Ⅰ、Ⅱ制动位以间隔制动为主,第Ⅲ、Ⅳ制动位为目的制动。

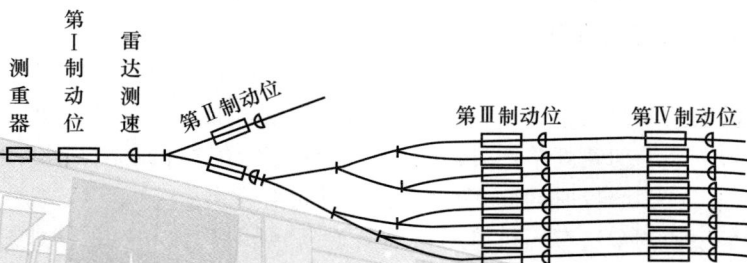

图3-20　全车辆减速器控制方式示意图

点式控制方案的优点是能提高推峰速度和溜放速度,作业效率较高;车辆减速器对驼峰

调车机车下峰整理和峰尾调车机牵出车列的速度没有限制。缺点是需要一套自动控制、测量、计算设备,投资较大;控制范围受到一定限制,当控制范围较大时,安全连挂率较低;对新型钢板车(如 C_{64}、P_{64}、油轮货车、大轮货车、薄轮货车)的制动力衰减较大,影响作业效果和作业安全,需采取人工防护。

(2)全减速顶方式(又称连续式调速方案)。连续式调速方案的特点是调车场内不装设车辆减速器,用密集装设的减速顶代替车辆减速器。国外铁路还采用加减速顶或加减速小车等调速工具的连续方案。全减速顶的控制方式如图 3-21 所示。

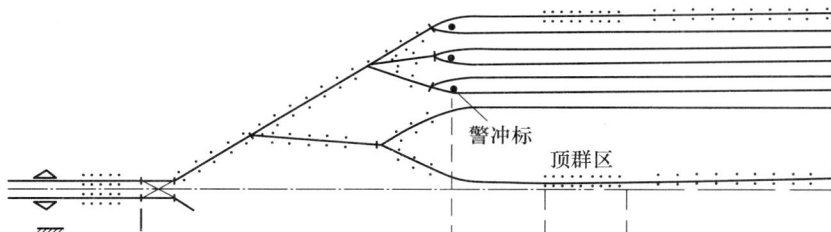

图 3-21　全减速顶控制方式示意图

连续式调速方案的优点是安全连挂率高,克服了对新型钢板车(如 C64、P64、油轮货车、大轮货车、薄轮货车等车型)制动力衰减的不安全因素;调速系统设备单一,便于保养维修,稳定可靠;不需外部能源;投资、运营费用比点式少。缺点是推送解体速度较低,对机车车辆的轮缘磨耗较大。

(3)车辆减速器——减速顶方式(又称点连式)。这种控制方式的特点是驼峰溜放部分仍采用车辆减速器控制,而调车场内装设车辆减速器和减速顶或牵引小车,目的制动采用点连式控制方式,如图 3-22 所示。

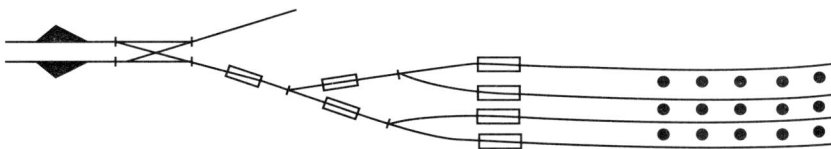

图 3-22　点连式控制方式示意图

点连式发挥了点式与连续式两种调速系统的优点,又弥补了各自的不足,解体能力增大。缺点是系统设备品类多,管理与维修不便;车辆减速器对新型钢板车 C_{64}、P_{64},油轮货车、大轮货车、薄轮货车的制动力衰减较大,速控误差大。

2. 驼峰自动化调速方式的选择

选择驼峰自动化调速方式受到各种条件(统称为驼峰运营条件)的影响和限制,其中最主要包括有以下几个方面。

(1)驼峰溜放难行车和易行车的阻力差别。它们之间的阻力差别小,驼峰溜放速度就比较容易实现自动控制。

(2)车辆互相连挂(碰撞)的容许速度。溜行车组与原停留车安全连挂的容许速度越大,驼峰溜放的安全连挂率就越高。

(3)调车线长度(即自动控制的范围)。对自动化驼峰来说,调车线越短、目的制动控制范围越小,就越容易实现钩钩安全连挂。

（4）驼峰高度。驼峰越高,溜放速度越高,要求具有的制动能力也越大;反之,可采用制动能力较小的或既能加速又能减速的调速工具。

三、TW-2型组态式驼峰自动控制系统简介

目前,我国自动化驼峰技术逐渐完善,对车辆溜放速度控制方式的选择也不尽相同。基于我国车辆、技术设备等多方面的考虑,点连式控制方式比较适合我国铁路编组站驼峰运营条件。下面介绍该方案的典型代表TW-2型组态式驼峰自动化系统。

1. 设备概况

TW-2型组态式驼峰自动控制系统是用于驼峰进路及调速自动控制的控制装置,由控制微机、雷达、车辆减速器、转辙机、信号机、轨道电路、操作工作站及报警打印机等环节组成,实现以自动、半自动、手动相结合的控制模式。

2. 系统功能

（1）办理与到发场的场间联系。

（2）办理峰上及峰下机车走行进路的联锁。

（3）调车作业计划的自动接收或人工输入及计划的临时改变,按作业需要顺序调用计划。

（4）调用计划同时建立推送进路,自动或人工控制驼峰信号机。

（5）自动按计划执行包括溜放进路、上下峰进路、禁溜及迂回进路等内容的作业要求。

（6）自动控制间隔制动位车辆减速器（Ⅰ、Ⅱ部位）,调整钩车间隔及保障Ⅱ部位车辆减速器入口速度。

（7）自动控制目的制动位车辆减速器（Ⅱ部位）,调整钩车速度与股道内的停留车安全连挂。

（8）办理股道满线封锁及编发线发车锁闭。

3. 系统控制设备

在控制台室设有多台功能各异的终端和手动应急控制盘,其典型的布置如图3-23所示。

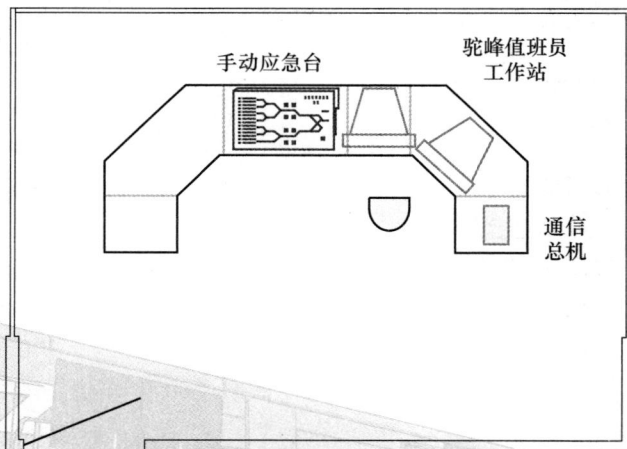

图3-23 典型的驼峰控制台室内设备布置示意图

系统控制设备及其基本作用的内容如下。

（1）调车长工作站。调车长工作站供驼峰调车长使用,以表格形式处理调车作业计划。以图形方式显示全场设备状态,并用鼠标或轨迹球办理调车进路或设备单操等作业。根据站场规模选择单屏或双屏显示。

（2）调速工作站。调速工作站供驼峰作业员使用,以图形方式显示有关车辆减速器的信息,可进行半自动定速等操作。

（3）区长工作站。区长工作站供位于控制台室的区长使用,用于监督前台的溜放过程,进行报警查询等操作。

（4）手动盘。手动盘供应急手动和维修试验用,可对道岔及车辆减速器进行单操。

四、自动化驼峰溜放作业异常情况处理

1. "钓鱼"处理

解体过程中若提钩不及时,过了可提钩的范围,需将整个车组回牵至峰顶,"回牵"过程称为"钓鱼"。由于车辆跟踪已经启动,"命令"已经下传,溜放中反向回牵需要系统识别,实现"命令"回传。在"钓鱼"时不需任何办理,系统自动调整命令,但有钓鱼报警提示。注意:"钓鱼"回牵后的分钩地点必须在驼峰信号机之后,避免"峰下摘钩"。

2. "峰下摘钩"处理

峰下摘钩与"钓鱼"逻辑类似,不同之处是峰下摘钩不回牵,就地分钩,分钩地点在第一分路道岔以下,或者分钩后,剩余部分尾随已摘开的钩车压入了第一分路道岔,此时系统将已摘开的钩车正确选路至股道,同时伴有"峰下摘钩"报警,并提示"必须将车牵出一分路"。注意:"峰下摘钩"后必须按提示指挥剩余车列全部退回峰顶,才能继续溜放,否则将使后续溜放发生错误。

3. "追钩"处理

除第一分路道岔外的区段发生追钩,计算机均能自动处理并报警,此时操作员应注意,追钩车已尾随被追钩车错入异线。若车组在第一分路道岔上发生追钩现象,系统无法将其与"摘错钩"区别开,必须暂停溜放,人工介入改动计划,再继续溜放。

4. "途停"处理

如果在溜放过程中,钩车在分路道岔区段(不含第一分路道岔区段)、警冲标区段或分路道岔间的区段上发生意外停车,或速度低于8km/h,系统报警并自动切断驼峰信号,同时为了防止侧冲,将刚出清的道岔锁闭在导致顺钩的位置,锁闭时间保持60秒,操作员在来得及的情况下应对已经摘开钩,通往该方向的钩车进一步采取"进路防护(在较上级的道岔紧急强迫改道)"和(或)"速度防护(利用第Ⅰ、Ⅱ制动位减速器大幅度手动减速)"人工介入处理,防止或减少损失。之后可以采取在当前钩前插入机车上下峰钩的办法推顶途停车。

5. "满线"处理

如果在溜放过程中,钩车在第Ⅲ制动位减速器上停车,或在第Ⅲ制动位减速器前停车(已经离开警冲标区段)或速度低于8km/h,系统报警"减速器上途停"或"减速器前途停"同时自动封锁该股道,使后续可能进入该股道的钩车强迫改道。之后,采取办理"清除残留"或"股道解锁"恢复该股道允许办理下峰整理。本功能将限制满线时继续下车的作业,可以根据车站书面要求禁止此功能。

在车站要求禁止此功能的站场,操作员在来得及的情况下应对已经摘开钩,通往满线股

道的钩车进一步采取"进路防护（在末级分路道岔紧急强迫改道）"和（或）"速度防护（利用第Ⅱ制动位减速器大幅度手动减速）"人工介入处理，防止或减少损失。确实需要在满线后再进车，可采取拧手闸调速或第Ⅱ制动位手动目的调速，否则，应人工及时封锁该股道，防止误溜入满线股道。

6. "堵门"处理

如果在溜放过程中，钩车在警冲标区段停车或由于钩车倒溜或尾部调车意外侵入警冲标区段，系统将发出"堵门"报警并自动切断驼峰信号，同时为了防止侧冲，将对应的末级分路道岔始终锁闭在导致顺勾的位置，直至该股道警冲标区段出清。堵门后操作员在来得及的情况下应对已经摘开勾、通往该股道或该股道邻线方向的勾车进一步采取"进路防护（在较上级的道岔紧急强迫改道）"和（或）"速度防护（利用第Ⅱ制动位减速器大幅度手动减速）"人工介入处理，防止或减少损失。之后，可以采取办理机车下峰的方法推顶堵门车。

7. "道岔恢复"处理

在溜放过程中，如果分路道岔在接收到改变方向的传递命令而启动，但转换过程中受阻，不能到位，道岔在延时一定时间（电动道岔 1.2~1.4s、风动道岔 1.0~1.2s）后仍不到位，系统将自动发出一个"往回转"的指令。返回原位后系统将该道岔锁闭（在图形窗道岔岔心处用红色实心圆表示），防止新的转换尝试，同时系统发出报警并切断驼峰信号。只有在操作人员确认该道岔没有后续钩车命令时对该道岔办理"道岔恢复"才能解锁。第一分路道岔发生道岔恢复，只能先办理"溜放暂停"，后办理道岔恢复解锁。

五、自动化驼峰作业程序及技术要求

铁路调车自动化驼峰作业程序应符合图 3-24 的规定。

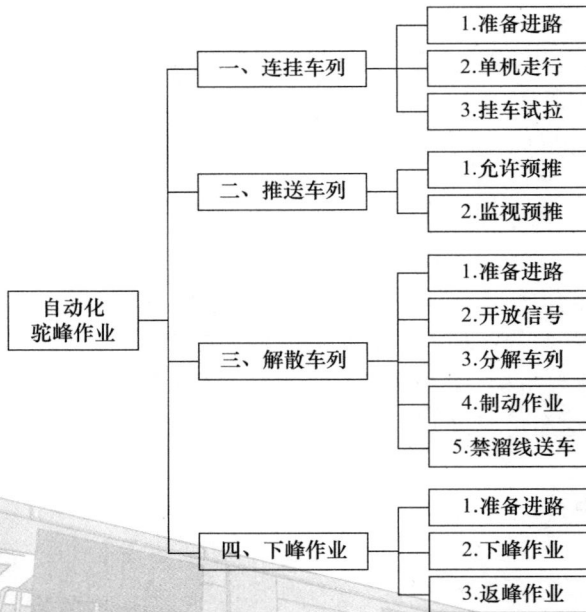

图 3-24　铁路调车自动化驼峰作业程序图

铁路调车自动化驼峰作业应符合表 3-7 的规定。

铁路调车自动化驼峰作业表

表3-7

程序	项目	内容	作业人员	技术要求（岗位作业）	事项要求
一、连挂车列	1. 准备进路	（1）联系经路	驼峰值班员	a）根据计划要求，与有关车站值班员联系车辆股道、车次及经路	设有两条及以上推峰线的车站应讲明推峰线级别（能从设备上确认的，联系办法由企业规定）
		（2）准备进路	信号员	b）根据计划或车站值班员指示，正确排列进路，开放信号	—
	2. 单机走行	（1）指示动车	调车长	a）向司机显示起动信号	—
		（2）单机返岔	信号员	b）确认机车动态，正确排列车进路，开放信号	
	3. 挂车试拉	（1）确认车列	连结员	a）跟随机车至解体车列前（设固定人员时例外）	—
		（2）指挥挂车	调车长	b）接近车列，确认具备挂车条件，显示连结信号，指挥机车连挂	
			调车长	c）与连结员联系，待到回示信号后，向司机显示"好了"信号	
			连结员	d）确认车列全部起动，向调车长回示"好了"信号	
		（3）联系试拉	调车长	e）确认连结员回示"好了"信号，向车站值班员显示停车信号	
二、推送车列	1. 允许预推		信号员	a）确认机车进入推车股道，准备预推	—
			车站值班员	b）联系驼峰值班员，报告车站值班员	
			驼峰值班员	c）确认具备预推条件，按下允许预推按钮	
		（2）开放信号	信号员	d）确认允许预推表示灯亮，排列预推进路，开放驼峰辅助信号	
			调车长	e）确认驼峰辅助信号开放，向司机显示起动信号	
	2. 监视预推	监视预推	驼峰值班员	a）从设备上监视预推，发现异常及时处理	
			调车长 连结员	b）确认驼峰辅助信号显示状态	
三、解散车列	1. 准备进路	（1）输入计划	驼峰值班员	a）通过计算机终端输入调车作业通知单至驼峰自动控制系统并储存	车站运营管理信息系统与驼峰自动控制系统联机时，调车作业通知单可自动导入，具体由企业规定
		（2）核对计划	驼峰值班员	b）调出储存的调车作业通知单并进行核对和修正	—
				c）车列压上接近表示后，核对计划	
				d）布置峰尾防溜（未设峰尾防溜人员的除外）及重点注意事项	
		（3）办理自动进路	驼峰值班员	e）应及时放开作业需要或设备故障封锁的股道	—
				f）将各溜放进路上的道岔位置于自动位置（放封锁的道岔除外），将与过道有关的道岔位置确认于安全位置	
				g）确认进路显示器、调速显示器、调车控制台设备表示正常	

续上表

程序	作业程序		作业人员	岗位作业	事项要求
	项目	内容		技术要求	
三、解散车列	2. 开放信号	开放信号	驼峰值班员	a) 通知各作业点准备作业，输入溜放开始命令 b) 操作和确认设备进入溜放自动控制状态，开放驼峰信号，司机按驼峰信号显示推峰	—
	3. 分解车列	(1) 指挥推峰	驼峰值班员	a) 根据调速显示器上报警栏和进路显示器的显示内容，以及停留车位置、气候条件、难易行线、车组去向及大小空重、车组走行性能、峰上作业等情况，正确及时操纵驼峰调速制动情况 b) 注意提钩和调速制动情况 c) 根据车组溜放情况和有关人员报告，及时向有关人员发出指令，遇有危安全的紧急情况，应立即开关驼峰信号，允许车后处理，未得到有关人员处理了的回示，不允许开放信号	其他需要注意的事项由车站自定。本标准所称"长轴距车"是指四轴车中三轴距超过企业规定的允许自动溜放的三轴距长度的车辆
		(2) 监视推峰	调车长	d) 监视驼峰信号的显示，监督司机按驼峰信号显示准确掌握推峰速度	
		(3) 提钩作业	连结员	e) 按调车作业计划准确掌握提钩车号，无命令、多命令、错命令时处理（信号显示、摘钩车数、大组车摘钩时，正确操作提钩软钩机，提钩走行）二检查（掌握提钩软钩、抱闸车）三提钩（掌握提钩杆不符，危及安全时，应立即报告驼峰值班员，来不及时应迅速按下切断信号再行报告 g) 遇有漏摘制动软管或没有拔出防跳插销，钩链不良的车辆，使用提钩摘管	
		(4) 进路处理	驼峰值班员 驼峰作业员	h) 当发现进路显示出现差错，无命令、多命令时应作相应处理，遇设备异常或处理不了时，应停车处理 i) 解体过程中，根据三部位未执行的计划进行修改 j) 当车辆在三部位减速器上或三部位转换进路，不能转换到位，应注意监视并采取安全措施 k) 遇道岔在转换过程中受阻，难易行线、出口速度；当溜放车组出现危及安全情况时，应立即按下切断信号按钮，关闭驼峰信号 l) 当出现报警时，减速器处于自动控制状态，应按规定正确使用	
	4. 制动作业	减速器制动	驼峰值班员 驼峰作业员	a) 自动溜放时，减速器处于自动控制状态，应按规定正确使用 b) 根据停留车位置、进路显示器、调速显示器上的各种显示状态，设备故障等情况，及时报告驼峰值班员 c) 解体车组走行状态，发现车组走停、途停、堵门，设备故障及安全隐患时，及时报告驼峰值班员，危及安全时应立即按下切断信号按钮，关闭驼峰信号	—

续上表

程序	作业程序		作业人员	岗位作业	事项要求
	项目	内容		技术要求	
三、解散车列	5. 禁溜线送车	（1）指挥送车	驼峰值班员	a) 根据调车作业计划和连结员的报告，掌握作业进度，及时关闭驼峰信号，停止推峰 b) 机车车辆停妥后，开通禁溜线的道岔，开放信号，待车辆送入禁溜线后，关闭信号	—
			调车长 连结员 制动员	c) 提前检查确认禁溜线线路及车辆；确认信号开放，指挥机车向禁溜线送车 d) 对送入禁溜线的车辆，先防溜后提钩	
		（2）联系返峰	驼峰值班员	e) 确认送车完了，开放返峰信号，继续解散作业	
四、下峰作业	1. 准备进路	（1）下峰联系	驼峰值班员	a) 根据计划或作业需要，向有关人员布置下峰作业计划	—
		（2）准备进路	驼峰值班员	b) 输入减速器命令，确认减速器已缓解，进路信号正确	
	2. 下峰作业	（1）检查线路	连结员 制动员	a) 提前检查线路，停留车位置，调整好钩位。当调车长确认停留车位置有困难时，应派人停留车位置。未确认车辆距信号机（警冲标）不足 30m 时，应采取安全措施	
		（2）指示下峰	调车长	b) 确认下峰信号，向司机显示起动信号，指挥机车下峰	
			连结员 制动员	c) 推送车列下峰时，在车列前部瞭望，正确及时显示信号	
		（3）连挂车辆	调车长	d) 单机挂车时，接近车列下车，向司机显示连结信号，指挥机车挂车	
			调车长 连结员 制动员	e) 推进挂车时，车列前部应有人瞭望，不停车连挂，应确认车辆连挂，正确显示十、五、三车距信号 f) 连续连挂时，可不停车连挂，应确认连挂超过 10 车，车组间隔超过 10 车时，应采取措施	
				钩或试拉。未确认车辆距信号机（警冲标）不足 30m 时，应采取安全措施	
		（4）确认摘车	调车长	g) 将车列送到适当地点停车，确认连结员"好了"信号后，向司机显示起动信号	
	3. 返峰作业	（1）准备进路	驼峰值班员	a) 确认返峰进路空闲，正确排列进路	—
		（2）开放信号	驼峰值班员	b) 确认进路表示灯正确，开放返峰信号，机车带车需通过推峰线进入到达场道岔区时，应得到达场车站值班员同意，开放驼峰后退信号	
		（3）返峰停车	驼峰值班员	c) 确认车辆感过驼峰感应后退信号后，关闭驼峰后退信号	

【任务实施】

工作任务六　学习任务单

班级：_____　　姓名：_____　　学号：_____　　日期：_____

知识认知	1. 驼峰调车自动化的主要内容包括哪些内容？ 2. 自动化驼峰目的制动调速方式有哪些？ 3. 如何选择驼峰自动化的调速方式？ 4. TW-2型组态式驼峰自动控制系统有哪些功能？
能力训练	按照【案例引入】中作业条件，以小组为单位，结合有关规定，按照自动化驼峰作业程序及技术要求完成相应作业演练

【任务评价】

评价指标	组长评价	自我评价	教师评价
1. 知识学习效果			
2. 技能目标达成度			
3. 素质提升效果			
本模块最终评价			
个人总结及反思			

【思政小课堂】

我与"一带一路"共成长

2023 年 4 月 11 日上午,一趟载着光伏、家电等货物的中欧班列从西安国际港站驶出,目的地德国汉堡杜伊斯堡。为了确保这趟班列安全顺利开行,西安国际港站运转车间调度员李沛严格盯控、科学计划,全身心护航班列高效编组开出。

"10 年前第一趟国际班列从这里开出时,我担当调车任务。当得知这趟车是开出国门的列车,我既骄傲又激动,提前做了充分的准备。"回忆起当时发车的场景,李沛记忆犹新。

2013 年 11 月 28 日,载着石油钻井设备的国际班列从西安驶出,经亚欧大陆桥通道进入哈萨克斯坦。往昔的驼铃古道上,"钢铁驼队"载着物资一路向西,用以支持亚欧国家建设发展。10 年来,从西安开出的中欧班列规模持续扩大,通达辐射范围越来越广,现已联通 20 多个国内城市、40 多个"一带一路"沿线国家和地区。

这是新时代的非凡十年,也是李沛人生中突飞猛进的十年。从制动员、连结员、调车长到值班站长,李沛岗位成长中的每一步足迹,都成为奋斗者致以"钢铁丝路"的最美献礼。"见证'一带一路'繁荣发展,亲历中欧班列日益壮大,我也在一步步提升。"李沛直言,"赶上了好时代,可以说,我与'一带一路'共成长。"

2022 年,李沛登上《中国梦·祖国颂——2022 国庆特别节目》的舞台,用自己生动的奋斗实践,向亿万观众报捷新时代十年中欧班列的喜人成绩。

如今,中欧班列已成为铁路服务高质量共建"一带一路"的亮丽名片,李沛也走上车站调度员岗位,成为推动中欧班列安全、高效、稳定开行的"幕后工作者"。他还将自己的经验言传身教给年轻人,为"钢铁驼队"培养更多高技能人才。"师傅要求特别严、标准特别高,差一点也不行。"正是在严师李沛的鞭策下,徒弟邹远迅速成长为业务骨干,在西安西站调车技能竞赛中获得全能项目第一名。

李沛说,"2013 年国际班列每周开行两三列,现在每天有 10 至 15 列。"作业强度提升的背后是中欧班列(西安)的亮眼数据——2018 年开行量突破 1 000 列,2020 年突破 3 000 列,2022 年突破 4 600 列,开行量、重箱率等核心指标近年来稳居全国前列。

"随着货场改造以及数字化信息化水平进一步提升,车站日均到发车辆数量还将再增加。"谈及未来,李沛信心满满且坚定执着,"这份职业成就了我,我将继续坚守在这里,成长为更好的自己。"

(摘编自《人民铁道报》)

项目四

调车技能训练

【项目描述】

《技规》第 290 条规定,调车作业必须做好下列准备。

(1) 提前排风、摘管,核对计划,确认进路,检查线路、道岔(集中联锁区除外)、停留车及车辆防溜等情况。

(2) 人力制动机的选闸、试闸,系好安全带。

(3) 准备足够的良好制动铁鞋和防溜器具。

(4) 无线调车灯显设备试验良好。

根据《技规》要求,本项目主要介绍调车作业过程中所需的基本技能,主要包括掌握手信号的显示要求、无线灯显设备的使用办法、人力制动机的制动过程及方法,上下车的动作要领及注意事项,正确观速、观距的技巧,铁鞋制动及静止上鞋的方法及注意事项,调车作业计划的编制依据及编制方法,对调车作业的各项技能进行系统训练,掌握必备技能,为后续调车作业训练奠定基础。

【知识目标】

(1) 掌握调车手信号的显示含义及显示要求。

(2) 掌握调车音响信号的显示含义及显示要求。

(3) 掌握无线调车灯显设备的使用方法。

(4) 掌握人力制动机制动原理、制动过程及制动方法。

(5) 掌握上下车动作要领及注意事项。

(6) 能够掌握观速观距的方法。

(7) 掌握铁鞋制动的方法。

(8) 掌握静止上鞋的方法及注意事项。

(9) 掌握调车作业计划的编制依据和编制方法。

【技能目标】

(1) 能够使用调车信号旗熟练显示调车手信号。

(2) 能够正确使用调车音响信号。

(3) 会正确使用无线调车灯显设备。

(4) 掌握人力制动机制动方法。

(5) 掌握上下车动作要领及方法。

（6）能够正确观速、观距。

（7）掌握铁鞋制动方法。

（8）能够熟练静止安置铁鞋（以下简称"上鞋"）。

（9）能够选择适当的暂合列，会编制调车作业计划。

⚙ 【素质目标】

养成"安全第一"的作业意识，培养吃苦耐劳、爱岗敬业的品质，发扬团结协作、互相帮助、精益求精的精神。

典型工作任务一
调车工作中设备的使用

【任务描述】

　　调车作业时,调车人员必须正确及时地显示信号,正确使用劳动保护用品做好安全防护;调车作业采用无线调车灯显设备,调车作业前无线调车灯显设备应试验良好。调车灯显正常时,调车作业停用手信号,对灯显以外的作业指令采用通话方式。同时应在指定地点放置备用的手信号旗(灯),以便在调车长电台或机车控制器发生故障时,改用手信号指挥作业。如调车组人员间电台通话功能良好时,作业中仍可使用电台相互联系,但调车长须改用手信号方式指挥司机。在天气不良情况下,无线调车灯显设备发生故障且又无法确认手信号联系作业时,调车作业人员方能使用听觉信号作业。

【任务准备】

　　思考问题 1　调车作业过程中,何种情况下使用安全带?

_____

_____

　　思考问题 2　调车作业过程中,在什么情况下使用无线调车灯显设备?

_____

_____

_____

【任务分组】

　　建议学习者组建学习小组,制订学习计划,共同完成相关任务。

姓名	学号	分工	备注	学习计划
			组长	

【任务学习】

一、调车人员显示信号规定

调车信号是指示列车运行及调车作业的命令,调车作业有关人员必须熟记调车信号的显示规定,并能熟练显示调车手信号和使用无线调车灯显设备,严格执行其要求。

(1)调车指挥人确认进路准备妥当或信号已开放具备动车条件后,方准向机车显示起动信号。遇天气恶劣或地处曲线推进车列瞭望困难,调车指挥人可指派连结员或胜任人员在前方瞭望或中转信号。

(2)旅客(通勤)列车、折角列车的机车在车站转向挂机车,以及解除临时停运列车的机车在站挂机车时,比照机车出入段挂机车办理,不派调车指挥人显示起动信号和连挂车辆的有关信号。

(3)在调车作业中,调车指挥人发出的动车手信号(指令)为起动信号。本务机车在站内走行不显示起动信号。调车运行中,调车人员发出停车手信号(指令)停车再起动时,应重新显示起动信号。

二、调车手信号的使用

1. 调车信号的分类

铁路信号分为视觉信号和听觉信号两大类。

(1)视觉信号是以颜色、形状、位置、显示数目和灯光状态表达的信号。如地面信号机、手信号旗(灯)及信号表示器等显示的信号。

(2)听觉信号又称音响信号,以发出不同强度、频率和时间长短的音响来表达信号的含义,如机车、轨道车鸣笛以及号角、口笛、响墩发出的音响。

调车视觉信号包括调车用信号机、调车手信号旗(灯)及调车表示器。调车用信号机有下列几种:调车色灯信号机、驼峰色灯信号机、驼峰色灯辅助信号机等。调车手信号分为停车信号、减速信号、指挥机车向显示人方向来的信号、指挥机车向显示人方向稍行移动的信号、指挥机车向显示人反方向稍行移动的信号。

2. 手信号显示规定

《调标》规定,手信号显示时,要做到位置适当,正确及时,横平竖直,灯正圈圆,角度准确,段落清晰。

3. 手信号持旗作业标准

《调标》规定,在显示手信号时,凡昼间持有手信号旗的人员,应将信号旗拢起,左手持红旗,右手持绿旗(扳道员右手持黄旗),不持信号旗的人员徒手按规定方式显示信号。调车指挥人登乘机车车辆,一手扶把手,一手显示展开的绿色信号旗时,应将拢起的红色信号旗放置于绿色信号旗对向司机方向的前面,以便能随时展开红色信号旗。

4. 调车听觉信号显示规定

《调标》规定,调车作业中使用听觉信号时,鸣示音响长声为3s,短声为1s,音响间隔为1s;重复鸣示时,应间隔5s以上。在天气不良的情况下,无线调车灯显设备发生故障且又无法确认手信号联系作业时,调车作业人员方能使用听觉信号作业。

三、安全带的使用

安全带是调车作业人员必备的劳动保护用品,除了制动员上手闸台进行作业时,应按规定使用外,在长距离调动车辆时,调车人员还可利用安全带挂钩挂在车梯上,减轻作业中体力的消耗。安全带由腰带和安全挂钩组成。

1. 安全带的使用规定

(1) 扒乘车辆侧梯时,应用手抓牢车梯,不准使用安全带。因取送专用线、货物线走行距离较长,可使用安全带,使用时作业人员身体不得侵限,且必须报站段安全科批准并制定安全措施后方可执行。

(2) 因溜放、手推调车、采取防溜等需使用人力制动机时,必须使用安全带(罐车、砂石车等有通过台的车辆及低于车钩中心水平线的人力制动机闸台上使用时除外),做到"上车先挂钩,下车先摘钩"。

(3) 安全带应扎于衣服的外面,安全挂钩不使用时,须挂在安全带上。使用人力制动机制动前和登上人力制动机制动踏板后,必须将安全挂钩挂在闸盘与闸杆固定杆之间的闸杆上。严禁将安全挂钩挂于车辆闸盘上、篷布绳索上或其他未规定的处所。

(4) 使用安全带须遵循"高挂低用"要求,确保发生意外时身体重心不致落地。

2. 使用安全带时的注意事项

(1) 检查安全带有无裂纹,安全挂钩开口是否灵活,带子有无折断现象,发现有上述缺陷的安全带应停止使用,立即更换。安全带应扎在衣服外边,安全挂钩不使用时应装入钩套内,以免被其他物体挂住。

(2) 使用手制动机制动前,必须将安全带挂钩挂在闸盘与闸杆固定杆之间的闸杆上;摘挂安全挂钩时,应抓牢站稳。

(3) 有些车是禁止使用安全带的。例如平车、砂石车、罐车等没有闸台或折叠式手闸的车辆上不得使用安全带。安全挂钩不准挂在制动手轮,也不能挂在篷布绳索上或其他禁止的处所。

四、无线调车灯显设备

《技规》第282条规定,使用机车进行调车作业时,应采用无线调车灯显设备(机车摘挂、转线等不进行车辆摘挂的作业,列车在到达线路内拉道口、直接后部摘车除外),并使用规定频率,其显示方式须符合有关要求。无线调车灯显设备应与列车运行监控装置配合使用。

无线调车灯显设备正常使用时,应停用手信号,对灯显以外的作业指令采用通话方式;无线调车灯显设备发生故障时,改用手信号作业。

无线调车灯显设备的使用、维修及管理办法由铁路局集团公司规定。

1. 无线调车灯显设备组成

1)调车区长电台

可用固定电台和车载电台,也可用与流动电台相同的袖珍电台附加一些控制、电源等辅助设备取代。调车区长电台除了可以跟调车组的所有成员通话并监听作业过程外,还可以处于"等待"状态,即关闭电台接收机的音频输出免受调车作业噪声的干扰,使调车区长能安静地处理自己的工作。但当调车长在作业中认为必要时,可以发出呼叫信号,通过调车区长电台的选呼电路呼出调车区长。

2）调车长电台

调车长电台为袖珍电台,可以跟调车组的所有成员实现双向通话,可以向调车司机发出红、绿、黄三种音频调制的色灯信号和呼叫调车区长的音频信号,并且同时监听自己所发出的音频信号。

3）调车机车电台

调车机车电台由车载电台或由袖珍电台外接机车控制器、司机操纵盒、天线和灯光显示装置组成。采用多波道电台(也可单波道使用);可以接收和显示各种调车信号和实现双向通话;可装设号筒式外接扬声器;机车电台在它可以显示的四种色灯信号中,在收到制动员紧急停车红灯信号后,可自动发出音响信号;机车电台在收到调车长和制动员这两种红灯停车信号后,均能保持显示并同时中断显示调车长的黄、绿灯信号;对于制动员发出的紧急停车红灯信号,只有制动员自己才能够解除。

4）制动员电台

制动员电台为袖珍电台(便携台),可以与调车组内的所有成员实现双向通话;可以向调车司机发出紧急停车红灯及撤除该红灯这样两种音频调制的信号;也具有同时监听自己所发上述音频信号的功能。调车计划信号无线传输系统设备组成示意图如图4-1所示。

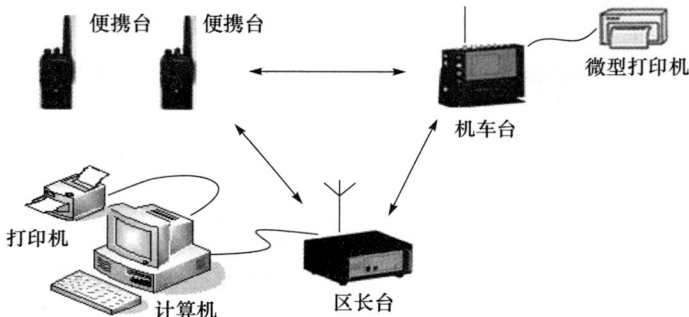

图 4-1　调车计划信号无线传输系统设备组成示意图

2. 无线调车灯显设备的使用规定

（1）无线调车灯显设备正常使用时停用手信号

使用无线调车灯显设备进行调车作业时,取消手信号显示。调车人员应正确及时发出信号指令和用语,做到用语标准、吐字清晰(作业用语由铁路局集团公司规定)。遇无线调车灯显设备故障时,应及时采用调车手信号或听觉信号作业。

（2）执行单一指挥原则

使用无线调车灯显设备指挥调车作业时,应执行单一指挥的原则,指挥机车的调车信令和用语,只能由调车长发出。当发现危及人身和行车安全时,其他调车人员应及时发出停车信号或用语,司机接收到停车信令后应立即停车,停车后有关人员要报告原因。

（3）不允许发出与调车作业无关的用语

使用无线调车灯显调车作业时,必须正确及时,信号准确,用语标准,吐字清晰,严格执行调车联控制度,不得用灯显设备讲与工作无关的事情。其他无关人员不允许使用;不允许私自变更频率;调车长不允许向连结(制动)员放权使用;调车作业人员不到位,不允许指挥动车或作业;不允许简化调车作业程序。

(4) 交接班或作业前要检查试机

灯显设备应经常处于良好状态,作业前应进行"灯显"试验,全程作业不得关机。作业前灯显设备故障时,在调车作业单上注明"灯显故障,使用手信号作业";作业中灯显设备临时故障时,应先停止调车作业。调车指挥人向调车领导人汇报,经调车领导人同意后口头通知司机和调车组,在司机的调车作业单上注明"灯显故障,使用手信号作业"后,改用手信号作业。

调车长于交接班或作业前要认真组织调车人员、司机对无线调车灯显设备检查试机。试机通话用语要求如下。

① 调车长呼调车组:"调车组试机",并依次呼叫"1号、2号等";调车长、连结(制动)员操纵灯显按键,依次试验按钮指令信号。

② 调车长呼叫司机:"(×调)司机试机"。

③ 连结(制动)员接到调车长指令后,应答:"1号好、2号好"。

④ 司机应答:"(×调)司机明白"。每次收到信令确认正确后,应答:"信号显示好"。

⑤ 调车长:全部试验完后,呼:"试机完毕"。

(5) 紧急停车按钮的使用

调车作业中,需进入车挡和车下进行摘接制动软管、调整钩位等作业前,连结(制动)员应使用无线调车灯显设备及时向调车长汇报,得到同意后按下紧急停车按钮,方可进行作业。

作业人员发现危及行车和人身安全时,应使用紧急停车按钮,及时向司机发出停车指令。作业完毕或紧急停车原因消除后,发出停车指令的人员应及时"解锁"。

(6) 车站要按规定固定使用频率和电台编号

调车长的电台编号为"0"号,连结员至制动员的电台编号从"1号"起依次编号。

(7) 不得用无线电台讲与工作无关的事情

用无线调车灯显设备指挥调车时,不得用无线电台讲与工作无关的事情;在有测机信号的状态下,除调车长外,其他人员不得进行本作业用语以外的通话联系;调车领导人在呼叫调车组时,一定要在无测机信号状态下,以免影响调车作业。

(8) 未得到司机回示应立即发出停车指令

调车长发出指令后未得到司机的回示(鸣笛),应立即发出停车指令。

(9) 其他人员不许转呼前段领车人员呼出的用语

推进或连挂车辆时对于前段领车人员呼出的用语,其他人员不许转呼。

用 BJ、DF4 等型机车担当调车作业时,也应使用平面无线调车灯显设备指挥机车作业。

由调车长控制主体信号设备的简易驼峰(主体信号与道岔无联锁)作业时,可使用无线调车灯显设备指挥调车,推峰速度语音提示:"×公里推峰",此时驼峰主体信号视为无效。具体办法由车站制定并按规定权限审批。

注意:未安装灯显设备机车控制器的机车,担当调车作业时可使用便携机车控制器。作业开始前由调车人员将便携机车控制器送上机车,安置在适当位置与列车运行监控装置连接,并试验良好后方可作业;作业完毕后由调车人员取回。在作业中需要移动、重新连接机车控制器时,由机车乘务员摘下机车控制器(含连接线)移至所需位置并重新连接。

3. 无线调车灯显设备显示规定及显示含义

(1)无线调车灯显设备显示规定

用无线调车灯显设备指挥调车作业时,由于调车长发送红、绿、黄色的无线电信号,同时在机车无线电台的信号显示器上显示相同的色灯信号,并发出语音提示,在值班室监听台及制动台操纵盒上也发出相应的语音提示。遇特殊情况,制动员可发送红色信号(红色信号冲掉调车长的黄、绿信号),司机接收到信号反映立即停车。

(2)无线调车灯显设备的显示含义

无线调车灯显信号的显示方式应符合图 4-2 的规定。

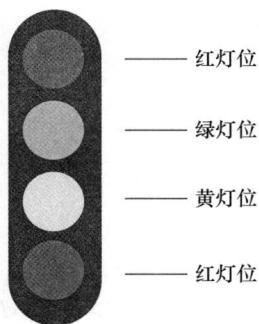

图 4-2　无线调车灯显信号的
显示方式

① 一个红灯——停车信号。

② 一个绿灯——推进信号。

③ 绿灯闪数次后熄灭——起动信号。

④ 绿、红灯交替后绿灯长亮——连结信号。

⑤ 绿、黄灯交替后绿灯长亮——溜放信号。

⑥ 黄灯闪后绿灯长亮——减速信号。

⑦ 黄灯长亮——十、五、三车距离信号。

a)十车距离信号(加辅助音提示);

b)五车距离信号(加辅助音提示);

c)三车距离信号(加辅助音提示)。

⑧ 两个红灯——紧急停车信号。

⑨ 先两个红灯后熄灭一个红灯——解锁信号。

4. 铁路平面无线调车系统调车指令

铁路平面无线调车系统调车指令如表 4-1 所示。

平面无线调车系统调车指令　　　　　　　　　　　　　　　表 4-1

操作员	按键指令	辅助语音	机车台显示
调车长	红	停车	一个红灯
	红(2s)	紧急停车	两个红灯
	绿(2s)	起动	绿灯闪数次后熄灭
	绿绿	推进	一个绿灯
	黄(1.5s)	减速	黄灯闪后绿灯长亮
	黄黄黄	十车	黄灯长亮
	黄黄绿	五车	黄灯长亮
	黄绿	三车	黄灯长亮
	黄红	解锁	先两个红灯后熄灭一个红灯
	绿红	连结	绿、红灯交替后绿灯长亮
	绿黄	溜放	绿、黄灯交替后绿灯长亮
	黄黄红	呼叫区长台	—
制动员 连结员	红	紧急停车	两个红灯
	绿	解锁	先两个红灯,后熄灭一个红灯

注:其他调车信号机联系均通过对讲联系,通话标准由各使用单位制定。

【任务实施】

工作任务一　学习任务单

班级：_____　　姓名：_____　　学号：_____　　日期：_____

知识认知	1. 调车人员显示信号有哪些规定？
	2. 手信号显示有哪些规定？
	3. 手信号持旗作业有哪些标准？
	4. 调车听觉信号显示有哪些规定？
	5. 安全带的使用有哪些规定？
	6. 使用安全带时有哪些注意事项？
	7. 无线调车灯显设备的使用有哪些规定？
	8. 无线调车灯显设备有哪些显示规定及显示含义有哪些？
	9. 无线调车灯显设备有哪些试机流程？

续上表

能力训练	调车长于交接班或作业前要认真组织调车人员、司机对无线调车灯显设备检查试机。按照试机通话用语要求,按角色分组扮演(司机、调车长、连结员、制动员)进行试机。作业细节可参考试机通话用语要求中的相关内容

【任务评价】

评价指标	组长评价	自我评价	教师评价
1. 知识学习效果			
2. 技能目标达成度			
3. 素质提升效果			
本模块最终评价			
个人总结及反思			

技能训练评分标准参考如下。

姓名	角色	作业内容	标准用语	标准操作	总评
	0 号调车长				
	1 号连结员				
	2 号制动员				
	司机				

备注:
1. 作业内容栏填记错漏细节数量,以"正"字笔画记录,每错 1 次扣 5 分;
2. 标准用语和标准操作填记优、良、差之一,各按扣 0、10、20 计分;
3. 原始总分按 100 分计,如作业内容错 2 次,标准用语和标准操作分别为优、良,总评分为 $100-5\times2-0-10=80$,即总评分为 80 分。

【任务拓展】

一、《中国铁路武汉局集团有限公司普速铁路调车作业管理细则》

对恶劣天气难以辨认信号时调车作业办法规定如下。

遇恶劣天气难以辨认信号,由调车领导人根据调车指挥人或司机的报告,按下列规定进行调车作业。

(1) 调车信号机开放后,除遇有危及人身或行车安全情况外,禁止变更。

(2) 在调车作业中,使用听觉信号辅助。

(3) 平面调车不准溜放。

(4) 不准以口头方式变更调车作业计划。

(5) 不准两台机车在同一线路上进行调车作业。

(6) 驼峰作业(自动化驼峰除外),峰上解散一钩后,必须得到该车组已过分歧道岔;或同线隔钩车,须接到前行车组已入线停车的报告后,峰上方可提钩解散。

（7）连挂车辆或在尽头线上作业,应距停留车辆或车档30m处一度停车。

（8）在岔线上取送车时,须接通全部制动软管,并在推进车列的前端安装简易紧急制动阀。

（9）设有驼峰的车站和使用无线调车设备指挥调车的车站应根据具体情况,制定保证安全的措施。

二、《中国铁路武汉局集团有限公司普速铁路调车作业管理细则》

对调车作业联系标准程序和用语规定(表 4-2)。

调车作业联系标准程序和用语规定　　　　　　　　　　表 4-2

内容	值班(信号)员 1 号	调车长 2 号	调车司机 3 号	连结员 4 号	连结员 5 号	备注
一、准备 （试机）	②答"（××)2号,1 号试机明白"	①连结机控器后呼"1 号,我是(××)2 号,试机" ③进行灯显指令试验 ④呼:"3、4、5号,2 号试机" ⑧答:"好了"	⑤答:"3 号试机明白"	⑥答:"4 号试机明白"	⑦答:"5号试机明白"	—
二、单机运行	②根据接发列车情况及调车计划,准备进路、开放信号后,呼:"(××)3号,×道（线)（东、南、西、北或×线、×向)进(出)进路好了"	—	①按计划呼:"1 号,(××)3号请开通×道（线)" ③确认信号、进路后答:"×道（线)（东、南、西、北或×线、×向)进(出)进路好了,(××)3号明白"（动车）	—	—	距离远可在走行中瞭望确认信号状态后呼
三、牵出车列	②根据接发列车情况及调车计划,准备进路、开放信号后呼:"(××)2 号、3号,×道（线)进(出)进路好了"	①按计划呼:"1 号,(××)2号,请开通×道（线)" ③确认信号、进路后答:"×道（线)进(出)进路好了,(××)2号明白"（确认调车人员站位安全后,显示起动信号) ⑦答:"全部起动,2 号明白"（显示加速信号)	④确认信号、进路后答:"×道（线)进(出)进路好了,(××)3号明白"（确认调车长起动信号后,动车牵出)	⑥使用手信号时中转用语呼:"2 号,全部起动"（使用灯显调车可不中转,以下同)	⑤确认全列起动后呼:"2号,全部起动"	1. 距离远可在走行中瞭望确认信号状态后呼 2."全部起动"（距离 5米)由末端人员呼

内容	值班(信号)员1号	调车长2号	调车司机3号	连结员4号	连结员5号	备注
四、牵出后推进连挂	②根据接发列车情况及调车计划,准备进路、开放信号后呼:"×道(线)进(出)进路好了"	④答:"推进,2号明白"(显示推进信号)	⑤按调车长信号作业	①确认车列具备要道条件后呼:"1号,(××)4号请开通×道(线)" ③确认信号开放后呼:"×道(线)进(出)进路好了,(××)4号明白,推进"	—	1.折返前必须拉过信号机(警冲标) 2.正确及时显示距离信号 3.标准用语:"十车、五车、三车"、"接近连挂"、"注意连挂"
五、推送车列	⑤根据接发列车情况及调车计划,准备进路、开放信号后呼:"(××)2号、4号,×道(线)进(出)进路好了"	②答:"试拉,2号明白"(显示试拉信号) ⑦答:"×道(线)进(出)进路好了,2号明白,推进"(显示推进信号)	③按调车长信号试拉 ⑧按调车长信号作业	①推送前呼"2号,试拉" ④确认试拉好后呼:"1号,(××)4号,请开通×道(线)" ⑥确认调车信号开放后呼:"2号,×道(线)进(出)进路好了,推进"	—	1.推送前必须试拉,试拉时必须确认车列全部带动 2.认真确认信号再动车 3.调车长显示推进信号同时监控作业人员在岗情况,确保人身安全
六、摘(挂)车后牵出(单机)	③根据接发列车情况及调车计划,准备进路、开放信号后呼:"(××)2号、3号,×道(线)进(出)进路好了"	②答:"铁鞋(或其他防溜措施)防溜(防溜撤除)好了,2号明白"。按计划呼:"1号,(××)2号请开通×道(线)" ④答:"×道(线)进(出)进路好了,(××)2号明白"(单机摘钩),显示起动信号	⑤确认调车信号后呼:"×道(线)进(出)进路好了,(××)3号明白"确认调车长起动信号后动车	①指定地点显示停车,采取(撤除)防溜措施后呼:"2号,×道(线)×端号铁鞋(人力制动机、紧固器、枕木)防溜(撤除)好了"	内容与①相同	1.距离远可在走行中瞭望确认信号状态后呼 2.摘车时必须等到车辆停妥、采取防溜措施后再摘钩 3.挂车时必须确认车辆防溜措施撤除后再显示信号
七、作业中经过大门	—	③答:"大门开启,风钩挂好,2号明白" ⑥答:"推进(显示推进信号)"	⑦按调车长信号作业	①大门前停车地点显示减速、停车信号,检查大门状况后呼:"2号,大门开启,风钩挂好" ④呼:"推进"	②中转用语:"大门开启,风钩挂好" ⑤中转用语:"推进"	使用无线调车灯显设备作业时不需要中转信号

续上表

内容	值班(信号)员1号	调车长2号	调车司机3号	连结员4号	连结员5号	备注
八、进档(上车)作业	—	②答："进档(上车)作业,(××)2号明白" ④答："进档(上车)作业完毕,(××)2号明白"	—	①呼:"(××)2号,4号进档(上车)作业"(显示紧急停车信令) ③呼:"(××)2号,4号进档(上车)作业完毕"(解锁紧急停车信令)	同①③	作业人员及时显示紧急停车防护信号
九、停止影响列车进路的作业	①根据接发列车情况及调车计划,呼:"(××)2号,3号,×道(线)停止作业,待避××次" ⑦答："作业已停止,1号明白"	②答："停止作业,(××)2号明白",呼:"(××)4号,5号,停止作业,待避××次" ⑥确认停止作业后呼:1号,"×道(线)作业已停止"	③答："停止作业,(××)3号明白"	④答"停止作业,(××)4号明白"	⑤答"停止作业,(××)5号明白"	确认所有作业人员都已在安全地点避车后,调车长方准汇报"×道(线)作业已停止"
十、经过分路不良区段	①联系进路后呼:"(××)2号,4号(单机运行时只呼3号),前方经过分路不良区段"。 ⑧答："已越过××信号机,1号明白"	②答："前方经过分路不良区段,(××)2号明白"。 ⑤确认越过分路不良区段后呼:"1号,(××)2号已越过××信号机"	⑥答："前方经过分路不良区段,(××)3号明白"。 ⑦确认越过分路不良区段后呼:"1号,(××)3号已越过××信号机"	③答："前方经过分路不良区段,(××)4号明白" ④确认越过分路不良区段后呼:"1号,(××)2号,(××)4号已越过××信号机"	—	牵出时由连结员呼 顶送时由调车长呼 单机运行时由机车司机呼
十一、压信号、压道岔、压绝缘	②通过控显器(控制台)确认进路正确后,呼"(××)2号,3号,×道(线)压信号(道岔、绝缘)进(出)进路好了"(听到司机回答后,显示起动信号)	①按计划呼:"1号,(××)2号请求开通×道(线)压信号(道岔、绝缘)进路" ③答："×号调车信号不能开放,×道(线)进(出)进路好了,(××)2号明白"	④答："×号调车信号不能开放,×道(线)进(出)进路好了,(××)3号明白。"(确认调车长起动信号后,起动动车)	—	—	调车长必须现场确认进路开通正确,在调车作业通知单该钩计划附注栏中注明原因,口头通知司机后,方能显示起动信号

三、《中国铁路武汉局集团有限公司普速铁路调车作业管理细则》

调车人员有声化作业自控标准(表4-3)。

调车人员有声化作业自控标准　　　　　　　　　　表4-3

作业项目	作业内容及用语	备注
1. 作业前备品检查	在调车组列队后,调车长传达调车作业计划前,调车长呼"检查备品";调车长逐人检查完毕后呼"备品齐全,传达计划"	

续上表

作业项目	作业内容及用语	备注
2. 进路信号确认	1. 调车信号开放联系后,领车人应手指调车信号机,口呼"×道(线)调车信号好了" 2. 人工手扳道岔要道还道后,前方领车人员手指道岔表示器口呼"×道(线)开通"	
3. 手扳道岔作业	扳动前要看道岔开通位置,确认需扳动到另一位置时方可扳动,扳动后确认手柄落槽、道岔开通位置、尖轨密贴,再插上插销(需要时加锁),后手指道岔呼"进路正确、尖轨密贴、插销到位(加锁)",随后还道	
4. 接风及贯通试验	1. 按比例接风时,作业人员应数车数,手指接风的最后一辆车口呼"接风×辆",打开接风的最后一辆车折角塞门,确认通风后口呼"简略试验正常"后向调车长汇报"通风良好" 2. 全列接风时,作业人员应在车列尾部手指最后一辆车口呼"全列接风",打开最后一辆车折角塞门,确认通风后口呼"贯通试验正常",后向调车长汇报"通风良好"	
5. 关门车检查确认	1. 检查确认机后3辆无关门车时,作业人员应手指车辆口呼"机后3辆无关门车" 2. 检查确认尾前3辆无关门车时,作业人员应手指车辆口呼"最后1辆无关门,尾前2、3辆无连续关门(或尾前3辆无关门车)"	
6. 翻越车辆作业	翻越车辆前手指列口呼"车列暂不移动",然后从通过台或两车车钩上越过,不得碰开钩销,要注意邻线有无机车、车辆运行,下车时要站稳,不得侵入邻线限界	
7. 曲线挂车作业	领车人员在挂取车辆前应口呼"曲线挂车",向调车长联系停车。停车后按进档作业要求进入车档调整钩位口呼"钩位调整好了",指挥机车控制速度稳妥连挂,组织试拉后,确认并口呼"连挂妥当"	
8. 甩挂车辆数确认	甩挂车10辆以下时,作业人员应数车数口呼"摘(挂)×辆";甩挂车10辆及以上时,作业人员应核对确认开口车号后口呼"车号××,核对正确"	

典型工作任务二
排风、摘管技能

【任务描述】

　　《技规》规定,调车作业前必须做好排风、摘管等准备工作。车列解体前的排风摘管由排风制动员负责。排风制动员作业前要与调车领导人联系,做到车次、股道、时间、钩序(或组号)清楚。多人作业时,做好分工。列车到达后,确认列检到达试风作业完毕;做好防护后,开始排风、摘管作业。排风要做到风放净、不漏排、不抱闸。根据调车作业计划正确摘管。排风制动员如果发现有禁止通过驼峰、不宜使用铁鞋制动的车辆时,必须报告调车指挥人或调车领导人。排风、摘管后,逐辆复检,发现问题及时处理。车辆连挂后,还需连接制动软管,检查列车主管的通风情况。

【任务准备】

　　思考问题 1　调车作业前为什么必须要提前做好排风、摘管等准备工作?

_____

_____

　　思考问题 2　为什么要进行排风,排风不彻底会造成怎么样的后果?

_____

_____

_____

【任务分组】

　　建议学习者组建学习小组,制订学习计划,共同完成相关任务。

姓名	学号	分工	备注	学习计划
			组长	

【任务学习】

一、排风

排风,就是通过放风和拉风,排出每个待解车辆制动主管和副风缸中的压缩空气,使待解车辆彻底松闸缓解,为平面溜放或驼峰分解车辆做准备。如不把每个待解车辆副风缸中的余风排净,就有可能在平面溜放或驼峰分解车辆作业中,车辆因受振动,使三通阀活塞因外力作用而进行移动。当副风缸中的余风大于列车制动主管的风压时,三通阀的活塞就向左移动,如图4-3所示,副风缸里的余风进入制动缸,引起该车辆自动抱闸,可能造成追尾冲突事故。由此可见,排风不彻底的后果非常严重。排风分为放风和拉风两个作业过程。

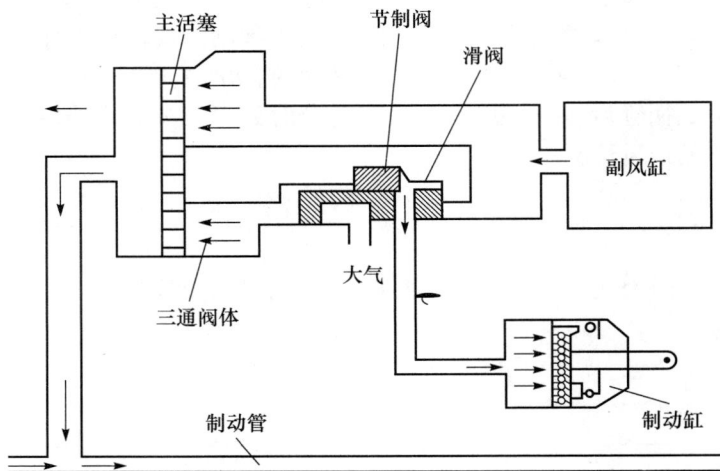

图4-3 车辆制动机制动状态

1. 放风

放风是在待解车列完成到达技术检查后进行的作业。在车列一端,由排风制动员一手拿起软管,一手缓缓扳动折角塞门,将车列主管的风放出一部分后,立即将折角塞门关闭,连续开放几次,待软管驳力不大时为止(即软管内排出的风声将停止时,主管内预留约100kPa风压)。

需要注意的是:切记不要把车列主管内的风全部放净,应使主管内的风压保持100kPa左右。操作方法是徐徐打开折角塞门,待主管放出一部分风压后,关闭折角塞门,这样连续几次即可。在扳动折角塞门时,如果一次扳得过猛,使主管风压剧烈放出,就会使车辆骤然紧急制动,以致造成制动机零部件损坏或缓解不良。制动主管里还需要留100kPa风压的原因是:如果把列车制动主管内的风全部放完,就会造成拉风不缓解的现象。

2. 拉风

拉风是在放风后,逐车拉动车辆副风缸上的缓解阀,排出副风缸里的余风。当副风缸内的余风压力小于列车主管内的压力时,主管内风压推动三通阀的活塞,并同时带动滑阀右移,使制动缸里的风压由三通阀排风口排出,而使车辆的制动机得到缓解,如图4-4所示。

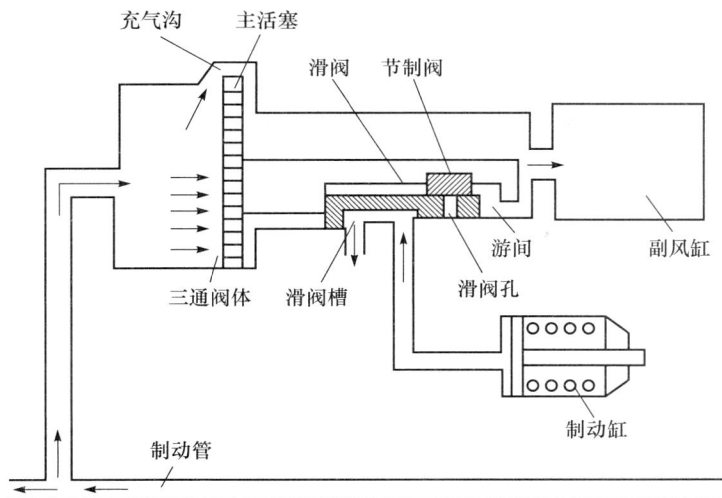

图 4-4 车辆制动机缓解状态

（1）拉风的方法

拉风主要有石子拉风、循环拉风、跟踪拉风等几种方法。

① 石子拉风。这是利用调车场内的石碴（或利用排风三角木），直接卡在缓解阀拉风杆与拉杆托之间，以代替人力，达到不间断排风的目的。需要注意的是，先用力拉动拉风杆，待副风缸内的余风开始排出时，方可将石子卡上。当石子已起到排风作用时，拉风人员方可离开该车。这种放风方法的优点是拉风速度快、效率较高。缺点是增加了取石子的作业过程，石子不实不紧，车辆则不能及时缓解。

这种拉风方法适用于人员紧张，作业时间受到限制时采用。这种方法是目前现场广泛运用和调车人员习惯运用的一种方法。

② 循环拉风。这是由一人绕待解车列往返进行拉风，去时在一侧拉拉风杆及关闭待摘制动软管的折角塞门，回时由另一侧复检未完全缓解的车辆并把去时路上无拉风杆而没有进行拉风的车辆进行检查拉风，同时再关闭这一侧待摘管的折角塞门和摘解软管。这种拉风方法优点：一是制动员遇到一侧无法拉风的车辆时，不必钻车底到另一侧找拉风杆，消除了往返钻车的麻烦；二是摘解制动软管时，不用上肢探过车钩反手关另一侧车辆的折角塞门；三是不致产生漏拉风和余风排不尽的现象。缺点是：凡解体一个车列，一名制动员必须绕车列往返一次，作业时间长。适用于作业时间不受限制的情况。

③ 跟踪拉风。这种方法是应对急需车辆。当车辆列检技检完了，拉风人员就随之进行拉风的"先检先拉"的拉风方法。这种方法一般适用于快速中转车辆及紧急排送车辆的作业。采用此法应注意：必须与列车技术检查人员密切联系，不能影响列检人员的作业，特别是在放主管的余风时，切勿过猛过急。制动员拉风后，应及时进行复查，发现拉风不缓解的车辆，应及时处理。

（2）常见拉风不缓解的原因及处理方法

在实际工作中，有时会遇到拉风不缓解的现象，原因及处理方法如下。

① 拉风不排风。

排风制动员拉动缓解阀，但听不到缓解阀排风口有排风的声音，这是由于缓解阀排风孔堵塞、缓解杆折损或阀杆顶部磨耗等,造成副风缸的风排不出去或压不开阀。如果是排风孔堵塞,可用铁丝等物穿通缓解阀排风口,如图4-5所示。若仍不排风,则由车辆段更换缓解阀。为应急处理,可松动副风缸上的排水堵头,从排水堵孔排风,但处理后必须通知车辆段。

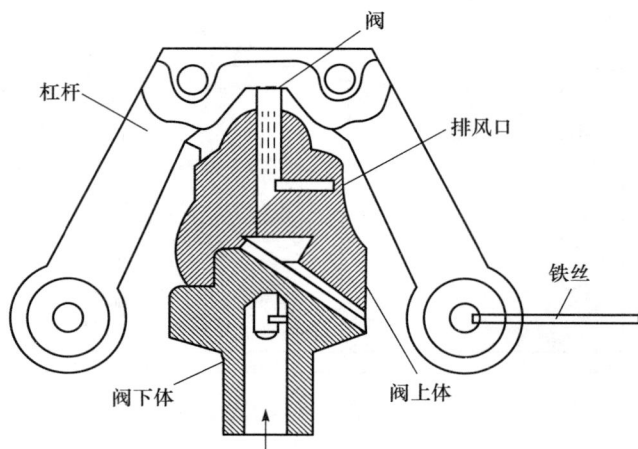

图 4-5 缓解阀的排风口

② 排风但车辆不缓解。

产生该现象的原因之一:由于主管风压全部放净,此时拉动缓解阀只能放副风缸的风,列车制动主管因失去风压无力使三通阀活塞向右移动,三通阀的滑阀也就始终挡住制动缸通向三通阀的排风口的通路,而不能排出制动缸的余风。故出现拉风不缓解的现象。

处理方法:应将缓解阀的拉杆拉开后卡上石子,然后关闭该车一端的折角塞门,向另一端软管吹气,促使三通阀活塞稍稍向右移动,这样就构成制动缸与三通阀排风口的通路,使制动缸的余风由三通阀排风口排出。这时,制动缸的活塞靠自身弹簧的力量回缩,使车辆制动机缓解。

另一种可能的原因是:因人力制动机未松开,闸链(拉杆)绷紧,造成制动缸活塞不能缩回所致,此时应设法松开人力制动机。此外,还有可能是三通阀故障,应由车辆段处理。

注意:调车作业中不能带风溜放。在车列解体前,调车人员必须打开待解车列首部或尾部车辆的折角塞门,把制动主管的余风放完,并且逐车“拉风”,把所有车辆上的压缩空气通过缓解阀放掉。这样做的目的,不但使所有车辆缓解,更重要的是使待解的车辆或车列,在溜放调车的时候,失去风力制动作用,确保调车作业的安全。如果在溜放调车作业前,不把余风放掉,在溜放过程中,一旦制动主管或软管漏风时,就会因制动主管风压降低,副风缸的压缩空气进入制动缸而推动活塞运动,使制动缸和大气的通路被阻断而进行制动。这时,溜放中前行的车辆或车组就会突然减速、停车,后行车组很容易与前行车组发生冲突,造成严重事故。

排风制动员在进行作业时,应注意车列端部是否有防护信号,以确保自身的安全。在作业中要求做到:彻底拉风,正确摘解制动软管,松开人力制动机,绑好钩链,敲掉石头。

二、摘结制动软管

制动软管是连接两车制动主管的软管,其端部装有连接器。将机车车辆间两个制动软管的连接器摘开或接上的作业过程,称为摘制动软管或连接制动软管,简称摘管。

1. 摘管

到达解体列车的摘管是由排风制动员按照调车作业计划（调车作业通知单）的要求，将车组分解处的制动软管摘开，以免在驼峰解体或溜放的过程中，再停车摘解制动软管，延长调车时间。

（1）摘管的程序

摘管时按照"一关前，二关后，三摘风管"的顺序摘管，不能颠倒或遗漏。

①"一关前"：关闭靠近机车方面的折角塞门，使其与主管垂直。

②"二关后"：关闭另一端折角塞门（客车还有暖气管端阀）。

③"三摘风管"：摘开相邻车辆两软管前端的连结器。

（2）摘管的方法

摘管有两种方法，正手摘管和反手摘管。

① 正手摘管。正手摘管时先关闭两制动主管的折角塞门，使其手把同软管垂直，而后将右脚伸入道心，左手握住靠近身体一边的软管，右手正握住另一软管头部向上稍微托起，软管的余风随即漏出，待余风漏出后再用力向上托，以防制动软管端部的连接器因风压的冲力，猛然向外摔而打伤摘管人员。

正手摘管的优点是既可避免挤伤手、碰伤腿，又不磨损衣服，但排风制动员必须有良好的技术。

② 反手摘管。反手摘管时先关闭两制动主管的折角塞门，使其手把同软管垂直，而后将右脚伸入道心并稍加屈膝，紧靠住两制动软管接头，右手正握住靠近自身的制动软管接头，用力向上提拉靠近自身一边的制动软管接头，使制动软管头部扭转，即可摘开制动软管。

反手摘管的优点是易学、好用，适于初学人员使用。缺点是消耗体力大、磨损衣服，初学人员如稍不注意，易将手碰伤。

（3）摘管时应注意的问题

① 首先要重视摘管工作，严格按调车作业计划的要求摘管，不能出现该摘的没有摘，不该摘的摘了。

② 其次必须按照要领进行摘管。在摘管中容易发生挤伤手或打伤腿的情况，初学排风摘管的制动员应尤为注意，为防止工伤的发生，必须要严格按摘管的要领进行。

注意：不能在车辆运行中摘管，更不能简化作业步骤。

2. 连结制动软管

连结制动软管就是把两制动软管的连结器接上。连结制动软管是编组列车和取送调车作业中不可缺少的工作。

1）连结制动软管的方法

连结制动软管前应先确认车辆的连挂状态，也就是车钩的钩锁销确已落槽，并注意检查制动软管胶皮圈是否完好，结管时两脚一里一外，右脚迈入道心，左脚在轨外蹲下，以左手握紧右方软管接头，随即将肘部弯曲，再用右手将左方软管接头同左手的软管接头套合，二者成90°夹角，借软管本身的弹力，向下推压制动软管，即可连结。

制动软管连结好后，必须确认是否连接稳妥，方可打开折角塞门，以免通风后，软管跳动分开，打伤作业人员。打开折角塞门时，应先打开机车方向的折角塞门，以便检验是否漏风，确认后,再打开另一端折角塞门。

2）连结制动软管时应注意的问题

（1）人身安全。要注意以下两点。

① 车辆在移动时,不准进入线路内抢结软管,一定要停车后进行,并由调车长显示防护信号后,方可进入车内连结软管。

② 连结软管时,两脚不能同时迈入道心,蹲在里面,要按规定进行,即两脚一前一后,万一车辆移动,可以马上将前脚退出钢轨外面,避免发生危险。

（2）连结软管之前,一定要看两个连结器内有没有胶皮圈,缺少应补上,只有一个胶皮圈,不允许把它取出来反扣。因为这样会造成下次摘解制动软管时胶皮圈丢失,影响作业,导致列车晚点。同时,反扣还会引起漏风,导致列车运行中自动抱闸,危及行车安全。软管连结好后,将来风方向一端的折角塞门慢慢打开,试验一下刚接好的软管是否漏风,若漏风,就会造成列车运行中自动抱闸,必须重新再连结。

【任务实施】

工作任务二　学习任务单

班级：_____　　姓名：_____　　学号：_____　　日期：_____

知识认知	1. 什么是排风？为什么要进行车辆排风？不进行车辆排风会有怎样的后果？
	2. 什么是放风？什么是拉风？
	3. 拉风作业方法有哪些,各自的优缺点及适用条件？
	4. 常见拉风不缓解的原因及处理方法？
	5. 什么是摘管？摘管时应注意哪些问题？
	6. 简述摘管的作业程序及作业办法。

续上表

知识认知	7. 什么是连结制动软管？连结制动软管应注意的问题？ 8. 简述连结制动软管的程序及作业方法。
能力训练	按调车作业要求，根据实训设备的具体情况，分别扮演连结员、制动员，完成排风及摘解制软管和联结制动软管的具体操作流程。作业细节可参考《铁路车站行车作业人身安全规定》《行规》《站细》中的相关规定

【任务评价】

评价指标	组长评价	自我评价	教师评价
1. 知识学习效果			
2. 技能目标达成度			
3. 素质提升效果			
本模块最终评价			
个人总结及反思			

　　技能训练评分标准参考如下。

姓名	角色	作业内容	标准用语	标准操作	总评
	连结员				
	制动员				

备注：

1. 作业内容栏填记错漏细节数量，以"正"字笔画记录，每错 1 次扣 5 分；

2. 标准用语和标准操作填记优、良、差之一，各按扣 0、10、20 计分；

3. 原始总分按 100 分计，如作业内容错 2 次，标准用语和标准操作分别为优、良，总评分为 100−5×2−0−10＝80，即总评分为 80 分。

【任务拓展】

一、摘结制动软管、调整钩位、处理钩销、采取或撤除防溜措施时应执行劳动人身安全规定

　　摘结制动软管、调整钩位、处理钩销、采取或撤除防溜措施时，必须等列车、车列（组）停

妥,并得到调车长的回示,昼间由调车长防护,夜间必须向调车长显示停车信号。

（1）调车人员须确认列车、车列（组）停妥,得到调车长同意,并使用无线调车灯显设备发出"紧急停车"指令后,方可进入车档。调车长进入车档作业时,由其本人向司机显示（发出）停车信号进行防护。

（2）使用手信号调车时,调车长须向司机显示停车信号进行防护后,方可同意作业人员进入车档;调车长得到所有作业人员均已作业完毕的汇报后,方可撤除防护。[《铁路车站行车作业人身安全规定》（技术规章编号:TG/CW 224—2020）第21条]

二、调车带风作业时应执行安全作业程序

调车作业过程中带风作业时,必须严格执行一关前（关闭机车方向折角塞门）、二关后（关闭车辆端折角塞门）、三摘风管、四提钩的作业程序（《中国铁路武汉局集团有限公司车务系统行车人员劳动安全管理办法》第15条）。

三、《行规》对调车作业连结软管的补充规定[《中国铁路武汉局集团有限公司普速铁路行车组织规则[武铁总（2018）38号]》（以下简称《行规》）]

1. 下列情况必须全部接通软管并进行自动制动机简略试验

（1）调动乘有人员（押运人除外）的车辆、5辆及其以上空客车（简易客车除外）以及向旅客列车进行摘挂作业时。

（2）越出站界或跟踪出站调车时。

（3）岔线取送车经过6‰及其以上坡度的线路时。

（4）利用机车调动动车组时。

2. 其他需要接通软管的情况在《站细》内规定

四、《行规》对调车人员的作业位置规定

（1）调车指挥人显示手信号应在司机一侧。如因影响调车人员人身安全或瞭望困难等特殊情况,不能在司机一侧显示信号时,准许在机车的另一侧显示。内燃、电力机车可更换司机室操纵。调车作业开始前,调车指挥人应向司机及有关人员交代清楚显示信号的位置,并严格控制速度,执行呼唤应答制度。

（2）调车作业进入设有装卸油品的栈台、栈桥线时,由于限界较近,禁止调车人员在栈台、栈桥一侧作业。

（3）使用灯显设备调车作业,调车人员可不在司机一侧作业,但调车长和连结员必须在同一侧作业,具体作业位置在《站细》中明确。

典型工作任务三
铁路制动技能

【任务描述】

　　平面牵出线溜放调车作业时,为使前后车组间逐步形成必要的间隔或使其与停留车安全连挂,主要采用人力制动机制动方式。为提高作业效率,保证调车作业安全,调车作业前要做好人力制动机的选闸、试闸工作。车组运行中作业人员上下车时,要注意观速观距,掌握动作要领。

　　非机械化驼峰调车作业,以铁鞋制动为主。同时,现场调车作业过程铁鞋防溜是主要的防溜方式。为提高调车作业中上鞋的准确率及防溜效率,要熟练掌握使用铁鞋的基本要求。

【任务引入】

　　制动员未试闸而造成调车事故。

　　×年×月×日,夜班1时10分,××站,向调车场11道流放11辆,由制动员×××一人采用人力制动机进行制动。该制动员随意选择了第四位车的人力制动机,上车后没有试闸,当车组流放后发现车速很高,立即拧闸,可偏偏该制动机不灵,于是慌忙从第四位车上跳下追上第七位车,还未来得及上到第七位车的制动台,就与11道的原停留车相撞,造成货车报废1辆、中破1辆、小破4辆的调车事故。

　　分析:(1)本次事故的原因?

　　　　　(2)制动员正确的作业流程应该是怎么样的?

【任务准备】

　　思考问题1　结合上述案例,想一想人力制动机有哪些用途?

_____

_____

_____

　　思考问题2　结合上述案例,想一想什么是铁鞋制动? 什么是减速器?

_____

_____

_____

【任务分组】

　　建议学习者组建学习小组,制订学习计划,共同完成相关任务。

姓名	学号	分工	备注	学习计划
			组长	

【任务学习】

一、人力制动机的类型及性能

人力制动机根据用途分为货车人力制动机和客车人力制动机两大类。

目前,货车人力制动机主要有链条式(旋转式)、掣轮式(盒子式)及新型脚踏式人力制动机几种。

1. 链条式人力制动机

根据链条式人力制动机制动轴构造的不同分为固定式和折叠式两种。

(1)固定式

固定式链条人力制动机大多使用在棚车、敞车、罐车等类车辆上,其构造如图4-6所示。该种制动机性能好、操作灵活、制动力强、制动作用快。我国绝大部分货车采用这种人力制动机。

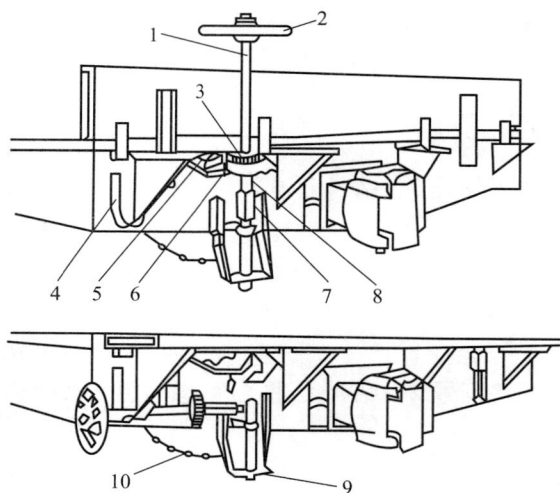

图 4-6　固定链条式人力制动机

1-制动手轮;2-导架;3-制动轴;4-棘子锤;5-棘子;6-棘子托;7-棘轮;8-踏板;9-制动轴托;10-制动链

(2)折叠式

折叠式链条人力制动机适用于平车、长大货物车等车辆上,其构造如图4-7所示。该种制动机闸杆分为上下两部分,用活节及销子连接,并用轴套将两部分固定在一起。不使用时,把制动轴上部放倒,放在制动轴手把托内。

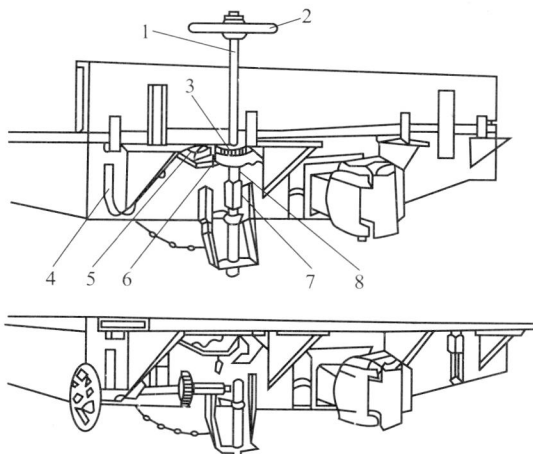

图 4-7　折叠式链条人力制动机

1-制动轴;2-制动手轮;3-棘轮;4-制动轴手把托;5-棘子;6-止销;7-轴套;8-轴卡板

2. 掣轮式人力制动机

掣轮式人力制动机一般用于冰箱式保温车和家畜车,其结构如图 4-8 所示。它由掣轮、制动手把、缓解手把及制动链等组成。缓解手把的尖端依靠弹簧的作用紧压在掣轮齿间,防止制动时掣轮逆转。制动时,将制动手把左右往复扳动,则手把尖端拨动掣轮转动,轮轴随同转动,由于缓解手把尖端的作用,车轮和轮轴不能逆转。此时,制动链卷绕在轮轴上,通过曲杠杆牵动拉杆,再通过基础制动装置,使车辆制动机产生制动作用。缓解时,扳动缓解手把,使其尖端离开掣轮,则掣轮借链条自重及反作用力而松开制动链,使车辆制动机缓解。

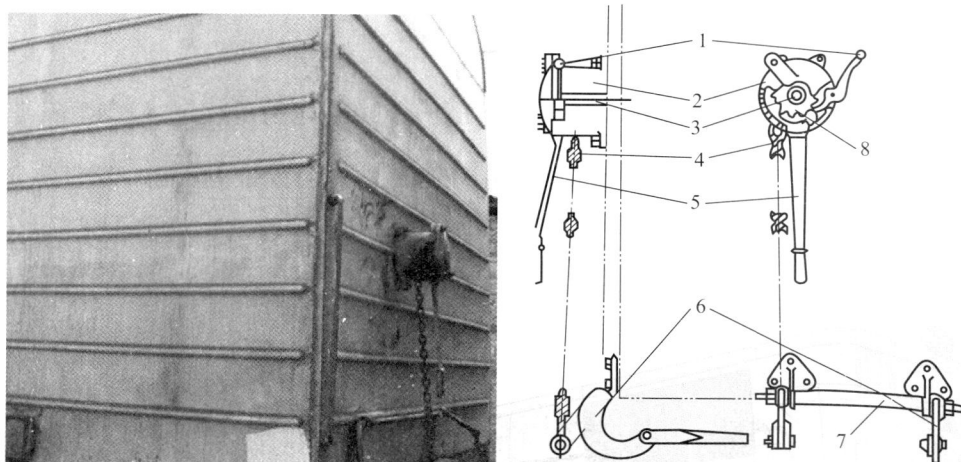

图 4-8　掣轮式人力制动机

1-缓解手把;2-掣轮盒;3-轮轴;4-手制动链;5-制动手把;6-曲杠杆;7-曲杠杆轴;8-掣轮

链条式人力制动机性能好、操作灵活、制动力比较大,便于对溜放车组调速,但在使用时比较费力。掣轮式人力制动机装设的位置校低,站在车端脚凳上,一手抓扶把,一手在往复扳动制动把,但制动作用比较慢,使用比较困难。因此在溜放调速选闸时,一般都选用链条式人力制动机。

3. 脚踏式人力制动机

脚踏式制动机是近几年来试制装车的新型人工操纵的制动机,具有制动力大、安全性高的特点,在棚车上试装后,受到现场工人的欢迎。脚踏式人力制动机具有不上车实施就地制动的功能,对车辆防溜提供了又一方便可靠的防溜方法。

客车脚踏式人力制动机装设在一位通过台的一侧,其类型主要有丝杠式(螺旋式)和蜗轮蜗杆式两种。其结构虽与货车人力制动机有所不同,但作用原理基本相同。需要使用时,只要将摇把拉出,使其离开内端墙卡槽,再按照涂在其上方墙板上的箭头所示方向旋转,就可以使制动机起制动作用,反转可起缓解作用。

客车禁止溜放,因此客车人力制动机只在空气制动机失效或防止停留客车移动时使用。

二、人力制动机的制动原理

目前我国铁路牵出线采用溜放调车作业法时,对溜行车组采用人力制动机制动,即制动员利用车上设置的人力制动机调节车组溜行速度,使车组间逐步形成必要的间隔(称为间隔制动),并使其溜至指定地点停车或与停留车安全连挂(称为目的制动)。部分人力制动机不良、没有人力制动机或制动员上车较为困难的车辆辅以铁鞋制动。

人力制动机制动是利用人力转动车辆上的手制动轮或扳动手制动机手把,通过制动装置的杠杆作用,将人力传到闸瓦上,使闸瓦和车轮踏面摩擦而产生制动力,阻止车轮滚动,从而达到制动的目的。

三、人力制动机的用途

人力制动机一般安装在每辆车的一位端,其主要用途如下。

(1)在列车编组、解体等调车作业时,用于调速和停车,提高调车效率,保证调车作业安全。

(2)在列车运行途中,当空气制动机由于某种原因失去制动作用时,用于代替空气制动机,使列车安全运行到前方车站。

(3)当列车或车辆停留在线路上时,用于防止车辆发生溜逸。

四、人力制动机的制动过程及方法

目前,我国铁路车站的牵出线调车作业中,均以人力制动机为主,仅对部分人力制动机不良、没有人力制动机或制动员上下困难的车辆辅以铁鞋制动。铁路调车作业中,因人力制动机制动不当造成撞车、追尾、侧面冲突等事故的情况很多,主要原因是没有认真按人力制动机的制动过程进行操作。在牵出线上进行溜放调车作业,人力制动机制动工作一般包括:选闸、检闸、试闸、磨闸、拧闸等过程。具体过程分别介绍如下。

1. 人力制动机的选择——选闸

制动人员在作业前选择制动车辆及人力制动机类型、位置等,称为选闸。

溜放两辆以上车组时,制动员要认真选闸。选择一个制动性能良好的人力制动机,对保证作业安全、提高作业效率意义重大。选闸一般原则是:制动力强、操作灵活、瞭望方便。具体选择方法如下。

(1)选标不选杂。即选择制动性能好的标准型人力制动机。这些车辆人力制动机质量好、制动力强,使用灵活。

(2)选大不选小。即在一车组中,大小型车都有时,要选择大型车上的人力制动机,大型车制动力大,便于调速。

(3)选重不选空。即选择重车上的人力制动机。根据物理学中两物体相互碰撞的原理,重车质量较大,制动时首先减速,与相邻车辆发生碰撞,质量较大的车辆会很快带着其他质量较小的车辆减速。所以空重车混杂时要选重车的人力制动机,并应尽量避免使用装有原木、毛竹、棉花、芦苇等车辆的人力制动机,因为这些车辆既不好上、下车,又不易瞭望。

(4)选高不选低。即选择易于瞭望前方进路及线路内停留车位置的车辆上的人力制动机。一般而言,棚车、大型敞车的制动台较高,便于瞭望进路,确认停留车位置和掌握制动距离。

(5)选前不选后。即选择溜放车组中偏前的闸位。这不仅易于瞭望,而且调速方便。根据现场经验,如溜放车组 5 辆,制动力强的是第二、三辆闸位;溜放车组 10 辆时,制动力强的是第三、四辆的闸位。

(6)选对口闸。即选择相邻车辆相对的人力制动机,以防止本车人力制动机一旦失效可立即使用另一车人力制动机(但注意不能违章作业),而且要选上、下车方便的车辆。

选闸时,制动员可根据上述原则结合实际情况机动灵活地选用。在选闸同时,应先检查人力制动机状态是否良好,如制动链是否良好,闸瓦踏面是否有油垢。折叠式人力制动机要注意检查轴套、销子状态良好;螺丝闸要检查丝扣上是否泥垢太多,磨耗是否太大;各种类型人力制动机注意闸瓦状态是否良好,磨薄的闸瓦与车轮踏面的间隙大、制动力差。新换闸瓦与车轮踏面不能密贴。还要注意货物装载状态是否良好、牢固。

2. 人力制动机检验——检闸

选择人力制动机是为了确定理想的人力制动机类型和位置。但选好位置和人力制动机类型后,该人力制动机能否使用,还须认真检查,以防制动失灵。

对固定链条式人力制动机要注意检查:制动链是否良好,有无链环折断或铁丝代替链环的,如果有不仅不能使用,而且要通知列检人员修理。还要检查闸链是绕在制动轴接点的上面还是下面。如果在下面,应将链子往上提,新造车的锁链都比较长,要注意检查是否卡在别的部件上。另外,还要检查制动掣轮和止销是否良好。

对折叠式人力制动机要注意检查:方套、销子是否完整无缺和有无裂痕。

对掣轮式人力制动机要注意检查:锁链是否脱槽或被卡住。

对脚踏式人力制动机要注意检查:踏面是否良好、灵活。

对各种类型的人力制动机,除了检查上述内容外,还要检查有无闸盘、制动台有无破损以及闸瓦的状态。例如,闸瓦面是否有油垢,闸瓦是否活动,是新闸瓦还是旧闸瓦,是厚闸瓦还是薄闸瓦等。一般磨得很薄的闸瓦与车轮踏面间隔大,制动力小。有时,多辆车上只有个别闸瓦是更换的新闸瓦,制动时,只有新闸瓦起作用,制动力就小。

3. 人力制动机试验——试闸

试闸的方法主要有停车试闸和牵出试闸两种。

(1)停车试闸就是在相对静止状态下进行试闸。

时机:一般在列车到达并排风、掐管后进行。若仅判断有无反弹作用力,一般都在牵出时进行试闸。停车试闸的方法为"一看、二拧、三蹬、四松"。

一看:看人力制动机的各部件是否齐全良好。例如:人力制动机链有无开口,闸盘是否变形等。

二拧:上车将人力制动机拧死,看是否有弹力;弹性大的就是好闸。随后再拧紧人力制动机,将掣子卡在掣轮上。

三蹬:下车蹬闸瓦,看闸瓦动不动;蹬闸链,看链紧不紧。闸链拉紧,闸瓦蹬不动,就表明制动力强。

四松:再上车把闸松开。

(2)牵出试闸通常是在车列由到发场或调车场向牵出线牵出或由牵出线向调车场推进时进行试闸。在起动之初(第一次试闸)和将停之时(第二次试闸)拧紧人力制动机,这个时机容易判断闸的好坏。

第一次试闸是在车列起动时,速度较慢,便于察听闸瓦的摩擦声,看清车钩的状态和试验反弹力,很容易试出闸的好坏,但起动时试闸太早或过猛,会过多消耗牵引力而造成起动困难,影响调车速度,要注意掌握时机。

第二次试闸是车列牵出将要停车前进行。这次试闸要用最大力气,一则可以试验人力制动机的强度,防止链条的折断;二则可以帮助机车制动,减少走行距离。

经过两次试闸后,车列在牵出线上停下来,这时要抓紧时间看一下闸链是否顺次绕在闸杆上,否则要马上下车来调整闸链,使之顺次缠绕。

牵出试闸是判断人力制动机性能好坏的一种方法,其作业程序为一听、二看、三感觉。

一听:听车轮与闸瓦的摩擦声。一般人力制动机良好的,拧闸时会发出"吱吱"的声音。

二看:看车钩的伸缩状态。拧人力制动机时被试验的车辆速度降低,车辆前端车钩呈拉伸状态,后端车钩呈压缩状态。

三感觉:根据人力制动机的反弹力来判断。拧人力制动机时,被试验的车辆反弹力大的制动力强;反弹力小的制动力就弱。

4. 磨闸

正常情况下,不需要磨闸,只有在雨、露、霜、雪等不良天气,轨面与车轮踏面、闸瓦都会有水滴,车轮容易打滑,不易制动,这时可拧动人力制动机,使闸瓦接触车轮踏面摩擦发热、车轮踏面干燥。但摩擦时间不宜过长,否则闸瓦发热,反使制动力降低。

5. 拧闸

拧闸是一件比较复杂的工作,一个优秀的制动员应善于根据不同的具体情况,巧妙地进行拧闸,不使"傻"劲,而用"巧"劲。

(1)拧闸的方法按发力方式不同分为"端闸"(双臂分开)和"勒闸"(双臂合拢)两种,如

图4-9所示。

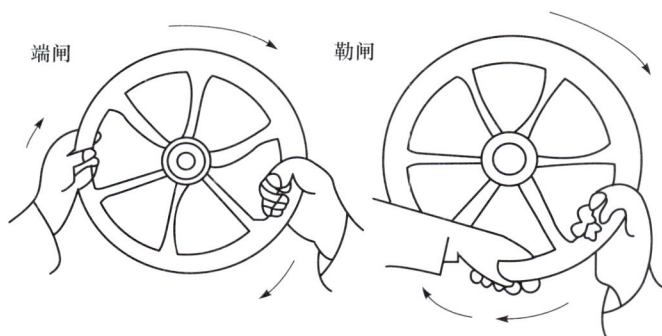

图4-9　端闸、勒闸示意图

①"端闸"是双臂分开用力旋转制动手轮,依靠双臂猛然向相反方向晃动的力量,产生制动力。一般在车组走行速度低,制动罐车和连挂车辆时使用。

②"勒闸"是双臂合拢用力旋转制动手轮,即双臂向同一方向猛然用力旋转,用力时不要只凭臂力制动,要和身体晃动而产生的力量相结合,这样可以加大旋转的臂力。它多用于速度高,要求急剧减速的车辆。

（2）按目的制动的不同拧闸方法可分为"顿拧""紧拧""死拧"三种。

①"顿拧"是指一紧一松的间歇性拧闸的方法。即猛力急拧制动手轮并立即放开,根据具体情况连续顿拧数次达到需要的速度。

②"紧拧"即用力拧紧不放,使车组降至规定速度,实现安全连挂。

③"死拧"即"勒死闸"。它是指链子闸在使用顿拧、紧拧方法与停留车辆连挂前,仍不能降低速度（连挂速度5km/h）时使用。

制动员拧闸时,一般采用一紧一松间歇性拧闸的方法,不要"勒死闸"。因为"勒死闸"容易发生闸链崩断或减速过大,停车过早;同时"勒死闸"会使闸瓦长时间摩擦发热,降低摩擦系数,制动力减弱。

6. 使用人力制动机时的注意事项

（1）使用人力制动机时,首先挂妥安全带再进行选闸、试闸、磨闸。

（2）在一个车组上多人进行制动时,应听从最前方一人的指挥。并以下列方式鸣示口笛联系。

拧闸:一短声　●

松闸:二短声　●●

紧急制动:连续短声　●●●●●●

可以离去:一长声　—

也可用调车灯显设备指挥并复诵,使用单位应制定标准用语。

（3）未得到制动人员试闸良好信号,不得提钩溜放。

（4）人力制动机制动中,要做到及时调速,稳准连挂。

（5）使用人力制动机时,不准踏在高于人力制动机踏板的车帮或货物上。

（6）使用人力制动机人员,必须在车组停妥后,方可离开。

（7）车组停妥后,应将人力制动机松开(防溜除外),禁止采用摘解人力制动机链或闸缸链的方法解除车辆人力制动机制动状态。

7. 安全带的使用

调车安全带是保护调车人员人身安全的随身携带工具,主要用于制动员在进行人力制动机制动时使用,它由腰带和安全挂钩组成。

（1）登上车辆制动台后,立即把安全挂钩挂在制动手轮与手轮轴固定授之间的手轮轴上。

（2）车辆停妥后,必须一手抓紧手把杆,一手摘安全挂钩。

（3）安全带要扎在衣服外边,安全挂钩不使用时应挂在安全腰带上,以免被其他物体挂住。

（4）对平车或无闸台的车辆,不得使用安全带,安全挂钩不准挂在制动手轮、篷布绳索上或其他处所。

8. 使用人力制动机时应执行劳动人身安全规定

使用人力制动机时(在静止状态下,站在地面或低于车钩中心水平线的人力制动机闸台上使用时除外),必须使用安全带。要做到"上车先挂钩""下车先摘钩"。不能使用安全带的车辆,如:平车、砂石车、罐车等,作业时必须选好站立地点。

使用折叠式人力制动机时,须在停车时竖起闸杆,确认方套落下,月牙板关好,插销插上后方可使用。

五、铁鞋制动

所谓铁鞋制动,就是在一根或两根钢轨上放置铁鞋,向前滚动的车轮压上铁鞋后便沿钢轨滑行,轮轨之间由滚动摩擦变为滑动摩擦,阻止车轮前进,起制动作用。

1. 铁鞋制动原理

（1）制动铁鞋及铁鞋叉(俗称"铁鞋叉子")。目前,我国铁路车站上使用的铁鞋,都是双边制动铁鞋,其构造分为两部分:底部和头部。如图4-10所示。

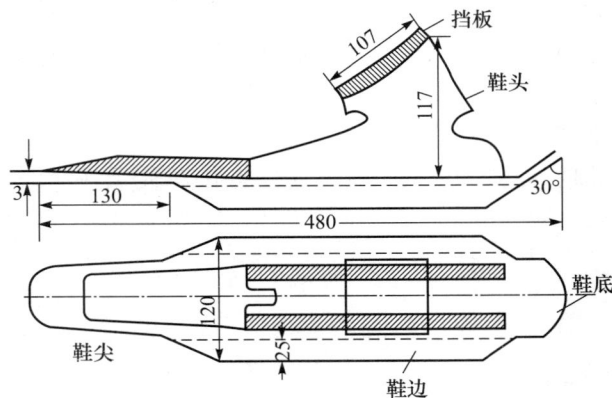

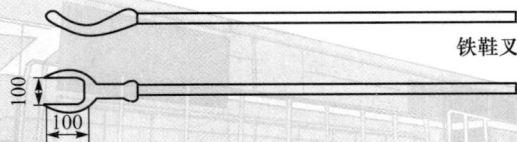

图 4-10 铁鞋及铁鞋叉

底部分鞋尖、鞋边、鞋底三部分。头部分鞋头、挡板两部分。车轮踏上鞋底后,利用头部将车轮卡住,使鞋与车轮共同滑行而起制动作用。

为了便于安全操作,制动铁鞋,要使用铁鞋叉子,这种叉子长度为1.5m。

（2）铁鞋制动原理。根据试验测定,车轮与钢轨的滑动摩擦系数比滚动摩擦系数要大百倍左右。铁鞋制动就是利用变滚动摩擦为滑动摩擦的原理,增大摩擦力,使溜行车组尽快减速以致停车,从而达到制动目的。

2. 铁鞋制动方法

目前,随着减速器、减速顶等先进调速设备的广泛使用,驼峰调车已很少使用铁鞋作为调速工具,但峰尾编组列车采用平面溜放调车时,铁鞋作为目的制动工具仍被广泛使用。在一些指定的场合,铁鞋还可作为车辆的防溜器具。

铁鞋制动组通常由制动长统一指挥。根据制动员"固定包线、灵活分工、邻线互助、循环制动"的分工原则和调车作业的需要,由制动长机动调整人力,并在《调车作业通知单》上注明,做到分工明确、防止漏钩、保证安全。

1）基本鞋的使用方法

所谓基本鞋就是事先安放在钢轨上,车组第一轮对压上的铁鞋。其作用是间隔制动或目的制动。

（1）单一安放基本鞋（单轨单基本）,即只在一根钢轨上安放一只基本鞋,车轮压鞋后,由滚动变为滑动,同时由于转向架发生倾斜,也使阻力增大,故其制动力大,滑行距离短。

（2）一轨双放基本鞋（单轨双基本）,即在一根钢轨上,前后安放铁鞋（前后相距5m左右）,目的是根据车组接近铁鞋时的速度大小,灵活调整基本鞋位置。速度小时,可撤掉前一个铁鞋,速度大时撤掉后一个铁鞋,有时为了防止速度过大铁鞋被车轮打掉,后一个铁鞋也可不撤,以便一个铁鞋被打掉时,后一个铁鞋仍可以起制动作用。采用这种方法,安全可靠,制动力大。

（3）双轨各放基本鞋（双轨双基本）,即在两根钢轨上平行或交错各放一只基本鞋,这种安放方法的缺点是不便于调整鞋的位置,制动后撤鞋需跨线,制动员劳动强度大。因此现场使用的较少。

2）辅助鞋的使用方法

辅助鞋是指车组在溜放过程中,用铁鞋叉子将铁鞋放在同一辆车两台转向架之间（大档下鞋）或相邻车辆前后两车之间（小档下鞋）的钢轨上。大档、小档如图4-11所示。

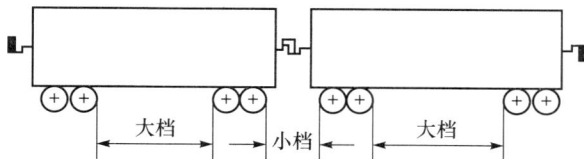

图4-11　大档、小档示意图

（1）辅助鞋有以下两个作用

① 辅助基本鞋进行减速,并使车组停在预定地点（作目的制动）。

② 在溜放车组将要停妥前,安放一只辅助鞋,可使溜行车组产生一个回驳力,便于撤出铁鞋。

（2）使用辅助鞋的方法

① 大档下鞋。所谓大档下鞋就是制动员用铁鞋叉子在同一车辆的两台转向架之间的钢轨上安放辅助鞋。其特点是：档子较大，上鞋方便，易掌握，安全条件好。适用于正常情况使用。

② 小档下鞋。所谓小档下鞋就是制动员在溜放车组的两车之间的钢轨上安放辅助鞋。其特点是：档子小，安全条件差，需抓住时机稳、准上鞋。仅在大档鞋错过时机，紧急制动情况下使用。

③ 大档小档一齐下鞋。这是以大档下鞋为主，小档下鞋为辅的下鞋方法。使用时机：溜行车组走行速度大，为争取时间进行紧急制动时使用。

3）基本鞋与辅助鞋结合使用的方法

（1）远放基本近掏档

远放基本：即距离停留车较远的地方安放基本鞋；近掏档：即距停留车较近的地方安放辅助鞋。适用范围：单个车、小车组（易行车）。

（2）近放基本远掏档

近放基本：距停留车较近的地方安放基本鞋；远掏档：距停留车较远的地方安放辅助鞋。适用范围：中车组、大车组、隔钩车。

（3）近放基本多掏档

这是一种以辅助鞋为主，基本鞋为辅的制动方法。适用范围：溜行速度大的大、中车组。使用方法为"让头拦尾"，集中下鞋。

（4）滑鞋找距

使用方法：用铁鞋叉子在钢轨上推着铁鞋随车滑行（滑行速度保持与溜放车组走行速度相同），根据溜放车组的走行速度，测准距离后，抽出铁鞋叉子，使滑行的铁鞋被溜放车组压上后起制动作用，以利于压缩天窗和安全连挂；若溜放车组已降至连挂速度（5km/h）不需要制动时，可将滑鞋从钢轨上取下。

3. 铁鞋制动注意事项

1）禁止使用的铁鞋

对下列不良铁鞋一律禁止使用。

（1）支座有裂纹。

（2）没有挡板或挡板损坏。

（3）底板扭曲。

（4）鞋尖与轨面不密贴。

（5）鞋尖破损或弯曲。

（6）鞋尖宽度超过轨面宽度。

（7）支座或底板的焊接破裂。

（8）底板边缘损坏，磨耗过甚或弯曲。

（9）铁鞋尺寸与轨型不符。

（10）铁鞋底板有冰雪、油渍或盐碱等润滑物质。

2）不能使用铁鞋的车辆

（1）直径 950mm 及其以上的大轮车。

（2）外闸瓦车。铁路货车大多为内闸瓦，客车大多为内外闸瓦（双闸瓦）。闸瓦部件距轨面最低 25mm，铁鞋高 110mm～125mm。外闸瓦车辆上鞋易被闸瓦（或闸瓦钎）打掉，或造成铁鞋沿轨面滑行而车轮压不上，起不到制动作用。

3）禁止使用铁鞋的地点

（1）曲线外轨。

（2）调车场以外的线路，如到发线、货物线、专用线等，因钢轨型号不一，不宜使用。

（3）在道岔区、钢轨接头地点、道口均不宜使用铁鞋。

4. 使用铁鞋制动时应执行的劳动人身安全规定

使用铁鞋制动时，应背向来车方向，严禁徒手使用铁鞋，并注意车辆、货物状况和邻线机车车辆的动态，严禁带铁鞋叉子上车。

六、车辆减速器制动方法

减速器是机械化驼峰和自动化驼峰广泛使用的调速工具。车辆减速器示意图如图 4-12 所示。人工操纵车辆减速器制动时，驼峰作业员要事先考虑车组的走行性能、排列顺序、共同溜行经路、停留车位置及气候条件等，初步确定出口速度和需要重点控制的车组。在溜放过程中要随时注意车组接近车辆减速器的速度和车组之间的间隔，并根据当时的实际情况，最后确定施行制动的方法，即选择制动等级、制动时机和制动轴数。主要方法有以下几种。

图 4-12　车辆减速器示意图

（1）闭口制动。对溜行车组施行全部制动时，可在车组到达前使车辆减速器置于制动状况。

（2）"让头拦尾"的制动方法。该方法适用于对大车组制动。

（3）轻级长夹和逐步升级制动的方法。对装载易碎、易窜货物的车辆，钳式减速器宜使用Ⅰ级长夹制动，或先用Ⅰ级制动，然后根据需要逐步升级，以减少制动对车辆的冲动。

（4）"一夹一松"间歇性制动方法。为防止制动夹板因长时间制动而发热，降低制动效能，对中、大车组可分别对其前、中、后部轮轴进行间歇性制动，既可提高制动效能，又可减少制动夹板的磨耗。

（5）两组减速器配合使用的方法。在同一制动位设有两组减速器时，既可同时使用两组减速器，采取"前制后补"和"重复制动"的方法；也可采取"前放后制"，防止后行车组尾追冲撞前行车组；还可以两组减速器"交替制动"，避免夹板过热降低制动效能。对溜放速度过高车组，可采取"前摸后定"的方法，即先使用第一组减速器制动，拉开前后车组之间距离后立刻缓解，再用第二组减速器制动，使车组溜行速度降至规定的出口速度，为目的制动创造条件。

七、减速顶制动

减速顶是既不需要外部供给能源，又不需要安装外部制动设备的自动调速工具，如图 4-13 所示。它结构简单、性能可靠、易于施工、维修。我国铁路机械化驼峰，在调车场都装设了减速顶，用来目的制动。减速顶由外壳和吸能帽组成，吸能帽内有速度阀和压力阀，在减速顶的内腔充有油液和氮气。

根据减速顶的设置的位置不同,可以利用调整速度阀板下的弹簧来调节减速顶的规定速度(临界速度)。当减速顶设在股道内作目的制动时,临界速度一般选为 4km/h。

当车辆解体压上减速顶吸能帽时的速度低于临界速度时,油液对速度阀板下弹簧的支撑力,油液可通过油孔顺利地流入减速顶下腔(这时上腔中的氮气受到一定的压缩),吸能帽较容易地向下滑动,对车轮不产生制动作用。

当车辆压上速度顶吸能帽时的速度高于临界速度时,油液对速度阀板的压力大于速度阀板下弹簧的支撑力,速度阀板向下运动关闭油孔,油液不能通过油孔顺利地流入减速顶的下腔,而必须挤开压力阀门的钢球流向下腔(这时上腔中的氮气也受到一定的压缩),由于钢球下的弹簧弹力很大,油液在从压力阀向下腔流动的过程中产生较大的热量而吸收车辆的动能,对车轮产生制动作用。

当车轮通过吸能帽顶点后,吸能帽上腔被压缩的氮气开始膨胀,使吸能帽向上回升,由于速度阀板下弹簧的支撑力速度使速度阀板打开,从而油液通过油孔回到上腔。速度顶恢复原来的状态。车辆减速器工作原理如图 4-14 所示。

图 4-13　车辆减速顶示意图

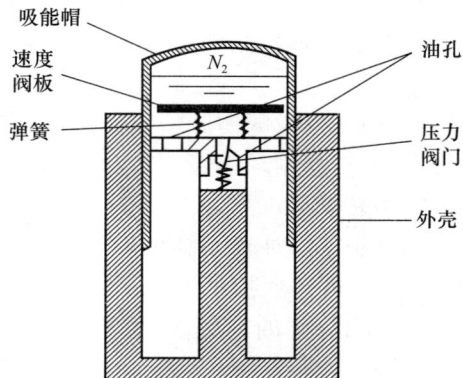

图 4-14　车辆减速器原理图

此外,编组站峰尾还设有停车器调速设备。停车器能够对溜行车辆实施制动,防止车辆溜逸。

【任务实施】

工作任务三　学习任务单

班级:_____　　姓名:_____　　学号:_____　　日期:_____

知识认知	1. 简述人力制动机的类型及性能,不同类型的人力制动机各自的优缺点有哪些?

知识认知	2. 人力制动机的制动原理是什么？
	3. 人力制动机的用途是什么？
	4. 人力制动机制动工作过程是什么？
	5. 使用人力制动机制动的方法有哪些？
	6. 使用人力制动机时应执行的劳动人身安全规定有哪些？
	7. 铁鞋制动原理是什么？
	8. 铁鞋制动方法是什么？
	9. 铁鞋制动注意事项有哪些？
	10. 使用铁鞋制动时应执行的劳动人身安全规定是什么？

续上表

知识认知	11. 车辆减速器制动方法有哪些? 12. 减速顶的作用是什么? 13. 减速顶的制动原理是什么?
能力训练	按调车作业要求,根据实训设备的具体情况,分别扮演连结员、制动员,完成人力制动机制动、铁鞋制动的具体操作流程。作业细节可参考《铁路车站行车作业人身安全规定》《行规》《站细》中的相关规定

【任务评价】

评价指标	组长评价	自我评价	教师评价
1. 知识学习效果			
2. 技能目标达成度			
3. 素质提升效果			
本模块最终评价			
个人总结及反思			

技能训练评分标准参考如下。

姓名	角色	作业内容	标准用语	标准操作	总评
	连结员				
	制动员				

备注:

1. 作业内容栏填记错漏细节数量,以"正"字笔画记录,每错 1 次扣 5 分;
2. 标准用语和标准操作填记优、良、差之一,各按扣 0、10、20 计分;
3. 原始总分按 100 分计,如作业内容错 2 次,标准用语和标准操作分别为优、良,总评分为 100−5×2−0−10＝80,即总评分为 80 分。

【任务拓展】

《中国铁路武汉局集团有限公司车务系统防止机车车辆溜逸管理细则》

1. 《中国铁路武汉局集团有限公司车务系统防止机车车辆溜逸管理细则》第九条对临近轨道电路绝缘节的防溜作业规定

（1）无动力停留的机车车辆必须停留在轨道电路绝缘节内方,且机车车辆最外方车钩距绝缘节不得小于 1 米。

（2）遇保留列车停留在绝缘节附近时,现场作业人员要立即汇报车站值班员联控司机将列车往股道内方牵引。遇调车作业甩挂车辆停留在绝缘节附近时,现场作业人员要立即汇报调车长联控司机往股道内方牵引,确保尾部车辆车钩距绝缘节不小于 1 米。

（3）采用铁鞋防溜时,严禁将铁鞋安放在绝缘节前后 1 米（含）范围内。

（4）各站行车管理和作业人员必须熟练掌握站内绝缘节设置位置,确保现场作业安全。

2. 《中国铁路武汉局集团有限公司车务系统防止机车车辆溜逸管理细则》第十条对动态防溜的补充规定

（1）一批调车作业中临时停留的车辆,允许采用人力制动机（紧固器）或铁鞋（止轮器）防溜。

（2）中间站到发线调车作业中临时停留的车辆,采取排风制动措施时,可采取动态防溜,但不得超过 120 分钟,超过 120 分时必须改为静态防溜。

（3）一批调车作业中,某股道作业完毕后如后续无该股道作业,作业人员要及时对该股道存车采取静态防溜。

3. 《中国铁路武汉局集团有限公司车务系统防止机车车辆溜逸管理细则》第十五条对防溜揭示的规定

（1）站场防溜必须做到"三一致",即:室内揭挂、停留车防溜登记簿、现场实际"三一致"。车站根据实际需要在站调（区长）室、行车室、行车分室、调休室等处所设置防溜揭示,防溜揭示"谁采取、谁揭示",一批调车作业计划结束后,应及时修改防溜揭示。特殊情况,采取人不能揭示时汇报调车领导人或信号操纵人员等有关人员对防溜措施进行修改。

（2）行车室必须设置到发线防溜揭示牌,车站值班员必须掌握到发线存车防溜情况。

（3）使用智能铁鞋防溜时,必须做到电子显示与现场实际一致。

（4）开通 TDCS3.0 系统和具备占线板功能的 CTC3.0 系统车站,防溜人员在到发线上采取、撤除防溜措施后,除按规定修改防溜揭示外,信号操纵人员还应在系统占线板中设置（取消）防溜措施。

4. 《中国铁路武汉局集团有限公司车务系统防止机车车辆溜逸管理细则》第三十五条对使用防溜监控系统的防溜检查规定

（1）使用车站防溜监控系统的车站,车站负责防溜作业的人员在交接班时应到现场进行一次全面巡视检查,超过 24 小时（含 24 小时）的班制,每 24 小时必须到现场进行一次全面巡视检查,并登记电子停留车防溜登记簿。管理人员每天 7 时至 9 时间应到现场进行一次全面巡视检查,并登记电子停留车防溜登记簿。

（2）车站须备用防溜检查牌、防溜揭示板（簿）、纸质《停留车防溜登记簿》。当发生设备故障、停电、有计划检修等系统不能正常使用时,在系统未修复之前,车站必须执行普通铁鞋的 8 小时、12 小时挂牌、防溜检查作业制度,人工填写防溜揭示板(簿)、纸质《停留车防溜登记簿》的揭示、登记。

5.《中国铁路武汉局集团有限公司车务系统防止机车车辆溜逸管理细则》第三十四条对使用普通铁鞋防溜时作业人员日常检查规定

站场防溜除交接班进行检查外,一天 24 小时,自早 6 点起实行 8 小时换挂时间段牌检查制度,即每天的 6 时 00 分,14 时 00 分,22 时 00 分为规定的防溜检查时间,前后 60 分钟为换挂牌时间,并认真填记《停留车防溜登记簿》。

6.《中国铁路武汉局集团有限公司防止机车车辆溜逸管理办法》第 25 条对各类机车车辆的防溜措施的基本要求

各类机车车辆的防溜措施,均须确认止轮牢固可靠。使用人力制动机或紧固器防溜时,须拧紧制动机(配有弹停装置的机车,须使用弹停装置对机车实施制动);使用铁鞋(止轮器)防溜时,鞋尖(止轮器)应紧贴车轮踏面,牢靠固定,铁鞋链必须有冗余;使用防溜枕木防溜时,应在距停留车辆不大于 5m 处放置。当使用铁鞋防溜,同时使用防溜枕木作为防溜强化措施时,可不受 5m 限制,应在股道内方适当地点放置。

7.《中国铁路武汉局集团有限公司防止机车车辆溜逸管理办法》第 26 条对人力制动机故障的车辆或车组不能按规定采取防溜措施时的处置措施

人力制动机故障的车辆或车组不能按规定采取防溜措施时,应与人力制动机作用良好的车辆连挂在一起,禁止单独停留。遇最外方第一位车辆人力制动机故障,应顺延至第二位车辆,最多不超过第三位车辆,如连续三辆车辆以上人力制动机故障时,应在第一位车辆外端加挂人力制动机良好的车辆。车组两端仍须按规定采取防溜措施。

典型工作任务四

观速、观距、摘解、摘挂技能

【任务描述】

在调车作业中,需要观测车辆的走行速度,车组与停留车间的距离,作为调车车辆溜行速度和人力制动机或铁鞋制动的依据。正确观速、观距是准确进行调速和目的制动的先决条件,是保证调车作业和行车安全的关键环节。

【任务准备】

思考问题 1　请大家想一想:什么是观速观距? 为什么要进行观速观距?

_____

_____

_____

思考问题 2　请大家想一想:什么是推送法调车? 推送法调车与溜放法调车有何区别?

_____

_____

_____

【任务分组】

建议学习者组建学习小组,制订学习计划,共同完成相关任务。

姓名	学号	分工	备注	学习计划
			组长	

【任务学习】

一、观速、观距

在调车作业中,为了保持车组间的安全间隔或安全连挂,以及有效地进行目的制动,观测车辆走行速度及车组距停留车(或车组间)距离的方法,称为观速、观距。

调车作业中,观测车辆的走行速度,观测车组与停留车间(或某种固定设备之间)的距离,作为调节速度和制动(人力制动机或铁鞋制动)的依据,它直接关系到调速的好坏和制动的准确性。正确观速、观距是准确进行调速和目的制动的先决条件,是保证调车作业和行车安全的关键环节。观速、观距包括动观和静观两种。

动观:指调车组人员在机车车辆运行中所观察的速度或前方目标的距离。

静观:指调车组人员在固定地点观察机车车辆运行时的速度或远处的目标距离。

1. **观速方法**

目前观测速度一般运用目测和音测两种方法。一般白天以目测,尤其应当以近目测为主,夜间或大雾天气以"远听音、近观速"两者结合使用。由于调车速度都是在较短时间内或瞬时变化的,因此要想判明某时间点的调车速度,不能用较长时间来考虑或计算。下面介绍几种利用较短时间判明速度或近似计算调车速度的方法。

1)车上观速

车上观速是指调车组人员在车上低头看枕木或石碴状况来判明车辆的走行速度。例如调车场每节钢轨的长度为 12.5m,下铺 18 根枕木时车上观速经验如下。

(1)能较慢地数清轨枕根数时,车辆走行速度约 4km/h;

(2)能较快地数清轨枕根数时,车辆走行速度约 7km/h;

(3)能看清而数不清时,车辆走行速度约 10km/h;

(4)接近看不清轨枕根数时,车辆走行速度约 15km/h;

(5)看不清枕木根数时的速度,约 20km/h 以上;

(6)看石碴时,能看清石碴形状,车速约为 7km/h;

(7)看不清石碴形状,车速约为 13~17km/h;

(8)看石碴成一条线时,车速约为 25km/h 以上。

2)步行测速

步行测速即根据车辆溜行和人走行的相对速度,来测定车辆速度。一般在连挂车辆和采用铁鞋制动时运用这种方法。

(1)慢步行走能跟上车组时,约 3km/h;

(2)正常行走能跟上车组时,约 5km/h;

(3)快步行走能跟上车组时,约 8km/h;

(4)慢跑能跟上车组时,约 10km/h;

(5)快跑能跟上车组时,约 15km/h;

(6)快跑也跟不上车组时,约 20km/h。

3)数数计速

数数计速是指调车人员在车上或车下用自己数数的办法,测算一定时间内车辆通过钢轨的根数(或车轮撞击钢轨接头的次数),然后利用下列公式计算其速度。

$$速度 = 距离/时间 = (钢轨根数 \times 钢轨长度/时间) \times 3.6$$

式中,3.6 是把 m/s 换算成 km/h 的单位换算系数。

例如:测得车辆 2s 通过 1 根 12.5m 的钢轨,求车辆运行的时速是多少?

$$V = (1 \times 12.5/2) \times 3.6 = 22.5(km/h)$$

又如,测得车辆 2s 走完 1 节 10m 长的钢轨时,则车辆的速度是多少?

$$V = (1 \times 10/2) \times 3.6 = 18 (km/h)$$

为了使调车人员便于掌握和运用,可将车辆走一节钢轨的不同秒数及所得的不同速度用表格形式列出,如表4-4所示,调车人员应经常练习数数以便与时间一致。数数时,每数一下为1s(或0.5s),在一般情况下每秒数两下比每秒数一下准确。

车辆走 1 节钢轨的不同秒数及所得的不同速度 表 4-4

经过 1 节钢轨的时间(s)	速度(km/h)	
	每节钢轨为 12.5m 时	每节钢轨为 10m 时
1	45	36
1.5	30	24
2	22.5	18
2.5	18	15.5
3	16	12
3.5	12.9	10.3
4	11.3	9
5	9	7.2
6	7.5	6
8	5.6	4.5
9	5	4
10	4.5	3.6
13	3.8	3
15	3.0	2.4

2. 观距方法

观测距离是要判断推送车列或溜放车组与停留车之间,溜放车组之间,行进中的机车车辆与某种固定设备之间的距离,以便掌握或调节速度。

观察距离主要是采用对比方法,如对比邻线的存车数,对比电杆的距离(电杆间一般为50m、30m 两种标准),对比钢轨的长度(调车场钢轨长一般为 12.5m、10m 两种标准),对比上鞋标、鞋墩(一般按 20m 或 15m 设置)。此外,站场中的灯桥、房舍、信号机等固定设备之间的距离都是判断距离的依据。

3. 观速、观距的训练

1)观速的训练方法

这里介绍一种利用口诀帮助计速的方法。

十二米五一秒钟;

速度四十五里整。

两秒二十二里半;

三秒十五不带零。

四秒十一加点二;

五秒九里莫放松。

六秒七里来滑鞋;

二至五米把车停。

若问一秒为多久?

滴答一声正标准。

喊出一、二有节奏；
观速定能过得硬。

说明：

（1）"十二米五"指一节标准轨的长度。

（2）"里"指公里/小时。

（3）演练时可用秒表测出自己所喊出的一、二、三、四节奏是否准确来纠正与秒表 10s 之内的误差。

2）观距的训练方法

（1）采用静观距时，可在固定地点、目测远方目标距离（如停留车、电杆、其他标志、旗杆等）。

（2）采用动观距时，可在机车车辆运行中以"掷沙袋"方法测定停留车或远方目标的距离。

二、车辆的摘解、连挂

摘挂车辆时，除摘挂车钩外，还要摘结风管，个别军用列车有电话线，客车有暖气管、电灯线及广播线等。

1. 摘车

在机车车辆间进行摘管提钩使之分离的作业过程，称为摘车。从列车中摘下车辆时，应严格按照"一关前、二关后、三摘管、四提钩"的程序进行，不能颠倒或遗漏。客车摘车前还要确认暖气管、电气连结器已摘解。

密接式车钩摘挂作业时，车站应通知列检人员（车辆乘务员）到场并打开车门；调车人员应确认软管及电气连接线均已摘开，并将车钩扳手扳开且固定后，方可摘开车辆。

调车作业摘车时，必须停妥，按规定采取好防溜措施，方可摘开车钩；挂车时，没有连挂妥当，不得撤除防溜措施。

2. 挂车

连挂车辆时，按下列程序进行。

1）调整钩位

在连挂前，将进行连挂的车钩调整到便于安全连挂的位置，称为调整钩位。

（1）在直线上连挂车辆，车辆钩头位于中心，一方车辆的车钩在全开位，另一方车辆的车钩置于闭锁位。防止两车钩都在全开或都关闭而造成临时抢扳钩舌或重复连挂的现象。

（2）在曲线上挂车时，其情况如图 4-15 所示。两车纵向中心线相错，车身愈长或曲线半径愈小，则相错的差度愈大，而要使两车钩连挂，必须使两钩的纵中心线相近，错度过大，则不易连挂。如果勉强连挂，可能使两钩头相错，互触于车辆制动主管头上，甚至撞坏端梁。因此在曲线上连挂时，应调整钩位，将两钩头向曲线内侧扳动，使两车钩纵中心线相近，并将两钩各开六七成，以加大两钩接触面，再去连挂。

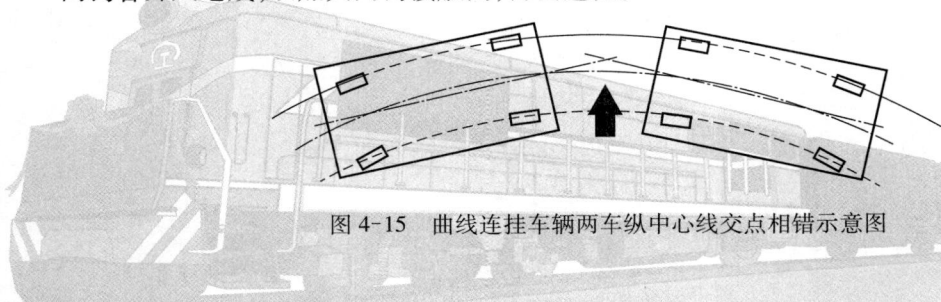

图 4-15　曲线连挂车辆两车纵中心线交点相错示意图

2）显示信号,指挥机车连挂

3）确认车钩连挂状态

车钩连挂后应认真确认是否连挂稳妥,确认的方法有以下两种。

（1）上作用式车钩钩锁铁锁脚是否在锁头底部露出,钩销露出在 56mm 以内,确认连挂状态妥当,如图 4-16 所示。

（2）下作用式车钩的钩销是否正确降落在钩头的后部下方,如钩销露出在 240mm 以上,说明连挂状态妥当,如图 4-17 所示。

两车连挂后,除了确认是否挂妥外,还应确认两车钩纵中心水平线的高差是否超过 75mm。如图 4-18 所示。

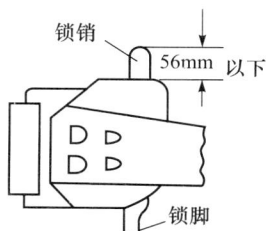

图 4-16　上作用式车钩钩锁铁锁脚状态图

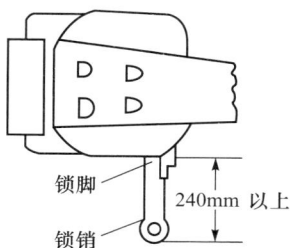

图 4-17　下作用式车钩钩锁铁锁脚状态图

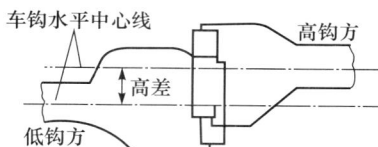

图 4-18　两车钩纵中心水平线的高差

车钩中心线高度差 75mm,是由车钩中心线距轨面最高为 890mm,最低为 815mm 两者之差决定的。观察车钩高差的方法是:在车钩中心线上有一条白线,首先检查两车钩连挂后两白线是否吻合成同一水平线,如果发现错开时,就应观察两中心水平线的高差是否超过 75mm,若超过时,应立即报告调车长或车站调度员,转知车辆部门处理。

（3）连结软管(客车还要将暖气管,电气连结器接上)。

（4）打开折角塞门并要确认各部分无泄漏。

（5）客车与货车连挂时,应将客车活动板吊起,防止活动板撞动货车车钩提链,提开车钩发生列车分离。

三、提钩作业

操纵提钩杆,提起钩销,让车钩呈开锁状态,使连结的车钩分离的过程,称为提钩。

1. 提钩作业情况

从调车作业方法上来分析,提钩的情况有两种。

（1）静止状态提钩:利用推送调车法,待被摘解的车组推送到指定地点,推送车列已经停稳,由提钩人员操纵提钩杆将钩锁销提起,使该车组与其他车组得到分离。

（2）行进中提钩:在溜放调车时,在车组走行或车列走行中操纵车钩的提钩杆,提起钩销,使车钩开锁后,使车辆或车组间在走行中相互分离。

2. 平面牵出线溜放提钩作业

（1）在提钩时,必须正确掌握提钩时机。在车组(车列)行进中提钩,当两车钩的钩舌互相顶在钩腕面内侧(俗成压钩)时才能提开。即机车加速,车组处于压钩状态时提钩。提钩时机不能过早或过晚。过早容易造成钩销回落,重新形成闭锁位;过晚则车钩呈拉伸状态而提不开车钩,即便提开也由于提钩时机不当而造成追尾冲突。

（2）提钩方法。

由连结员根据"调车作业通知单"提钩。作业方法:"一看""二查""三呼应""四提钩"。

"一看":看作业计划与摘解车数是否相符,看车列推进速度,看前行车组走行速度能否保证在分歧道岔外的技术间隔。所谓车组技术间隔是指前后两车组安全通过道岔,不致发生追尾的最小距离。技术间隔也叫扳道间隔或保安间隔。两车组的溜放技术间隔是以前行车组离开分歧道岔尖轨后跟起,扳道员就立即扳道,待道岔扳妥后,后行车组刚好运行到该分歧道岔的尖轨尖端外,以此条件确定的两车组间隔,是溜放车组的最小技术间隔。

"二查":查软管是否摘开,提钩杆作用是否良好,人力制动机制动员是否上岗,安全带是否挂妥和显示人力制动机作用良好信号。

"三呼应":连结员与调车长之间按调车作业计划认真核对,并实行呼唤应答。

"四提钩":先试提,看准时机猛提,同时监督脱钩情况。做到钩不脱,手不离。

3. 驼峰解体提钩工作

1）提钩时机

驼峰解体车列时,车组重心一旦进入加速坡,由于本身重力的作用,即脱离车列向峰下溜去。车组开始脱离车列的地点叫脱钩点。车组未到脱钩点前,车钩呈压缩状态,易于提钩;车组一旦超过脱钩点即呈拉伸状态,不易提钩。故提钩必须掌握在车组进入脱钩点以前适当时机进行。提钩过早,可能使车列振动而使钩销回落,重新形成闭锁位,或遇有紧急情况失去控制而影响安全;提钩过晚,车钩呈拉伸状态,不易提钩,造成"钓鱼",提钩过晚会严重影响作业效率。所以,正确掌握提钩地点和时机,对保证驼峰作业安全,提高调车效率具有重要意义。

2）脱钩点的确定

脱钩点与车组大小和空重有关。从实践中得出的一般规律有以下两条。

（1）小车组越峰1/2左右,大车组越峰1/3左右脱钩。

（2）大车组前重后空,脱钩点提前,反之则推后。提钩时机掌握在车组进入脱钩点之前。

3）提钩方法

由峰上连结员根据"调车作业通知单"提钩。采用"一看、二查、三呼应、四提钩"的作业方法。

"一看":看调车作业计划与摘解车数是否相符,看车组推峰速度、车组走行性能和前行车组走行速度,能否保证相邻车组间必要的技术间隔。

"二查":查软管是否摘开,提钩杆、闸链作用是否良好,是否禁止溜放或禁止过峰车。

"三呼应":连结员与调车长之间,按作业计划认真核对摘车数（即×道×辆）,并实行呼唤应答,防止错提、漏提。

"四提钩":先试提,看准时机猛提,同时监督脱钩情况。要求做到:钩不脱,手不离;前钩不脱,后钩不提。

驼峰解体车列七不提。

（1）没有信号不提。

（2）计划不清不提。

（3）钩不脱、手不离；前钩不脱后钩不提。

（4）车组技术间隔不足不提。

（5）禁止过峰、禁止通过减速器车辆不提。

（6）需要人力制动机制动的车组，未得到制动员试闸良好的信号不提。

（7）前制动机，后铁鞋，前制动机未过分歧道岔警冲标时，后车组不提。

四、车辆摘挂、提钩人身安全事项

（1）绝对禁止在车辆走行中进入钩档、道心里提钩锁销或调整钩位。

（2）调整钩位、处理钩锁销时，必须等列车、车列停妥，并得到调车长回示，昼间由调车长防护，夜间必须向调车长显示停车信号（发出停车指令）。

（3）在接近停留车时，应将速度降低到5km/h及其以下。在连挂车辆前，应了解停车位置，注意车钩状态。如遇钩位不正或钩销不良时，必须停车调整后，再行连挂。调整钩位时，不准探身到两车钩之间。对平车、低边车、罐车、客车及特殊用途等车辆，更应特别注意端板支架、缓冲器、风挡及货物装载状态。

（4）带风作业时，必须执行"一关前、二关后、三摘管、四提钩"的作业程序。

（5）溜放调车作业时，提钩人员应站在车梯上进行提钩工作。不准跟着车一边跑，一边提钩（驼峰作业除外）。严禁在车辆行进中抢越线路到外侧进行提钩作业。

（6）调整钩位、处理钩锁销时不要探身到两车钩之间。对平车、砂石车、罐车、客车及特种车辆，应特别注意端板支架、缓冲器、风挡及货物装载状态。

【任务实施】

工作任务四　学习任务单

班级：_____　　姓名：_____　　学号：_____　　日期：_____

知识认知	1. 什么是观速、观距？
	2. 观速、观距的意义是什么？
	3. 观速的方法有哪些？

续上表

知识认知	4. 观距的方法有哪些? 5. 摘车的作业流程及作业办法是什么? 6. 挂车的作业流程及作业办法是什么? 7. 车辆摘挂、提钩人身安全事项有哪些?
能力训练	按调车作业要求,根据实训设备的具体情况,分别扮演连结员、制动员,完成观速、观距、摘车、挂车的模拟演练流程。作业细节可参考《铁路车站行车作业人身安全规定》《行规》《站细》中的相关规定

【任务评价】

评价指标	组长评价	自我评价	教师评价
1. 知识学习效果			
2. 技能目标达成度			
3. 素质提升效果			
本模块最终评价			
个人总结及反思			

技能训练评分标准参考如下。

姓名	角色	作业内容	标准用语	标准操作	总评
	连结员				
	制动员				

备注：

1. 作业内容栏填记错漏细节数量，以"正"字笔画记录，每错 1 次扣 5 分；

2. 标准用语和标准操作填记优、良、差之一，各按扣 0、10、20 计分；

3. 原始总分按 100 分计，如作业内容错 2 次，标准用语和标准操作分别为优、良，总评分为 10C－5×2－0－10＝80，即总评分为 80 分。

【任务拓展】

调车作业对速度及安全距离规定

调车作业要准确掌握速度及安全距离，并遵守下列规定。

（1）在空线上牵引运行时，不准超过 40km/h；推进运行时，不准超过 30km/h。

（2）调动乘坐旅客或装载爆炸品、气体类危险货物、超限货物的车辆时，不准超过 15km/h。

（3）接近被连挂的车辆时，不准超过 5km/h。

（4）推上驼峰解散车辆时的速度和装有加、减速顶的线路上的调车速度，在《站细》内规定。经过道岔侧向运行的速度，由工务部门根据道岔具体条件规定，并纳入《站细》。

（5）在尽头线上调车时，距线路终端应有 10m 的安全距离；遇特殊情况，必须近于 10m 时，要严格控制速度。

（6）电力机车、动车组在有接触网终点的线路上调车时，应控制速度，距接触网终点标应有 10m 的安全距离；遇特殊情况，必须近于 10m 时，要严格控制速度。

（7）旅客未上下车完毕，除本务机车、补机摘挂作业外，不得进行旅客列车（车底）的连挂作业。

（8）遇天气不良等非正常情况，应适当降低速度。（《技规》第 293 条）

典型工作任务五
上下车技能

【任务描述】

调车作业人员在参加作业时,根据计划要求,需要经常地上、下车。在车列运行中上、下车,是调车人员应具备的基本技能之一,所以必须正确掌握其动作要领和安全注意事项。

【任务引入】

×年×月×日,××站调车作业计划为:第21钩石油1线+12、石油2线+12、4道过东、2-14……当进行到石油2线+12时,连结员给完妥帖信号后扒在第23位罐车后端,机车牵引24辆,从4道过东时,连结员在车列快通过平交道口时做好了下车准备,由于时机选择不当,下车时有些犹豫,一只脚落地,另一只脚还在车梯上,被车将人带转了一个圈,右脚卷入24位车前部车轮下,造成右脚被轧伤。

分析:根据案例分析造成本次事故的原因及上下车过程中应该注意的事项。

【任务分组】

建议学习者组建学习小组,制订学习计划,共同完成相关任务。

姓名	学号	分工	备注	学习计划
			组长	

【任务准备】

思考问题 1　调车作业过程中哪些情况需要上下车?

_____

_____

思考问题 2 上车动作要领是什么?

_____

_____

思考问题 3 下车动作要领是什么?

_____

_____

思考问题 4 上下车安全注意事项是什么?

_____

_____

【任务学习】

一、上车动作要领

在车辆运行中上车由四个动作组成,即抓车、助跑、起跳、落脚。

1. 抓车

面向前方(机车前进方向)寻好适当的上车地点,例如:选择地面比较平坦,没有积水、积冰(雪),没有明沟和障碍物的地点。选择合适的上车地点是为了适应助跑的需要。随后转向后方找好抓附的扶手,当所攀扶的车辆即将到来前的一刹那,上身稍微靠近车辆一方,两脚仍应保持向前,眼睛一定要盯好扶手的位置,然后再伸手抓车。

抓车的方式分为单手抓车和双手抓车,而用双手抓车又可分为双手抓附同一扶手和双手分别抓附两个扶手。

2. 助跑

当车列(组)速度较低时(一般在 6km/h 以下),抓住扶手后就可抬腿上车,不需要助跑;当行车速度接近 10km/h,就需要先跟车跑几步,经过助跑抓住车辆扶手后,就需要尽力快跑,当跑的速度和车辆运行速度大致一样时,再纵身起跳。助跑距离不宜过长,一般可先跑三四步,当抓住扶手后,再快跑一二步,即可上车。助跑的目的是为了在上车前跑到和车速一样,从而为上车创造条件,如果跑的速度低于或高于车辆的运行速度,就会给自己上车造成困难。助跑中,眼要注意前方路面,不要急于盯住脚蹬子,以免影响自己助跑速度。

3. 起跳

起跳的同时,眼要转向搭附的脚蹬,以保证登乘到适宜部位,起跳高度比脚蹬高度稍高即可。

4. 落脚

先跳起的一脚先着脚蹬,当这一脚踏站稳后,随即再将另一脚落下,两脚都用脚掌落于脚蹬,避免用脚跟着蹬,尤其冬季,脚蹬有冰雪,易向内方滑动。

当使用里腿先上时(里腿即靠近车辆的一条腿),先着蹬的里脚应蹬于脚蹬中部偏后的位置,这样给另一个脚准备好着蹬的地方。如果采用外腿上车时,先着蹬的外脚应蹬在脚蹬前侧一端,从而给里脚留出落脚的地方,这样还可以防止外脚前滑。当两脚踏上脚踏板后,即可用两手交替攀附到需要的扶手上。扶手应选在肩部以上,如果未踏上(踏空)或踏脱车蹬时,这时千万不能松手,而要保持镇静,随之,在地面上尽力跑几步,然后再起跳上车。

二、下车动作要领

在车辆运行中下车也由四个动作组成,即:转身、下蹲、跳车、着地。

1. 转身

将上身向外转动,面向前方,注视地面有无冰雪、障碍物。

2. 下蹲

在将要运行到所需要下车的地点前,两手应抓住与自己胸部高度相当的扶手,然后身体再向外转动与车辆成90°角,在转身的同时,外腿即可离开脚蹬尽量下垂,同时另一腿相应地向下弯曲,随外腿做下蹲动作,外手也应离开扶手随身下垂。外腿下垂离地面要有适当的高度,一般下垂程度应使臀部高于里腿的膝盖为宜。脚蹬离地面的高度约为450mm左右,当外腿下垂距地面很近时,臀部低于里腿膝盖,这样便于里腿的跳下,在下蹲动作完成后,头部大约与自己所抓扶手高度是相同或稍偏下的部位。

3. 跳车

当上述动作完成后,车辆运行到需要下车的地点时,垂下的外腿需向前伸,这是为了跳下后身体能保持平衡而做准备,在下车的外腿由前向外转动后,身体自然下落,同时里脚稍微用力蹬脚踏板作跳下动作。

脚尖跳下的方向应与地面成一定角度,为顺利着地而打下基础。在跳车的同时,里手(即靠近车辆的一只手臂)应立即松开扶手,以免松手过晚,车辆以原速带上身向前移动,而人已跳下,因身体向前的惯性还很大,容易发生危险。下车要当机立断,不能犹豫,又想跳又不敢跳,反而容易发生危险。

4. 着地

当跳下车将要着地时,必须作臀部下坐,上身后仰的动作。下车时速度愈大,上身向后倾斜与地面所成角度应愈小,在保持这样姿势下,两腿着地后,随机沿着双脚跳下的方向用力后蹬,作减速的跑步,减少向前冲跑的距离,以便保持身体的平衡。在着地时,脚部应采用平落或采用脚跟落地,以保持身体稳定,但脚跟着地,对人的大脑震动大。可根据熟练程度掌握跳车的技巧。

三、手腿的运用

1. 两手的运用

1)单手抓车

这是在车辆未起动或刚起动的情况下采用的,此时在一手抓住扶手后,一脚也应随着踏到脚蹬上去,然后按照需要可以站在原处不动或者向上攀附到需要的位置上去。在采用一手抓车方法时,抓车的一只手,应高伸抓附较高的手,这样如不再向上攀登时,就能符合上车后应保持的位置,不必再进行倒手。单手抓车必须使用里手,里手抓车很自然地使身体保持朝向车辆运行方向,以便跷脚上车。

2）双手抓附同一扶手

这是车辆已起动并达到相当速度而抓车时所采用的方法。双手所抓位置要有一定距离,外手(与里手相对的另一只手)要尽量向前抓,给里手留出足够的地方,这样就能使身体保持向前方向,所选的扶手既不能太高也不能太低,通常是抓附脚蹬上边的第二个扶手,抓的扶手与自己的头一样高为宜,因为过高,两臂必须高举伸直,抓的过低,又将造成两臂过分弯曲(如平板车、砂石车),不利于上车。

3）双手抓附不同的扶手

这是在所抓车辆运行速度较高时所采用的。一般是里手抓附和自己头部一样高的扶手,同时采用正手抓车的方式,也就是采用手心向下的抓车方式,这只手抓在扶手的后半部,为另一手抓附另一扶手时留下足够的距离,外手应抓附和自己胸部一样高的扶手,同时采用反手抓车(即采用手心向上的抓车),这样就变成一推一拉的用力方式。

2. 双腿的运用

（1）低速上车,尤其是在车辆刚起动时上车,一般都采用单手抓车,用里手抓住扶手后,用里腿抬腿上车。

（2）在高速而需助跑上车时,一般也应采用里腿先上的方式,这除了便于上车外,对于人身安全也有很大关系,如果采用外腿先上时,一旦发生脱脚,就会影响里腿前进,并有引起绊倒的危险。如果两手抓附不同的扶手时,一般用里手抓较高的扶手,用外腿先上较为自然方便。

上车时哪一只脚先着蹬,需要根据自己双腿弹跳用力的习惯酌情采用,除速度较高外,尽可能养成里腿先上的习惯,以利安全。

下车时,不管是低速还是高速,一律采用外腿先着地,千万不要采用里腿先下的动作。

四、上、下车安全

1. 上下车应注意的事项

（1）上下车必须面向车辆前进的方向,绝对不能迎面上车。

（2）不能冒险超速上下车。

（3）接班后应检查调车机车的脚踏板是否牢固,在上车前应查看车辆的脚蹬及扶手的牢固状态,尤其对杂型车辆更需特别注意。

（4）在道岔区、信号机、导管、导线、明沟、煤台等处所,不宜上下车。

（5）当车辆运行速度较高时,在站台处,尤其是在1.1m的高站台处不宜下车,因站台面离脚蹬太近,下车时两腿无活动缓冲机会,脚一着地易于跌倒。

（6）地面不平,有积水、积冰、积雪处,不易上下车,应在经常上、下车的地点清除冰雪,撒上砂土、炉灰等。

（7）下车前应先查看一下身体,查看一下自己的衣服等物是否被车上的配件挂住,一旦被挂,当人向下跳车时就容易发生危险。

2. 上下车几种不正确姿势

（1）上车时手脚一齐伸。这样上车,只要手脚一处失误,就有坠车危险。

（2）先跨脚后抓车。这种上车,会因手没及时跟上,造成身体向后仰,以至于坠车;万一失手抓空,那就更危险。

（3）下车后不向前跑。这样下车,轻则摔倒在地,重则与邻线来往的机车车辆相撞。

3. 攀附车列内车辆位置的选择

（1）调车长为便于前后联系,原则上应选择既便于瞭望进路,又便于司机确认所显示信号的车辆攀附,其他人员(连结员、制动员)在攀附车辆时,要选择一方面便于前后联系工作,另一方面又便于为下一步工作打好基础的车辆。

（2）在向专用线取送而途中运行时间较长时,可在车列前配备两个人,分别位于车辆或机车的两边,以便加强进路瞭望。如果是单机或机车牵引运行时,在机车脚踏板上,一端只准站立一个人,禁止两人并排站在一边,以防突然发生情况,站在内侧的一人无法及时跳出而导致发生意外。

（3）应尽量避免选择以下车辆作为上车及攀附的对象。

① 尽量避免选择脚蹬在外侧。上车的扶手在端板上的车辆,在脚蹬上端有一个扶手,但因位置过低,对抓车攀附不利。

② 尽量避免选择平车、砂石车。因其扶手过低,抓附这种车辆时,不但加大了手的拉力,而且上车后身易于向前倾,较费劲、易疲劳。

③ 尽量避免攀附扶手和平板车一样的车辆,这类车不宜上、下车。

（4）攀附车辆应注意的事项。

上车后跟随运行的车辆前进时,对所攀附的位置、姿势等注意的事项如下。

① 对攀附的车辆必须抓紧扶手,不能抓扶篷布绳索。站在手制动台上,要系好安全带,手要紧握手制动轮。

② 在攀扶车辆运行时,禁止脚蹬轴箱;禁止站在车钩上;禁止站立在棚车顶上或在装载高于敞车端侧板的货物上行走;禁止骑车帮;禁止跨越车辆;禁止在车辆端侧板以及端板支架上站立(无论有无接触网)。

③ 在攀附车辆,站立于脚蹬上时,禁止做下蹲姿势,身体任何部分均应在脚蹬最低部分以上的位置。

④ 两脚蹬在脚蹬或扶手上时,应随时注意线路旁有无障碍物或者是否将要进入高站台,以便好随时下车,或者攀登上层扶手。

⑤ 经过散装货物堆积处时,不要站在脚蹬下面。在经过信号机、表示器及天桥等处时,要将身体紧贴车辆,不能探身过远,以免碰伤。

⑥ 在调车行程较长的作业中,不应坐在棚车顶上或坐在装载高于车帮的敞车内,如果是空敞车,可站立于敞车内。

⑦ 应尽量避免登乘于空棚车内,如必须进入棚车内时,则不准站立在车门口探身车外进行瞭望进路或中转信号,以免紧急制动时车门突然移动将人挤伤。

⑧ 在车列运行中,应面向前进方向,如遇风沙、飞雪,也不能背对车列运行方向,必要时可带好防风眼镜,一旦发生问题,做好应急处理。

4. 调车人员上、下车应遵守的安全规定

（1）车辆在走行中绝对禁止以下行为。

① 在平车或低边车的边端坐立。

② 在连结器上或端板支架上坐立。

③ 在棚车顶或装载超出车帮的货物上站立或行走。

④ 骑坐车帮或跨越车辆。

⑤ 手抓篷布、绳索或捆绑货物的铁丝,脚蹬轴箱或平车鱼腹梁。

⑥ 在车梯上探身过远,或经过高站台时站在车梯底层。

⑦ 在装载易于窜动货物的空隙之间站立。

⑧ 在外侧上下车。

（2）上下车必须遵守以下规定。

① 上车时,车速不得超过 15km/h,下车时,车速不得超过 20km/h。

② 在站台上下车时,车速不得超过 10km/h。

③ 在路肩窄、路基高的线路上和高度超过 1.1m 的站台（高站台）作业时,必须停车上下。

④ 登乘内燃、电力机车作业时,必须在机车停稳时,再上下车（设有便于上下车脚蹬的调车机除外）。

⑤ 上车前应注意脚蹬,车梯,扶手,平车、砂石车的侧板和机车脚踏板牢固状态。

⑥ 不准迎面上车,别腿上车。

⑦ 不准反面下车（牵出时最后一辆除外）,严禁双脚齐下。

⑧ 上下车时,要选好地点,注意地面障碍物。上车前必须面向车辆的前进方向,不准迎面上车。不准运行中反面上下车（牵出时最后一辆及《站细》等规定的除外）。

【任务实施】

工作任务五　学习任务单

班级：_____　　姓名：_____　　学号：_____　　日期：_____

知识认知	1. 上车动作要领有哪些?
	2. 下车动作要领有哪些?
	3. 上下车时手腿的运用的方法是什么?
	4. 上下车应注意的事项有哪些?

知识认知	5. 上下车几种不正确姿势是什么？ 6. 攀附车列内车辆位置的选择原则是什么？ 7. 调车人员上、下车应遵守的安全规定有哪些？
能力训练	按调车作业要求，根据实训设备的具体情况，分别扮演连结员、制动员，完成上车、下车的模拟演练。作业细节可参考《铁路车站行车作业人身安全规定》《行规》《站细》中的相关规定

【任务评价】

评价指标	组长评价	自我评价	教师评价
1. 知识学习效果			
2. 技能目标达成度			
3. 素质提升效果			
本模块最终评价			
个人总结及反思			

技能训练评分标准参考如下。

姓名	角色	作业内容	标准用语	标准操作	总评
	连结员				
	制动员				

备注：
1. 作业内容栏填记错漏细节数量，以"正"字笔画记录，每错 1 次扣 5 分；
2. 标准用语和标准操作填记优、良、差之一，各按扣 0、10、20 计分；
3. 原始总分按 100 分计，如作业内容错 2 次，标准用语和标准操作分别为优、良，总评分为 100−5×2−0−10＝80，即总评分为 80 分。

【任务拓展】

一、车列、车辆运行中，禁止下列行为

（1）在车钩上，在平车、砂石车的端板支架上坐立，在平车、砂石车的边端站立。

（2）在棚车顶或装载超出车帮的货物上站立或行走。

（3）手抓篷布或捆绑货物的绳索，脚蹬平车鱼腹形侧梁。

（4）在车梯上探身过远，或经站台时站在低于站台的车梯上。

（5）在装载易于窜动货物的车辆间和货物空隙间站立或坐卧。

（6）骑坐车帮。

（7）跨越车辆。

（8）两人及以上站在同一闸台、车梯及机车一侧脚踏板上。

（9）进入线路提钩，摘结制动软管或调整钩位。[《铁路车站行车作业人身安全标准》（TB/T 1699—1985）第16条]

二、调车作业上下车的规定

（1）中间站调车作业时，必须停车后再上下车。编组站、区段站调车作业时，严禁动态上车，允许动态下车的位置依据铁路各集团公司调车作业管理细则的相关规定执行，其余位置一律禁止动态下车，相关车站要针对允许下车的位置制定安全防控措施并纳入《站细》，遇雨雪雾不良天气，要降低下车速度，必要时停车后再下车。

（2）上车时要站稳抓牢，手持铁鞋、人力制动机紧固器（以下简称紧固器）、便携式机控器等有关工具备品上下车时，必须在机车（包括调车机车）、车列停稳后方准上下车。

（3）在车辆运行中，禁止上（下）人力制动机制动踏板（遇危及人身安全的情况除外）。

三、扒乘机车车辆位置的规定

（1）扒乘机车车辆前，必须先确认脚蹬、车梯、扶手以及平车、砂石车的侧板和机车脚踏板的牢固状态。上车后必须做到站稳抓牢，严禁单腿站立在车梯上或站在插在脚蹬的铁鞋上。

（2）推送作业时，领车人员应扒乘在前端第一位车辆，前端车辆不便扒乘时，在保证瞭望的前提下，可适当后移扒乘位置（最多不超过2辆）。前端2辆均不能扒乘时，应附挂具备扒乘条件的车辆或徒步领车。

（3）扒乘平车时，调车人员严禁站、坐在边端。原则上不得在集装箱专用平车上坐立（铺设有底板除外）。必须扒乘装有货物的平车时，应选择好位置，手抓牢脚蹬稳。

（4）对既有侧梯、又有端梯的车辆，必须在侧梯上扒乘；对只有端梯且没有扶手、没有侧梯的车辆，禁止扒乘。

（5）严禁调车人员站在敞车、棚车等车辆的闸台上带车。

（6）特殊情况下执行上述规定有困难的，由站段制定保证人身安全的作业办法。

四、调车作业中站位规定

（1）使用手信号调车作业时应在司机一侧作业。

（2）推进运行时，调车指挥人与其他调车人员必须在同一侧。

（3）调车作业须经设有高站台的线路时，必须一度停车，作业人员不得在高站台一侧扒乘车辆，如确需在高站台一侧作业时，车站应制定具体安全措施纳入《站细》，调车长确认调车人员信号和位置安全后，方可指挥动车。连续翻钩作业时，每次动车前呼："×道高站台作业，注意安全"。

典型工作任务六
调车作业计划的编制

【任务描述】

调车作业计划是规定车列如何解体、编组、取送、甩挂等作业的具体行动计划,调车工作应根据调车作业计划进行。调车作业前首先要做好调车作业计划的布置和传达工作,按照调车作业计划的要求开展调车工作。

【任务引入】

案例 1:编制解体调车作业计划

B 站衔接方向和列车编组计划如图 4-19 所示:

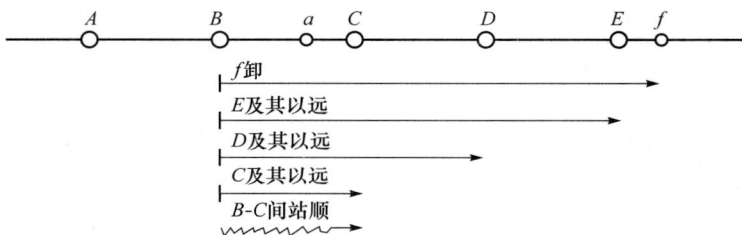

图 4-19　B 站衔接方向和列车编组计划

该站股道固定使用办法为:1~5 道到发线,6~15 道调车线,其中 7 道集结 C 及其以远车流,8 道集结 D 及其以远车流,9 道集结 E 及其以远车流,10 道集结 f 卸车流,11 道 B—C 间,12 道本站作业车。左牵出线调机为 1 调,右牵出线调机为 2 调,解体作业由 1 调担当。到达解体的 20032 次停于 3 道,编组内容如图 4-20 所示。(分别按一批和两批解体编制调车计划)

D_3	C_5	f_{16}	a_2	E_5	D_4	f_4	B_6

图 4-20　20032 次列车编组内容

案例 2:编制编组调车作业计划

将待编车列车辆编组顺序为:43732472653312435472645324,按站顺(1,2,…9)编制编组调车作业计划,待编车列停于调车场 11 道,调车机车在右端作业,编成后转往出发场 3 道,要求两批分解,使用三条线路(10,11,12)编组。如何编制该编组调车作业计划?

【任务分组】

建议学习者组建学习小组,制订学习计划,共同完成相关任务。

姓名	学号	分工	备注	学习计划
			组长：	

【任务准备】

思考问题 1　为什么要制订调车作业计划？

_____

_____

_____

思考问题 2　什么是调车作业计划？

_____

_____

_____

思考问题 3　调车作业计划的形式是什么？

_____

_____

_____

思考问题 4　什么是解体调车作业计划？

_____

_____

_____

思考问题 5　什么是编组调车作业计划？

_____

_____

_____

【任务学习】

一、调车作业计划的形式及含义

调车作业计划（也称为钩计划）是面向调车班组规定其作业程序的具体行动计划，应在车站阶段计划的框架约束下编制。其计划编制过程就是对调车作业效果的推断思考过程，即调车作业计划是调车决策意图的体现。对于出发车流，其解编结果要符合编组计划的规定及《技规》中提出的技术安全要求；对于地方车流（含检修车辆），其解编结果要符合相关作业环节的车组排列要求。

调车作业计划由调车领导人（调车区长、车站调度员）根据阶段计划任务、到达确报和存车情况编制，并以调车作业通知单（见表4-5）的形式下达给有关调车人员执行。

调车作业通知单　　　　　　　　　　　　　　　　　　表4-5

调车作业通知单					
第（S004）号					
（2）号调机编/解（41028）次　（　）道列车					
开始：10时10分			终了：10时40分		
序	股道	甩挂	车号	备	注
1	BZ04	+24	3411132	禁代客	H1667
2	2	−11	5505254		定兰 H854
3	4	−13	4623913	禁代客	H813
4	17	+4	4527551	Δ_2	兰东 Z322
5	2	+17	4600545		定兰 H1373
6	CF03	−21	4603674	Δ_2	H1695
股道	2	3	4		
车数	11	13	21		
区长		编制时间：			

"调车作业通知单"上部给出通知单的编号、执行计划的调车，拟解编的车次（只对到发列车填）、列车所在股道（只对解体列车填）以及作业的规定开始终了时分等。在其下部给出股道解入辆数的合计值、计划编制人（区长或站调）以及编制时间等。

对调车钩的安排是作业计划的实质内容，以每钩一行的方式进行描述。其中"序"栏给出作业排序，以便执行和统计钩数；在"股道"栏给出本钩作业的相关线路编号；在"甩挂"栏用"+"或"−"分别表示挂车作业或摘车作业，此后的数字表示挂取或摘送的辆数；在"车号"栏注明所摘挂车组端部车辆的车号，它是本钩车终止而应摘钩开口的标志，当钩车内辆数较多时这是必要的，以免对摘钩位置判断失误；在"备注"栏有较多的标注内容，例如钩车中的特殊车辆（如禁溜车、隔离车、关门车、客车等），车组去向（如表中的"定兰""兰东"等），车组的空重状态（如表中的 K、Z、H 等），车组重量（以吨为单位）以及其他作业事项等。

需要指出的是，不同车站的钩计划形式可能存在某些差异，例如，有的还注明了调车作业端，在备注栏使用了一些自行规定的符号等，但其对调车钩的表达形式都是相同的。

编制调车作业计划既要统筹考虑，又要采用最有效的调车方法，以便为以后的调车作业创造有利条件,做到最大限度地解体照顾编组,以达到节省调车钩数、缩短调车行程、减轻调动重量、压缩调车时间、保证调车安全。

二、解体调车作业计划

对到达改编列车、完成装卸作业的地方车流以及修竣车等须进行解体作业的车辆,要编制相应的解体钩计划,其特点是以溜放钩数为主。解体作业通常在车场头部进行。当车场横列布置,尤其是无驼峰设施时,可根据待解车列的构成及其他作业条件选取合理的作业端,或安排两端协同进行。

为减轻调动重量,可对待解车列选定开口位置,采用分部解体的方法。开口位置选择合理还可减少钩数、提高调车效率。例如,在到发线运用不紧张且待解车列中有大车组能较快接续出发时,可将该车组留在原到发线上而不参与解体调车。这就是所谓的按"坐编"开口,留在到发线上的大车组称为"坐编"车辆。显然,"坐编"方式的调车效率高,能使车流尽快接续。因此,编制解体作业计划时,应正确选定"开口"位置。选择"开口"位置的方法一般如下。

(1)在车列的大车组前开口,以便第一钩把大车组摘走,减轻车列的调动重量。

(2)在便于利用调车机车车次位集结少量车组处开口,以便减少调车钩数。

(3)两端牵出线共同解体一列车时,应考虑两台机车作业均衡、合理配合。例如使两台部分车数大致相等或按"坐编"(将大车组留在到发线直接编组)要求开口等。

列车解体作业计划一般按调车线的固定使用方法进行,但是为了实现解体照顾编组,或为了临时解决线路不足的问题,在编制解体作业计划时,还须考虑活用线路的办法,以便减少重复作业,提高调车效率。

例1,设D站衔接方向如图4-21所示。D站线路固定使用办法为:1-5道为到发线,6-15道为调车线,其中6道集结A站车流,7道集结B站及A-B间车流,8道集结C站及B-C间车流,9道集结C-D间车流,14道集结本站作业车,其他股道使用办法略。若35002次到达解体列车停于3道,其编组内容如表4-6所列,则可有如表4-7所列的解体作业计划。

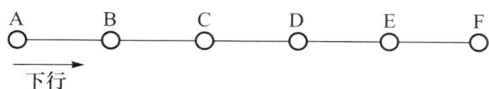

图 4-21　D 站衔接方向图

35002 次列车编组内容　表 4-6

车组位置	车组到站
1~8	A
9~12	C
13~15	A-B
16	D
17~18	B-C
19~24	B
25~28	D
29	A
30~31	B

续上表

车组位置	车组到站
32~35	C-D
36~37	D
38~40	B-C

35002 次到达列车解体作业通知单　　　　　　　表 4-7

股道	摘或挂(+/-)	车数
3	+	40
6	-	8
8	-	4
7	-	3
14	-	1
8	-	2
7	-	6
14	-	4
6	-	1
7	-	2
9	-	4
8	-	5

三、编组调车作业计划

当车辆是按去向和类别在固定线路上集结时,可将相关各车组连挂成列并转场而完成编组作业,对此所编制的钩计划为编组调车作业计划。编组调车以连挂钩为主,故通常在车场尾部进行。

实际上编组调车远比上述过程复杂。这主要是因为车流构成及数量有较大的波动性,线路活用或车流混线集结是必然发生的现象。尤其是对诸如摘挂列车之类的多组车列进行编组时,出现关门车和有隔离要求的车辆而有编挂限制时,以及对地方车流和不良车辆按其后续作业地点选编时,都有复杂的决策及作业过程。这也体现出解体和编组调车因承担"选编车流"这一共同任务而有内在的一致性。但按传统习惯,仍然把在调尾进行的这些作业视为编组调车。

由于车辆通常按列车编组计划的去向在调车场的固定线路上集结,所以一般列车的编组调车作业,只是进行车组的连挂(在一条调车线上连挂车组或将 2~3 条线上的车辆连结成车列)和转线(将车列从调车场转到出发场)。当车辆的编挂位置不符合《技规》关于编组列车的要求时,才需进行分解调车作业。

例 2,D 站衔接方向如图 4-21 所示,调车机车解完 35002 次列车后要编组 31002 次 C 站去向列车,编组计划规定编往 C 站去向的区段列车的编组内容为:C 站及 B-C 间车流为一组,挂于列车机车次位,B 站及 A-B 间车流为另一组,列车编成车数为 50 辆,线路固定使用情况与例 1 一致,7 道已集结 B 站及 A-B 间车流 20 辆,8 道已集结 C 站及 B-C 间车流 32 辆,若车辆连挂已符合《技规》要求,则 31002 次列车的编组调车计划为:

7+20（B 及 A-B 车流）

8+30（C 及 B-C 车流）

4-50

对于摘挂列车,由于同一方向各中间站的车组混在一条线上集结,但要求按站顺到站成组编组,因而编组摘挂列车是一项十分复杂的工作。为了提高编组摘挂列车的作业效率,减少调车钩数,特别是减少推送钩数,我国广大铁路工作者积累了许多丰富经验,并在理论研究上提出了"大量采用对口、尽量少占用线路的调车法""车组编号、合并使用线路调车法""表格调车法""看图调车法"和"统筹对口调车法",使摘挂调车作让计划的编制原理日益完善。

为了叙述方便,现用阿拉数字代替车组到站,并规定列车编组后距调车机车最远的车组到站为"1",从远到近依次编为 2、3…,调车机车在右端作业。

例如,M 站调车线上待编车列的去向站排列顺序为:

e　　d　　g　　a　　f　　b　　g　　f　　c　　e　　a

M 站与相邻技术站 N 站间中间站设置如图 4-22 所示。

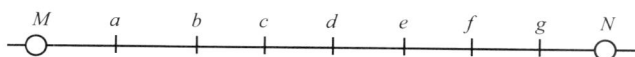

图 4-22　M-N 区段中间站示意图

根据按站顺编组摘挂列车的编组要求,列车按到站由远及近编成后各中间站车组的排列顺序及编号为:

g　　f　　e　　d　　c　　b　　a

1　　2　　3　　4　　5　　6　　7

故待编车列中各车组的编号为:

e　　d　　g　　a　　f　　b　　g　　f　　c　　e　　a

3　　4　　1　　7　　2　　6　　1　　2　　5　　3　　7

编制摘挂列车的调车计划可用调车表来进行。表格形式如表 4-8 所示。

调车表　　　　　　　　　　　　　　　　　　表 4-8

第二批 / 第一批 / 股道 / 列	3	4	1	7	2	6	1	2	5	3	7
一　　　10			i				1	2			
二　　　11					2					3	
三　　　12	3	4							5		
四　　　13						6					7
五　　　14				7							

表格实际上就是调车场的示意图,调车机车在右端作业,横格称为"列",表示每条线路,竖格称为"行",表示车组在待编车列中相互位置,"行"与"列"的交点,表示每个车组分解到那条线路。这样,通过在调车表上进行"下落""调整""合并"等步骤,就可把顺序杂乱的待

编车列变成接连顺序的车列,从而实现摘挂列车的编组要求。

1. 下落

在编组摘挂列车时,为了调转顺序,就需要把待编车列中的反顺序车组分解到不同线路上,这样的调车过程,反映在调车表上,即所谓车组下落。车组下落的方法是:从左端起先找表格上部所填记的待编车列中的第一个"1"号车组,将其下落到第一列,然后向右找出全部1号车组,若无1号车组,则继续向右找出2号车组,并下落到第一列。如果1号车组的左方有2号车组,则在1号车组右方下落全部2号车组后,第一列下落工作即告完毕,否则,在第一列还可下落3号车组,以此类推。

第一列下落完毕后,再从左至右找第一列最后部车组的同号车组,无同号车组时找其大一号的车组,下落到第二列,并按第一列下落的规则填写完第二列,以此类推,直至全部车组下落完毕为止。

2. 调整

有些车组在下落时不一定只有一个位置,而是可在两列之间移动的。如上例车组$\overset{2}{2}$既可落在第一列,也可落在第二列,若车组$\overset{2}{2}$落在第二列,则车组$\overset{1}{1}$也可落在第一列或第二列。这种可在两列中调整位置的车组称为可调车组。显然,$\overset{7}{7}$也是可调车组。至于如何确定可调车组的有利位置,则应与"合并"方式的选择结合起来考虑。

3. 合并

待编车列下落的每一列如果单独占用一条线路,则只需从最大列号开始,依次连挂各列便可编成符合顺序要求的车列。但这时将消耗下落列数相等的推送钩数。研究发现,待编车列下落的各列中一部分列须各自占用一条线路,而另一部分列则可组成一个或几个暂合列合并使用线路,从而可减少编组列车的推送钩数。

例如,表4-8共下落五列,若不合并使用线路,则分解时需用五条线路,因此整个编组过程须用13钩,19个调车程,其中推送钩6钩,溜放钩7钩(未计向到发线转线的调车钩)。其调车作业计划如表4-9所示。

调车作业计划表 表4-9

12+9
10−1
14−1
11−1
13−1
10−2
12−1
11−1
14−1
13+1
12+3
11+2
10+3
DF5−11

如在下落的基础上将第二、四、五列暂时合并为一列，如表 4-10 所示，则可少用两条线路，减少两个推送钩。虽然暂合列挂车须多用一个推送钩，但仍可节省一个推送钩。至于溜放钩，由于需重复分解暂合列可能会有所增加（本例并不增加），但因每个推送钩所需的时间约为溜放钩的 3~5 倍，所以如果合并方式选择得当（如各列车组合并后不交错或很少交错，合并时能利用待编车列的邻组或利用机后集结车组等），则合并使用线路将是有利的。

调车表　　　　　　　　　　　　　　　　表 4-10

列 \ 股道 \ 第一批 \ 第二批		3	4	1	7	2	6	1	2	5	3	7
一	10			1				1	2			
二	11				7	2	6				3	7
三	12	3	4							5		
四							⑥					⑦
五					⑦							

注：带○者表示车组已合并他列，下同。

本例合并使用线路时的调车作业计划如表 4-11 所列，该计划共用 12 钩，17 个调车程，其中须用推送钩 5 钩，溜放钩 7 钩，比未合并使用线路时减少一个推送钩。

调车作业计划表　表 4-11

12+9
10-1
11-3
10-2
12-1
11+2
10-1
12-1
10-1
11+1
12+4
10+5
DF5-11

又如，有待编车列车辆编组顺序为：43732472653312435472645324，停于调车场 11 道，若须分批解体，则应按"当尾组在左，首组在右时，开口位置应选在首、尾组之间，反之，则应选在首、尾组的两边"的开口原则确定开口位置，以减少下落列数。本例首组为 1，尾组为 7，因此可在车组 3 与 1 之间开口。这样，调车表的填写与下落后的情况如表 4-12 所示。

调车表　　　　　　　　　　　　　　　　　　　　　　　　表 4-12

列	股道	第一批							第二批						
		1₂	4₃	5₄	(7₂)	6₄	5₃	2₄	4₃	7₃	2₄	7₂	6₅	3₃	7₂
一		1						2			2			3	
二			4						4						
三				5			5						6		
四						6				7		7			7
五					⑦										

（点线在最后一列 7₂ 之左）

由表 4-12 可见,第五列只有第一批分解的一个车组 7,如在分解时把其溜放到第二批分解的车组之后(见点线右端),则下落列数可少一列,并且本例并不增加溜放钩数。在下落四列的情况下,应采取第二列和第四列合并的方式,如表 4-13 所示。为了减少暂合列中各列车组的交错次数,在合并的同时,将可调车组 4 从第二列调整到第三列,从而又能利用一处待编车列的邻组,再将第一批分解的车组 6 也溜到第二批分解的车列之后。这样,虽然增加了解体暂合列的溜放钩,但因采取调整和合并的步骤,利用了邻组,又节省了溜放钩。从而使用三条线编组比使用五条线编组节省了两个推送钩和一个溜放钩。

调车表　　　　　　　　　　　　　　　　　　　　　　　　表 4-13

列	股道	第一批						第二批							
		1₂	4₃	5₄	(7₂ 6₄)	5₃	2₄	4₃	7₃	2₄	7₂	6₅	3₃	7₂	6₄
一	10	1					2			2			3		
二	11		④					4	7		7			7	
三	13		4	5		5						6			6
四					⑥				⑦		⑦			⑦	
五					⑦										

（点线在 7₂ 与 6₄ 两列之间）

按表 4-13 编制的调车作业计划如表 4-14 所列,该计划共用 17 钩(未含转线钩),22 个调车程,其中推送钩 5 钩,溜放钩 12 钩。

调车作业计划表　　表 4-14

11+22
10-2
13-7
11-6
13-3
10-4
11+20

续上表

10-4
11-2
13-5
10-3
11-2
13-4
11+10
10-3
13+19
10+16
DF5-42

【任务实施】

工作任务六　学习任务单

班级：_____　　姓名：_____　　学号：_____　　日期：_____

知识认知	1. 调车作业计划的作用是什么？ 2. 调车作业计划的主要内容、编制依据和编制方法是什么？ 3. 编制摘挂列车的调车作业计划有几个主要步骤？ 4. 编制调车作业计划过程中如何选择适当的暂合列？
能力训练	**按调车作业要求,针对典型案例部分的案例,分别编制编组调车作业计划和解体调车作业计划,对不同的作业计划进行比对找出最优的作业计划并说明原因**

【任务评价】

评价指标	组长评价	自我评价	教师评价
1. 知识学习效果			
2. 技能目标达成度			
3. 素质提升效果			
本模块最终评价			
个人总结及反思			

技能训练评分标准参考如下。

姓名	角色	作业内容	标准操作	总评
		编制编组作业计划		
		编制解体作业计划		

备注:

1. 作业内容栏填记错漏细节数量,以"正"字笔画记录,每错 1 次扣 5 分;
2. 标准用语和标准操作填记优、良、差之一,各按扣 0、10、20 计分;
3. 原始总分按 100 分计,如作业内容错 2 次,标准用语和标准操作分别为优、良,总评分为 100−5×2−0−10＝80,即总评分为 80 分。

【任务拓展】

调车作业计划编制的相关规定

1. 调车作业计划编制、布置由调车领导人负责。中间站设有调车区长时,调车作业计划编制、布置、交接由调车区长负责,需运用到发线作业时,应征求车站值班员同意。

2. 编制人应提前掌握甩挂列车运行情况,详细了解列车编组计划,核实作业车的分布情况,了解并掌握需挂车辆装卸或检修作业进度、停留车位置、线路容车数、对位及过轨道衡、调车作业限制(如超限车、凹型平车、重点车、限速连挂车、禁止溜放车、有编组隔离要求的车辆、禁止编入列车的故障车等)、经由的分路不良区段、越出站界调车、接触网供停电状态等情况。

3. 调车领导人与调车指挥人应亲自交接计划,因设备原因不能亲自交接时,交接办法在《站细》中规定。调车指挥人应亲自向司机交递和传达调车作业计划并核对,对其他人员应亲自或指派连结员传达。

4. 编制调车计划要统筹考虑,在保证作业安全和完成生产任务的前提下,采取合理的调车方法,节省调车钩数、缩短调车行程、压缩调车时间,尽量减少穿越正线、大组车连挂小组车、"三压"(压警冲标、压轨道电路、压信号机)作业。

5. 中间站利用本务机车调车作业或企业自备机车在站调车作业时,应使用附有车站示意图的调车作业通知单(或另附车站示意图交与司机)。

6. 调车作业通知单须做到"五有、六要素"。其中,"五有"指有作业批(次)号,有班(组)别,有编解(或摘挂)列车的车次、机车号码,有作业日期、起止时分,有调车领导人姓名。"六要素"指作业股道、作业方式、调动辆数、作业径路、代号车标记和注意事项。

7. 编制调车作业计划需遵循以下规定。

(1) 使用附有车站平面示意图的调车作业通知单时,作业第 1 钩以"→"标出作业方向。有站存车时,应在示意图股道内按两端、中部,以"□"标出停留车位置。

(2) "第_____号":本计划的批计划号。

(3) "_____年____月____日":使用阿拉伯数字填写作业日期。

(4) "车次:_____":填写图定车次或调度员下达车次。利用电力机车调车作业时,注明"电力××次"。

(5) "机车号码:_____":填写作业机车号码。

(6) 作业内容:解体、编组、摘挂、站整、取送。

(7) "自____点____分起至____点____分止":使用阿拉伯数字填写预计作业的起止时分。

(8) 股道:应按《站细》规定的线路编号填写。专用线、货物线、段管线及站内特殊用途线路(如整装线等)按《站细》规定名称的简称填写。例如:军专、油专、站修、机折、整装。多条股道填写为军 1、军 2,油 1、油 2 等。

(9) 摘或挂(-/+):单机出填写"单机东(西、南、北)出";挂车填写"+";摘车填写"-",驼峰解体作业采用连续溜放、单钩溜放等作业符号由各单位结合实际规定,但不得与摘车符号相同;机车转头作业填写"转头"。

(10) 辆数:填写摘、挂车辆数;单机转线时,辆数填写 0。

(11) 代号:填写代号车的标记,禁溜"×"、注意溜放"⊗"及特殊限制等(特殊限制代号应在《站细》中明确)。

(12) 使用附有车站平面示意图的调车作业通知单时,须印制规范性示意图,规范填写,字迹清晰,原则上不准涂改、过格。

(13) 记事:填写该钩作业径路(如南牵、北牵、经×道等);10 辆及其以上的开口车号;股道内车辆全部摘下或挂取填写"全";该批作业完毕填写"完";需经由轨道电路分路不良区段填写"分"(使用附有车站平面示意图的中间站必须使用红色笔在示意图上标注调车作业行经的分路不良区段);脱轨器填写"脱";高站台填写"高";大门填写"门";无电区进入有电区填写"电";"道口"等应注明;电力机车调车时,电力机车调车时,接触网终点标位置用红色"▽"符号在示意图线路对应的位置标记,并用红色字体标注"接触网终点标"。当同一钩"记事"栏出现多种记事事项时,应以顿号隔开。

(14) 使用计算机编制调车作业通知单的车站,有关标记符号及标记办法由站段根据实际自定并纳入《站细》。因线路限速、车辆故障、调动特种车辆、过衡、抑尘等需限制调车速度,调车作业通知单上要标明限速要求。

(15) 注意事项:填记调车作业需占用正线、到发线作业时,对预计作业时间段内旅客列车车次和通过(到、开)时刻,并根据天气、设备、作业地点、作业内容等情况,提出作业要求及安全重点注意事项。

【思政小课堂】

提升现场能力的"加油站"

党的二十大报告提出,"培养造就大批德才兼备的高素质人才,是国家和民族长远发展大计"。对企业来说,高技能人才队伍就是高质量发展的不竭动力。

近年来,中国铁路郑州局集团有限公司注重基层技能人才队伍建设,不断优化和完善职工培训模式,大力推进局集团公司、站段和车间三级实训基地建设。如今,实训基地已经成为郑州局集团公司提高职工标准化、规范化作业水平的重要平台。

"排风、摘管、核对计划、确认进路、检查线路……",10月14日,在郑州北站调车技能实训基地,刘国栋和工友们正一丝不苟地进行调车作业实作演练。

"像这样的实作演练,我们每周都会开展。"刘国栋说。

郑州局集团公司围绕培养知识型、技能型、创新型职工队伍目标,大力建设实物化、实景式、实作性培训基地,有效提升了职工培训的精准度和可操作性。

"标准明确、资源共享,实际、实用、实效,是我们的建设原则。"郑州局集团公司职工培训部负责人介绍。在实训基地建设前期,他们牵头各业务部门进行可行性调研,并与一线职工交流座谈,倾听意见建议,明确各个层级实训基地功能定位。局集团公司层面,突出专业建设和实训能力建设,主要承担高技能人才培训、班组长资格培训、主要行车工种脱产轮训、特种作业人员培训;站段层面,主要承扛局集团公司指令性重点培训项目、本单位职工的集中脱产培训以及应急处置培训;车间层面,重点承担职工日常必知必会培训演练及实作鉴定考核。

郑州局集团公司印发职工实训基地建设规划,公布《运输站段技能培训基地标准》和《高速铁路实训设施设备配置标准》,对各项建设标准进行了明确。

目前,郑州局集团公司已经建成局集团公司实训基地36个、站段实训基地33个、车间实训基地556个,包括行车技能实训基地、高铁基础设施技能实训基地、模拟驾驶技能实训基地、救援演练技能实训基地、调度培训中心和客运乘务应急演练技能实训基地等,为职工成长打造多样化"摇篮"。

实训基地除了承担日常训练任务外,还成了职工技能比武的大擂台。郑州供电段本着"专业大比、区域小比、青工常比"原则,利用段、车间实训基地,每年举办一次职业技能竞赛,每半年开展一次区域车间对抗赛,经常性开展青工擂台赛,促进了职工业务技能的提高。

目前,郑州局集团公司主要行车工种脱产轮训,新职人员、转岗人员和晋升人员岗前实作培训,以及各系统每年组织的职业技能大赛、技术比武等,都可以通过各个实训基地来实现。(摘自《人民铁道报》)

项目五

调车作业安全

【项目描述】

本项目主要介绍调车人身安全、冬季调车作业安全、电气化区段调车作业安全有关知识。使学生掌握调车工作中有关人身、作业安全的规章、制度和要求，树立安全意识。

【知识目标】

1. 了解调车作业人身安全有关要求；
2. 了解冬季调车作业人员安全注意事项及作业安全注意事项；
3. 掌握电气化铁路区段作业的安全有关规定，了解电气化区段发生火灾时的注意事项。

【技能目标】

1. 能够认识调车作业安全的重要性；
2. 在作业中能够认真做好安全预想，增强自保意识，及时发现和处理各种潜在的不安全因素，自觉落实安全有关规定和要求，圆满完成调车工作。

【素质目标】

养成"安全第一"的意识，培养吃苦耐劳、爱岗敬业的品质，发扬团队协作、互相帮助、刻苦钻研精益求精的精神。

典型工作任务一
调车人身安全

【任务描述】

了解铁路调车作业通用人身安全标准,树立安全意识。

【任务引入】

案例1 2015年2月6日18时41分,××镇车站调5(HXN5B××××号)机车执行E16号计划编组×××××次第1钩316+60牵出时,学习制动员杨××扒乘在机次第21位右侧车梯。18时42分,机车运行142.4米,在距停1停车器东端61.4米处,车速18km/h的情况下,该名学习制动员下车时身体侵限,被所扒乘的后部车辆中部车梯碰撞。19时29分,由120救护车送往××人民医院进行抢救。20时30分,经抢救无效死亡,构成铁路交通一般B类(B1)事故。

案例2 2015年8月31日6时47分,某局集团公司××车务段××站4调执行8道挂5辆客车牵出作业,当调车车列以23km/h的速度通过××号道岔时,连结员在道岔间渡线处(列车运行方向右侧,调车组休息室附近),从机车后端右侧车梯上车,因未抓牢站稳,身体失去平衡,从车梯上滑跌至机车与机后一位车档处,被车列碾压。经医院诊断确认为失血创伤性休克,左下肢完全离断伤,右下肢不完全离断伤,构成铁路交通一般B2类人身重伤事故。

请同学们结合本任务相关内容,分析事故发生原因,并提出改进措施。

【任务分组】

建议学习者组建学习小组,制订学习计划,共同完成相关任务。

姓名	学号	分工	备注	学习计划
			组长:	

【任务准备】

思考问题1 横越线路时有哪些注意事项?

思考问题 2　调车作业对上下车有哪些要求？

_____

_____

_____

思考问题 3　在车辆走行中，作业人员应遵守调车作业"十禁止"，具体指的是什么？

_____

_____

_____

思考问题 4　进入钩当作业有哪些要求？

_____

_____

_____

【任务学习】

　　为了确保调车作业人身安全，全体职工应自觉贯彻落实"安全第一，预防为主，综合治理"的方针，不断探索和掌握作业安全规律。针对作业特点，分级搞好预警预判；根据每班作业实际，认真做好安全预想，增强自保意识，及时发现和处理各类潜在的不安全因素，自觉地把有关规定和要求落到实处，及时消除各类人身安全隐患，圆满完成运输各项生产任务。

一、班前基本要求

　　（1）从业人员上岗前必须充分休息好，严禁班前、班中饮酒。严禁脱岗、串岗、私自替班或换班。

　　（2）从业人员上岗前必须按规定穿戴好劳动防护服装和携带人身安全防护备品。禁止穿凉鞋、高跟鞋、塑料底鞋和带钉子的鞋。未穿戴劳动防护服装和携带人身安全防护用品的不准上岗作业。作业人员出场作业时所戴棉帽须有耳孔。

　　（3）作业前应严格执行交接班制度，认真听取上级预警的发布、电报命令的传达、生产任务的安排和安全要求的布置，做好作业前的各项准备工作。

　　（4）生产作业班组于班前，必须结合天气情况、作业处所、环境条件的变化和重点任务，对人身安全关键环节进行周密的安全预想，并制定有效的互控措施，在作业过程中抓好落实。

二、班中基本要求

　　（1）班中上线作业时必须精力集中、严守两纪，认真执行安全检查确认制度和呼唤应答制度，不准打闹、玩笑、阅读书报、携带手机和做其他与本岗工作无关的事项。

　　（2）作业时要认真执行规章制度、命令和有关规定、要求，团结协作，密切联系，防止各种违章违纪情况发生。

（3）班组集体作业时,要听从班组长的统一指挥,上下工、交接班时行走规定的安全径路,并做到同去同归。

（4）严禁在钢轨上、轨枕头、车底下、道心、车端部、站台边站立,坐卧,避风、雨、雪或休息。

（5）风、雨、雪、雾天作业时,应特别注意落实好呼唤应答制度,做到不见应答再呼唤,确认好了再应答,加强联系,做好确认,不准臆测行事。

三、横越线路时的基本要求

（1）横过线路时,必须执行"一站、二看、三通过"的制度,并注意机车、车辆的动态及脚下有无障碍物等。严禁钻车、抢越线路,遇天气不良时,更应注意来往的机车、车辆。不准脚踏轨面、道岔连接杆、尖轨、可动心道岔等处所。

（2）横过有机车、车辆停留的线路时,必须先确认机车、车辆暂不移动,然后在距该机车、车辆10m以外绕行。穿越车辆空当时,首先确认车辆暂无移动后,再从两车组之间空当处迅速穿越,穿越两车组间空当的间距不得小于10m,并要注意脚下有无障碍物及邻线机车、车辆动态。严禁在运行中的机车、车辆前面抢越。

（3）遇必须横越列车、车辆时,严禁钻车,应首先确认该列车、车辆暂不移动时,再从车门处、通过台或由车钩上越过,要抓紧蹬稳,不要踢开钩提杆或踢闭折角塞门,并注意邻线有无机车车辆运行。在雨、雾、风、雪天气时更应特别注意。

（4）机动车、牵引车等各种车辆横过线路时,必须走通行道口,并设专人瞭望防护,不准抢行。

四、顺着线路行走时的基本要求

（1）顺着线路行走时,严禁走道心、枕木头和侵入机车车辆限界。

（2）严禁扒乘正在调动、运行中的机车车辆,不准以车代步。调车作业人员严禁抓乘非本组担当作业的机车车辆。不准在车下或车档处避风、雨、雪。对违反规章制度的情况,每一名职工都有责任监督制止。

（3）严禁嬉笑打斗,要注意左右邻线机车车辆,加强瞭望,确保安全。

五、调车作业对上下车的要求

（1）调车作业人员上车前应注意脚蹬、车梯、扶手、低边车的侧板和机车脚踏板的牢固状态,尤其对杂型车辆更须注意。不准别腿上车、迎面上车、不准外侧上下车,以确保人身安全。

（2）在窄路肩、高路基的线路上或在高度超过1.1m的站台上作业时,必须停上停下。

（3）在地面结冰地段和对车梯、脚蹬结有冰霜的车辆,必须停上停下。

（4）登乘内燃、电力机车作业时必须在机车停稳后再上下车（设有便于上下车脚蹬的调车机除外）。

（5）调车作业人员上下车时,为防止蹬空、蹬滑,应根据自己的技术能力和作业环境,严格掌握速度。上车速度最高不得超过15km/h,下车时速度最高不超过20km/h,在站台上不得超过10km/h。遇大风、降雪天气,适当降低速度或停上停下,严格禁止超过规定的速度上下车。

（6）上车及运行中必须抓紧、站稳,上下平车时,因把手过低,更要当心,以免被警冲标或其他障碍物打伤。

（7）下车前应先检查衣服、手套、安全带等是否被挂,选好下车地点,注意脚下有无冰雪和障碍物,雪天地面被雪覆盖时更应注意,防止绊倒、滑倒摔伤。严禁在道岔区上、下车。

（8）推送车辆时,作业人员要面向运行方向不间断瞭望,不背脸、不闪身,更不要躲在车当中间。

六、机车车辆走行中的注意事项

1. 在车辆走行中,作业人员要严格遵守调车作业"十禁止"。

（1）在平板车或低边车的边端坐立。

（2）在连接器上或端板支架上坐立。

（3）在棚车顶部或敞车装载超出车帮的货物上站立或行走。

（4）骑坐车帮或跨越车辆。

（5）手抓篷布绳索或捆绑货物的铁丝,脚蹬轴箱或平车鱼腹梁。

（6）在车梯上探身过远或经过站台时站在低于站台的车梯。

（7）在装载易于窜动货物车辆的空隙之间站立。

（8）别腿上车、迎面上车和在外侧上下车。

（9）车辆行走中进入钩当或道心提钩锁销、摘挂软管或调整钩位。

（10）两人及以上站在同一闸台、车梯上。

2. 扒乘运行中的机车时,严禁在机车前后端坐卧。

七、进入钩当作业的要求

（1）摘接软管、调整钩位、处理钩销时,必须在车列停妥,并得到调车长的允许后,向调车长显示停车信号,由调车长进行防护(使用无线调车灯显设备的调车人员还必须使用"紧急停车键"锁闭停车信号),方可进行上述作业。

（2）调整钩位、处理钩销时,不要探身到两车钩之间。对平车、砂石车、客车及特种车辆,应特别注意端板支架、缓冲器、风挡及货物装载状态。

【任务实施】

工作任务一   学习任务单

班级：_____   姓名：_____   学号：_____   日期：_____

知识认知	1. 横越线路时有哪些注意事项？

续上表

知识认知	2. 调车作业对上下车有哪些要求？ 3. 在车辆走行中，作业人员应遵守调车作业"十禁止"，具体指的是什么？ 4. 进入钩当作业有哪些要求？
能力训练	各组参考"典型工作任务一：调车人身安全"中的相关规定，对发布的案例进行分析与讨论，总结事故发生的原因，并对案例进行评析，提出改进意见； 　　讨论的结果以小组为单位进行汇报

【任务评价】

评价指标	组长评价	自我评价	教师评价
1. 知识学习效果			
2. 技能目标达成度			
3. 素质提升效果			
本模块最终评价			
个人总结及反思			

典型工作任务二
冬季调车作业安全

【任务描述】

了解冬季调车作业安全注意事项,树立安全意识。

【任务引入】

××年××月××日 8 时 57 分,××站负责扳道的调车作业人员,未认真清扫道岔上的积雪,并在未确认道岔密贴状况的情况下,盲目显示股道开通信号,造成货运列车 3 辆脱轨,构成铁路交通一般 B 类(B4)事故。

请同学们结合本任务相关内容,分析事故发生原因,并提出改进措施。

【任务分组】

建议学习者组建学习小组,制订学习计划,共同完成相关任务。

姓名	学号	分工	备注	学习计划
			组长:	

【任务准备】

思考问题 1　冬季作业遇有风、雨、雪、雾天气时,应遵循什么工作制度?

_____

_____

思考问题 2　遇大风、降雪、大雾等天气不良时作业,调车作业计划必须变更时,应如何处理?

_____

_____

思考问题3 冬季使用铁鞋制动时,应如何安放铁鞋?

_____

_____

_____

思考问题4 冬季解体分解车组,采用平面牵出线调车和采用驼峰调车,各应如何处理?

_____

_____

_____

【任务学习】

调车工作是铁路运输的基本生产环节,包括列车的编组、解体、摘挂、取送、转场、整理以及机车车辆出入段等作业,工作较复杂,冬季的恶劣气候,更增加了调车作业的难度和安全风险,因此,为有效控制或削弱安全风险,确保冬季调车作业安全,应遵守各项冬季调车作业规章、制度和要求。

一、冬季调车作业人员安全注意事项

(1)入冬前,对经常行走的地段、上下车地点和分解作业提钩地段要清理平整,并对机车脚蹬板、车梯等处采取防滑措施(冬季调车机车的脚蹬板必须捆草绳或铺设防滑脚垫)。调车组负责扳动的道岔要挖好除雪槽,枕木露出不得少于1/3,及时清扫,经常对活动部位涂油,以确保道岔灵活使用及作业的安全。

(2)冬季作业时,作业人员须按规定穿戴防寒和防护用品,服装要按规定穿着统一配发的调车服,并做到紧衬利落,帽子要有耳孔,手套要分五指,以确保作业时手脚灵活。禁止穿皮底、塑料底及带钉子的鞋。佩带风镜时不要戴口罩,以防镜片凝结水气影响视线危及安全。调车长和安全员在接班前和作业前要组织全组人员进行检查,不符合要求的要及时纠正。

(3)冬季天气寒冷,露天作业人员应注意防滑,以防滑倒摔伤。下雪时,对经常出入地段、上下车地点和提钩地段的积雪要随下随清。机车车梯、脚蹬板、走行板及闸台等处冰雪要及时清扫干净,脚下应穿带防滑、鞋底纹路粗厚的鞋,以防止滑倒或摔伤。

(4)冬季作业遇有风、雨、雪、雾天气时,必须认真执行呼唤应答制度,要做到不见应答再呼唤,确认好了再应答,加强确认,不得臆测行事,并应执行恶劣天气时停上停下的制度。

(5)工作处所、办公室、休息室门前及走行道上严禁泼水。积雪、积冰要及时清除,必要时要铺垫炉灰、草片等物,防止人员滑倒摔伤。

(6)冬季在室外作业时,严禁徒手抓握铁制设施,如调车机手把杆、铁鞋等。

二、冬季调车作业计划执行时的注意事项

(1)调车组应根据安全风险预警点的内容,以及天、地、人、车、货等条件变化,认真开展安全预想活动。作业计划要传达清楚,分工明确,调车长或安全员于作业前要认真检查组员

的着装和精神状态。

（2）作业计划传达后，要认真核对，调车人员应根据计划提前出动，并认真检查线路、车辆装载和停留情况，发现问题及时汇报和处理。一批作业过程中，不应回休息室、扳道房内避风雪，防止盲目抢越线路、发生事故。

（3）遇大风、降雪、大雾等天气不良时作业，应加强联系，原则上不变更计划，遇特殊情况必须变更时，应停轮或用无线调车灯显设备传达清楚，并要求有关人员复诵，确认无误后方可作业。

三、冬季铁鞋使用注意事项

（1）冬季使用铁鞋制动时，因轨面有冰霜，铁鞋制动容易发生打鞋、掉鞋、折尖现象，极易造成事故，因此，作业人员应精力高度集中，采取在轨面、鞋尖撒沙防滑的方法，在鞋前、鞋下、鞋后处撒沙来增加摩擦力和车轮与铁鞋的黏着力，同时，在安放铁鞋时，小组车应以基本鞋为主，采用"单轨双基本，远下基本近掏档"的有效制动方法，达到安全制动的目的。

（2）使用铁鞋叉子安放铁鞋时，应背向来车方向，弯腰不要过大，以免叉柄将人带倒或触及车辆。严禁反手、徒手使用铁鞋，并注意邻线机车、车辆状况和货物装载状态，严禁带铁鞋叉上车。

（3）铁鞋制动应提前准备足够的良好铁鞋，并放好基本鞋，严密注视车辆的走行状态及时制动（风霜雪雾天气更应注意）。对洗煤车底下结有冰柱以及带有蹬梯、侧梁支架、漏斗、侧柱的车辆，放置辅助鞋制动时，更要特别注意安全，防止车辆刮叉子将人打伤，发生事故。

（4）不要使用不良铁鞋（铁鞋十害：支座有裂纹；没有挡板或挡板损坏；底板扭曲或损坏；鞋尖与轨面不密贴；鞋尖破损、压偏或弯曲；鞋尖宽度超过轨面宽度；支座或底板的焊接破裂或铆钉松动；底板边缘损坏、磨损过甚或弯曲；铁鞋底板有冰、雪、油渍或盐、碱等润滑性物质；铁鞋尺寸与轨型不符），不要使用鞋底结冰的铁鞋（尽量使用"热鞋"），并注意清除轨面上的积雪。为增加摩擦力，防止打掉鞋，应在铁鞋前后适当位置撒沙。

（5）用后的铁鞋不要放在冰雪堆里，以防鞋热熔化积雪后冻结在地上，要按固定位置堆放，并及时将铁鞋、砂箱周围的积雪清除，以防被雪覆盖。

四、冬季溜放作业注意事项

（1）解体分解车组如采用平面牵出线调车，要实行单钩溜放。采用驼峰调车时，进入各线的第一钩、第二钩间，应当加大车组间隔距离，防止前慢后快发生冲突。并准备足够的铁鞋和沙子，以确保作业安全。

（2）雪天驼峰作业，要及时清扫峰顶提钩跑道上的积雪，必要时采取其他防滑措施以防滑倒。

（3）雾天驼峰作业时，调车长、驼峰值班员及有关作业人员应随时加强联系，严格掌握停留车位置，准确判断、调整车辆走行速度和车组间距。

（4）大风天气溜放作业时，应根据风力、风向、车种、车型、空重车别、车组大小、货物装载等情况，有针对性地采取措施，调整车速，防止冲撞问题的发生。

【任务实施】

工作任务二　学习任务单

班级：_____　　姓名：_____　　学号：_____　　日期：_____

知识认知	1. 冬季作业遇有风、雨、雪、雾天气时，应遵循什么工作制度？ 2. 遇大风、降雪、大雾等天气不良时作业，调车作业计划必须变更时，应如何处理？ 3. 冬季使用铁鞋制动时，应如何安放铁鞋？ 4. 冬季解体分解车组，采用平面牵出线调车和采用驼峰调车，各应如何处理？
能力训练	各组参考"典型工作任务二：冬季调车作业安全"中的相关规定，对发布的案例进行分析与讨论，总结事故发生的原因，并对案例进行评析，提出改进意见； 讨论的结果以小组为单位进行汇报

【任务评价】

评价指标	组长评价	自我评价	教师评价
1. 知识学习效果			
2. 技能目标达成度			
3. 素质提升效果			
本模块最终评价			
个人总结及反思			

典型工作任务三
电气化区段调车作业安全

【任务描述】

电气化铁路的快速发展,给调车作业安全提出了新的课题和新的要求。由于电气化铁路接触网具有露天架设、带有超高压电、距地面高度较低的特点,当接触网绝缘不良或与其他物件搭碰时都有可能发生触电事故,因此,电气化区段作业的职工,应认真执行电气化区段作业的有关规定,落实好以下要求,确保安全生产。

【任务引入】

20××年 12 月 28 日,调车作业人员郭××在接触网带电的线路上,发现不符合装载要求的车辆需要进行整理时,未及时报告车站值班员,擅自攀爬至车辆装载的货物上紧固绳索,导致触电身亡,构成铁路交通一般 B 类(B1)事故。

请同学们结合本任务相关内容,分析事故发生原因,并提出改进措施。

【任务分组】

建议学习者组建学习小组,制订学习计划,共同完成相关任务。

姓名	学号	分工	备注	学习计划
			组长:	

【任务准备】

思考问题 1　电气化区段的车站进行调车时,相关人员应在"调车作业通知单"上注明什么内容?

_____

_____

_____

思考问题 2　登乘电力机车调车作业时,须注意什么?

_____

_____

_____

思考问题 3　发现接触网断线或在接触网上挂有线头、绳索等物体时,应如何处理?

_____

_____

_____

思考问题 4　接触网隔离开关操作有何规定?

_____

_____

_____

【任务学习】

一、电气化区段作业的安全规定

(1)所有进入电气化区段作业的人员必须按规定穿戴劳动保护用品。

(2)禁止在接触网支柱上搭挂衣物、攀登支柱或在支柱旁休息。

(3)电气化区段的车站进行调车时,相关人员应在"调车作业通知单"上注明"有电"或"无电"字样。在带电的接触网线路上进行调车作业时,禁止登上棚车使用人力制动机制动,严禁站在装载的货物上和登上机车、车辆车顶。

(4)登乘电力机车调车作业时,严禁在机车运行中上下车,必须在机车停稳后方可上下,由于电力机车启动快、制动猛,运行中要抓牢蹬稳,避免发生人员坠落和撞伤事故。

(5)电气化区段接触网未停电时,任何从业人员严禁登上各种机车、车辆顶部,严禁翻越车顶通过线路。

(6)遇雨雪等不良天气时,作业人员禁止靠近接触网设备部件;不准在各种电气化设备及支柱下躲避;禁止使用带金属的雨伞等物在接触网下作业。

(7)在电气化区段,除专业人员按规定作业外,为保证人身安全,除牵引供电专业人员按规定作业外,任何人员及所携带的物件、作业工器具等须与牵引供电设备高压带电部分保持 2m 以上的距离,与回流线、架空地线、保护线保持 1m 以上距离,距离不足时,牵引供电设备须停电。

(8)严禁向接触网上抛挂绳索等物体,发现接触网断线或在接触网上挂有线头、绳索等物体时,不得与其接触,必须保持 10m 以上的距离,并将该处加以防护,立即通知供电部门进行处理。

(9)接触网隔离开关操作规定如下。

① 隔离开关操作人员须经过培训并取得由供电设备管理单位颁发的安全操作证后,才能担任工作。

② 隔离开关开闭作业时,必须执行登记及"一人操作、一人监护"制度。

③ 隔离开关操作前,操作人必须按规定穿戴好绝缘靴和绝缘手套,确认开关及其操作机构正常,接地线良好,方准按程序操作。

④ 遇雷雨天气时,禁止操作隔离开关。严禁带负荷操作隔离开关。

⑤ 绝缘靴、绝缘手套等安全用品,应半年进行一次绝缘耐压试验,并存放在阴凉干燥、防尘处所,使用前用干布擦拭,并进行外观检查,发现有漏气、裂损等现象禁止使用。

隔离开关设备所属单位应在隔离开关传动杆适当位置安设明显的"断开""闭合"标志。在装卸线、电力机车整备线、给水线等线路两端分段绝缘器内侧 2m 处,装设"安全作业标"。

二、电气化区段发生火灾灭火时的注意事项

在接触网附近发生火灾时,应立即通知车站值班员、列车调度员或接触网工区值班员。

用水或一般灭火器扑灭距离接触网带电部分不足 4m 的燃烧物体时,接触网必须停电;扑灭距离接触网超过 4m 的燃着物体时,可不停电,但必须使水流不向接触网方向喷射。若距接触网在 2m 以上用沙土灭火时,可在不停电情况下进行但须保持灭火机具及沙土等与带电部分的距离在 2m 以上。

在采取扑救措施的同时应立即向消防部门报警,请消防队来灭火。

【任务实施】

工作任务三　学习任务单

班级:_____　　姓名:_____　　学号:_____　　日期:_____

知识认知	1. 电气化区段的车站进行调车时,相关人员应在"调车作业通知单"上注明什么内容?
	2. 登乘电力机车调车作业时,须注意什么?
	3. 发现接触网断线或在接触网上挂有线头、绳索等物体时,应如何处理?
	4. 接触网隔离开关操作有何规定?
	5. 电气化区段发生火灾灭火时,应如何处理?
能力训练	各组参考"典型工作任务三:电气化区段调车作业安全"中的相关规定,对发布的案例进行分析与讨论,总结事故发生的原因,并对案例进行评析,提出改进意见; 讨论的结果以小组为单位进行汇报

【任务评价】

评价指标	组长评价	自我评价	教师评价
1. 知识学习效果			
2. 技能目标达成度			
3. 素质提升效果			
本模块最终评价			
个人总结及反思			

【思政小课堂】

半个世纪再续辉煌

2019 年 8 月 19 日,对柳州南站上行车间甲班三调的职工来说,是个特殊的日子。这一天,甲班三调实现安全生产 50 年。

时间回到 1969 年 8 月 18 日,当天中午,一名制动员精神状态不佳,调车作业时发生车辆脱轨掉道事故,甲班三调之前保持的安全生产天数瞬间归零。

痛定思痛,知耻后勇。为避免事故再次发生,这个班组结合长期调车作业实践,总结出"严细勤精"工作法——"严"即严格管理,严格执行标准化作业;"细"即细心作业,细心观察现场作业情况;"勤"即勤学苦练,刻苦学习规章制度,苦练调车技能;"精"即精益求精,调车作业没有最好、只有更好。

"50 年的安全生产纪录来之不易,没有'严细勤精'四字工作法,就没有今天的甲班三调。"柳州南站站长王东君如是说。长期以来,该站十分重视甲班三调人才培养工作。这个班组自成立以来,历经 18 任调车长,轮换了 231 名职工,锤炼出一块块好"钢",走出来一批批管理干部、业务骨干。"我一入路就进入甲班三调,因为班组要求高,当时觉得压力很大。"现任车站综合车间党总支书记的谢永强回忆起当年的岁月,感慨万千。有一次,他与同事一起经车站编组场 33 道去东禁溜区取一列禁溜车。当时是老式信号机,虽然显示白灯开放状态,但他们还是保持高度警惕。"道岔位置不对,赶快撤出股道。"突然调车长惊呼,随即呼叫司机停车,防止了一起调车事故的发生。

"甲班三调的职工上班都是打起十二分精神,永远把安全印在心里,把责任扛在肩上。"谢永强说。调车作业十分繁忙,他们一个班 12 个小时连轴转,所以必须严格执行作业标准,只有这样,才能保证调车作业安全。一代人有一代人的使命,一代人有一代人的担当。如今,甲班三调的安全"接力棒"传给了平均年龄只有 27 岁的年轻职工们。现任调车长是覃华卿,每当有新职工进入班组,他都会讲两个故事,一个是 1969 年发生的调车事故,提醒职工不应忘记教训。另一个是保留甲班三调名称的故事。2015 年,柳州南站三级六场开通在即,按照新的命名规则,甲班三调要更名。为了保护品牌、更好地传承班组文化,柳州南站多次向上级部门申请,最终甲班三调这个名称被保留下来。

　　"听完这两个故事,我觉得进入甲班三调是件非常幸福和光荣的事情。"去年进入甲班三调的覃象俭说。越是来之不易,就越要好好珍惜。覃华卿常说:"绝对不能让一代代三调人努力的结果砸在我手里!"这也是甲班三调现在职工的共识。

　　如今,走进甲班三调荣誉室,"全国新长征突击队""全国青年文明号""全国青年安全生产示范岗"等锦旗、奖杯、牌匾、奖状摆满了展台。这背后,是甲班三调人坚守安全的初心。

附录

铁路调车职业技能竞赛参考方案

一、竞赛目的

职业院校技能竞赛是促进职业院校教育教学改革和专业建设的重要抓手,是培养高素质技术技能人才的有效途径。开展"铁路调车职业技能竞赛",对于落实《国家职业教育改革实施方案》和培养铁路运输专业人才有着积极作用。

竞赛方案紧贴铁道行业技术发展,以考核铁道交通运营管理专业知识及专业技能为核心,采取团队合作与个人技能展示相结合的形式。在突出团队合作精神的同时,展示选手个人风采,培养学生的岗位核心能力及综合素质。

竞赛发挥行业、企业、学校的积极性,激发职业教育办学活力。进一步促进校企合作,为铁道交通运营管理专业提供理论教学、实训平台,促进师生专业技能整体提高。实现专业与产业对接、课程内容与岗位标准及培训规范对接、教学过程与生产过程对接,使职业院校所培养的人才更加符合高速发展的铁路运输行业的需要。

二、竞赛原则

竞赛过程应坚持公开、公正、公平的原则。提前公开竞赛内容、竞赛时间、竞赛方式、竞赛规则、竞赛环境、技术规范、技术平台、评分标准等,营造公平、公正的竞赛环境。对竞赛过程中存有异议的个人或团队,应公开申诉程序,建立畅通的申诉渠道,及时解决竞赛过程中产生的异议,及时向申诉方反馈处理结果。建议选择德才兼备的专家做竞赛裁判员,有条件的院校也可以在轨道交通专家库中选择有资格的裁判员,确保准确执裁、公平执裁、熟练执裁。理论部分建议采用计算机自动评分系统,有条件的院校可采用具有回放功能的视频监控系统全程监控。

三、技术规范

《铁路技术管理规程(TG/01-2014)》
《铁路技术管理规程(TG/01A-2017)》
《铁路调车作业(TB/T 30002—2020)》
《铁路交通事故调查处理规则(铁道部令第 30 号)》
《铁路车站行车作业人身安全规定(TG/CW224-2020)》

四、竞赛内容

竞赛分为调车长和连结员两个工种,简称为:赛项 A 和赛项 B。赛项 A 考核调车作业综合技能,赛项 B 考核调车基本功。竞赛内容包括理论知识考核和实作项目考核。理论知识考核:赛项 A 和赛项 B 共同考核部分。

竞赛内容包括:《铁路调车作业(TB/T 30002—2020)》《铁路技术管理规程(TG/01-

2014)》《铁路技术管理规程（TG/01A－2017）》《铁路车站行车作业人身安全规定（TG/CW224—2020)》《铁路交通事故调查处理规则（铁道部令第 30 号）》等标准。

实作项目考核：赛项 A 和赛项 B 分别考核。赛项 A 实作考核内容：铁路调车作业程序。赛项 B 实作考核内容：观速观距、手信号显示/听觉信号鸣示、摘结软管。

五、竞赛方式

1. 竞赛形式

（1）校内竞赛

校内竞赛以班级为单位,采取团队赛的形式进行比赛,每个班级根据情况组建 1~2 支参赛队,分别参加赛项 A 和赛项 B 的比赛。每支参赛队由 2 名选手（全日制在籍学生,性别不限,专业为：铁道交通运营管理、铁路物流管理、高速铁路客运服务、城市轨道交通运营管理）共同完成整个竞赛过程,每支参赛队伍可安排 1 名指导教师。校内竞赛可组织学生观摩比赛过程,指导教师不允许进入赛场。

（2）校际竞赛

校际竞赛以院校为单位,采取团队赛的形式进行比赛,每个学校根据情况组建 1~2 支参赛队,分别参加赛项 A 和赛项 B 的比赛。每支参赛队由 2 名选手（全日制在籍学生,性别不限,专业为：铁道交通运营管理、铁路物流管理、高速铁路客运服务、城市轨道交通运营管理）共同完成整个竞赛过程。每支参赛队伍可安排 1~2 名指导教师,比赛过程不观摩,指导教师不允许进入赛场,竞赛全程录像。

赛项 A 和赛项 B 实作比赛同时进行,一支队伍只能参加一个赛项的比赛。

2. 裁判工作

（1）校际竞赛

① 竞赛设置总裁判长 1 名,负责比赛的评判组织及监督工作。

② 理论知识考场设置裁判 3 名,由实作裁判负责。

③ 实作项目设置检录裁判 2 名,负责赛项 A 和赛项 B 的入场检录工作。

④ 赛项 A 设置裁判 3 名。

⑤ 赛项 B 观速观距、手信号显示/听觉信号鸣示设置裁判 3 名。

⑥ 赛项 B 摘结软管设置裁判组长 1 名,裁判 4 名。

⑦ 校际竞赛共需要裁判（包括总裁判长、裁判组长）14 名,负责大赛的裁判工作。

（2）校内竞赛

校内竞赛视本校情况,可自行决定。

六、时间安排

（1）理论知识考核：比赛时长 45 分钟。

（2）实作项目考核：赛项 A 单场比赛时长为 20 分钟,赛项 B 单场比赛时长为 16 分钟。参考时间安排表如附表 1 所示。

七、竞赛试题

1. 理论知识

理论知识题库含标准化试题 1 200 道,题型包括单选题、多选题、判断题。计算机自动生成标准化试卷,共 200 道试题,满分 100 分。其中:单选题每题 0.5 分,共 100 题;多选题每题 0.8 分,共 40 题;判断题每题 0.3 分,共 60 题;考试时间为 45 分钟。具体题目详见理论知识题库,理论知识题库结构及题量题型如附表 2 所示。

参考时间安排表　　　　　　　　　　　　　　　　附表 1

日期	时间	场地	内容	备注
第一天	8 时 00 分至 17 时 30 分	会议室	报到、预备会、熟悉比赛场地	全体人员
第二天上午	8 时 00 分至 8 时 30 分	会议室	开幕式	全体人员
	9 时 00 分至 9 时 45 分	理论考场	理论考试	全体考生(2 个考场)
	10 时 00 分至 12 时 30 分	赛项 A 考场	铁路调车作业程序	A1 至 A6
	10 时 00 分至 12 时 30 分	赛项 B 考场 1	手信号显示/听觉信号鸣示	B1 至 B24
	10 时 00 分至 12 时 30 分	赛项 B 考场 2	摘结软管	B1 至 B24
第二天下午	13 时 30 分至 19 时 10 分	赛项 A 考场	铁路调车作业程序	A7 至 A20
	13 时 30 分至 15 时 30 分	赛项 B 考场 1	手信号显示/听觉信号鸣示	B25 至 B60
	13 时 30 分至 15 时 30 分	赛项 B 考场 2	摘结软管	B25 至 B60
	16 时 00 分至 18 时 00 分	赛项 B 考场 3	观速观距	B1 至 B60
第三天上午	8 时 00 分至 12 时 10 分	赛项 A 考场	铁路调车作业程序	A21 至 A30
第三天下午	14 时 00 分至 16 时 00 分	会议室	成绩汇总	裁判员
	16 时 30 分至 17 时 30 分	会议室	闭幕式及颁奖仪式	全体人员

理论知识题库结构及题量题型铁路调车职业技能竞赛理论试题汇总　　　附表 2

序号	理论试卷			题库	题型		
	考核内容		抽取		单选(50%)	多选(20%)	判断(30%)
1	《铁路技术管理规程 (TG/01-2014)及(TG/01A-2017)》		60	360	180	72	108
2	《铁路调车作业(TB/T 30002-2020)》		60	360	180	72	108
3	《铁路交通事故调查处理规则 (铁道部令第 30 号)》		40	240	120	48	72
4	《铁路车站行车作业人身安全规定 (TG/CW224-2020)》		20	120	60	24	36
5	职业道德素养		20	120	60	24	36
	合计		200	1 200	600	240	360

2. 实作项目

(1)赛项 A

赛项 A 实作项目为铁路调车作业程序。本项目设置 5 道题目,竞赛时从中抽取 1 道试题进行考核。

赛项 A 实作项目考核时间为 20 分钟,考核内容、分值及时间如附表 3 所示。

赛项 A 实作项目分值分配和比赛时间　　　　　　　　附表 3

项目	分值	内容	时间	备注
铁路调车作业程序	100	(院校可根据自身情况指定为其他调车作业)平面牵出线调车作业	20 分钟	因时间关系,考核调车作业程序的指定内容
合计		100 分	20 分钟	—

（2）赛项 B

赛项 B 实作项目包括：B1 观速观距，B2 手信号显示/听觉信号鸣示，B3 摘结软管。

① 观速观距项目包含静观速、动观速、静观距、动观距 4 项内容，根据设置的场景，每项提交 3 次答案，计入成绩。

② 手信号显示/听觉信号鸣示项目包含手信号显示和听觉信号鸣示 2 项内容，试题覆盖《铁路技术管理规程（TG/01-2014）》《铁路技术管理规程（TG/01A-2017）》《铁路调车作业（TB/T 30002—2020）》中所有调车手信号、联系用手信号和听觉信号，竞赛时从题库中随机抽取 2 昼 2 夜 1 听觉信号，共 5 道试题，计入成绩。

③ 摘结软管项目包含按照实际车距设置 5 辆车的软管，开始作业端为机车端。每次作业前，由工作人员提前摘开 2 根软管（关好折角塞门），结好 2 根软管（打开折角塞门）。竞赛时依次从开始作业端到尾部，结 2 组软管（打开折角塞门），摘 2 组软管（关闭折角塞门）。

赛项 B 实作项目考核时间为 16 分钟，考核内容、分值及时间如附表 4 所示。

赛项 B 实作项目分值分配和比赛时间　　　　　　　　　　附表 4

序号	项目	内容	时间	分值	备注
1	观速观距	静观速	10 分钟	10	随机抽取 3 个场景，答题 3 次，分值分别为 3 分、3 分、4 分
		动观速		10	随机抽取 3 个场景，答题 3 次，分值分别为 3 分、3 分、4 分
		静观距		10	随机抽取 3 个场景，答题 3 次，分值分别为 3 分、3 分、4 分
		动观距		10	随机抽取 1 个场景，答题 3 次，分值分别为 3 分、3 分、4 分
2	手信号	停车信号（昼间、夜间）	3 分钟	40	随机抽取 5 道试题（2 昼 2 夜 1 听觉）
		减速信号（昼间、夜间）			
		指挥机车向显示人方向来的信号（昼间、夜间）			
		指挥机车向显示人方向稍行移动的信号（昼间、夜间）			
		指挥机车向显示人反方向去的信号（昼间、夜间）			
		指挥机车向显示人反方向稍行移动的信号（昼间、夜间）			
		道岔开通信号（昼间、夜间）			
		股道号码信号（一道至十九道）（昼间、夜间）			
		连结信号（昼间、夜间）			
		溜放信号（昼间、夜间）			
		停留车位置信号（夜间）			
		十、五、三车距离信号（昼间、夜间）			
		取消信号（昼间、夜间）			
		要求再度显示信号（昼间、夜间）			
		告知显示错误的信号（昼间、夜间）			
		联络信号（昼间、夜间）			
		试闸良好（钩已提开）信号（昼间、夜间）			

序号	项目	内容	时间	分值	备注
2	手信号	指示司机鸣笛信号（昼间、夜间）	3分钟	40	随机抽取5道试题（2昼2夜1听觉）
		好了信号（昼间、夜间）			
		试拉信号（昼间、夜间）			
		推进信号（昼间、夜间）			
		指示司机加速信号（昼间、夜间）			
	听觉信号	起动注意信号			
		呼唤信号			
		警报信号			
		试验自动制动机及复示信号			
		缓解及溜放信号			
		拧紧人力制动机信号			
		紧急停车信号			
		指示机车向显示人反方向移动			
		指示机车向显示人方向移动			
		试验制动机减压			
		试验制动机缓解			
		试验制动机完了及安全信号			
		股道号码信号（一道至十道、二十道）			
		十车距离信号			
		五车距离信号			
		三车距离信号			
		停车信号			
		减速信号			
		连结及停留车位置			
		要求司机鸣笛信号			
		溜放信号			
		试拉信号			
		取消信号			
		再显示信号			
		上行列车接近通报信号			
		下行列车接近通报信号			
3	摘结软管	连结2组软管（打开折角塞门） 摘开2组软管（关闭折角塞门）	3分钟	20	必考题
合计		—	16分钟	100	—

八、评分标准制定原则、评分方法、评分细则

1. 评分标准制定原则

公平、公正、公开、科学、规范。

2. 评分方法

1）评分方法

竞赛以计算机评分为主，人工评分为辅。校内竞赛可根据自身条件自行决定。

2）总成绩计算

计算公式：赛项 A 总成绩＝理论知识×0.3＋赛项 A 实作项目×0.7；

赛项 B 总成绩＝理论知识×0.3＋赛项 B 实作项目×0.7。

3）评分排序

竞赛评分由理论知识考核和实作项目考核两部分组成，其中理论知识考核成绩占总成绩的 30%，实作项目考核成绩占总成绩的 70%，成绩均保留到小数点后 2 位。理论知识成绩为两名选手理论成绩的平均值，赛项 A 的实作成绩为两名选手配合完成比赛内容的总成绩，赛项 B 的实作成绩为两名选手实作成绩的平均值。

按竞赛团队总成绩由高到低排序，确定所有参赛团队的最终名次。比赛总成绩相同者，实作项目成绩高者，名次在前；如实作项目成绩相同，则实作项目用时短者，名次在前。

在比赛过程中，有拖延时间等违反比赛相关规定的，将进行酌情扣分。有舞弊行为等严重违反比赛规定者，将取消其参赛项目的名次和得分。

4）评分细则

（1）赛项 A

① 站场介绍：参考车站平面示意图如附图 1 所示，车站分东西 4 个方向，站场设有：正线 4 条，到发线 5 条，调车线 4 条，牵出线 3 条，封闭货场 1 处线路 2 条，工务线 4 条，材料专用线 4 条，棉专线 1 条，油专线 1 条。车站性质为中间站，电气化区段，调车线无接触网。闭塞方式为双线自动闭塞。

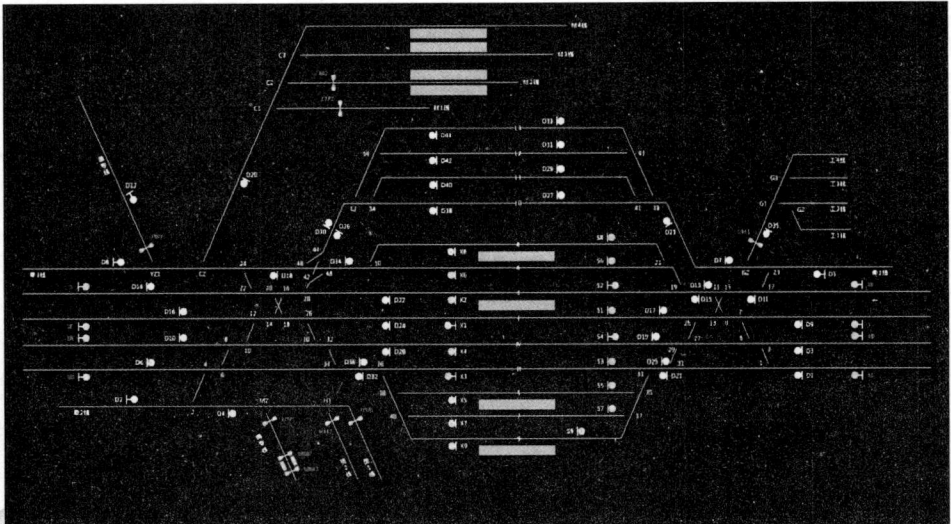

附图 1　赛项 A 铁路调车作业程序站场平面示意图（参考）

② 岗位角色代号说明：车站值班员（调车领导人）代号为 0 号；调车长（调车指挥人）代号为 1 号，调车机司机代号为 2 号，连结员代号为 3 号。

③ 配用服装备品说明：无线调车灯显设备手持电台（B 型）调车长专用 1 个、连结员专

用1个、调车作业服装2套(选手自备)、劳动手套2双(选手自备)、作业安全带2套、防溜铁鞋2个、人力制动机紧固器2个。

④ 配合岗位角色说明:调车机车司机和车站值班员为系统模拟机器人(或采用人工模拟),可实现语音自动回复、自动排列进路、根据无线调车灯显设备信令控制机车运行,配合作业人员共同完成调车作业。

⑤ 调车机车停留位置说明:DF系列调车机车停留在调车线,距被摘取车辆前30米处,面向停留车。

样题

调车作业计划:10道挂2辆(10道原有停留车辆5辆),11道甩2辆(11道原有停留车辆3辆)。调车作业通知单如附图2所示,占线板示意图如附图3所示。

调车作业通知单　　第 1 号

机车型号:<u>DF12/0023</u>
9月25日第3班 D2 调车组
作业内容:<u>调机取送车</u>
自 8 时 20 分起至 8 时 40 分止

顺序	股道	摘-或挂+	车数	作业方法、开口车种车号特殊限制、注意事项
1	10	+	2	东出,4185603
2	11	−	2	连挂:等工,4185914
3				
4				
5				

注意事项:检查线路、车辆;注意人身安全、控好速度

调车领导人:<u>王安全</u>

编制时间:<u>9月25日8时10分</u>

附图2　赛项A样题调车作业通知单

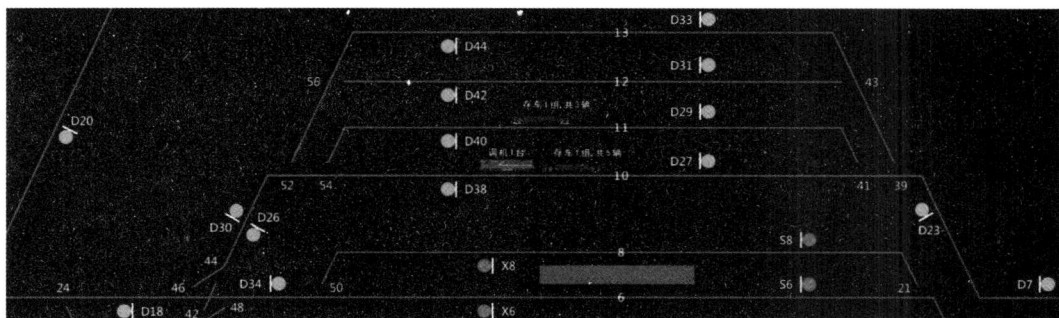

附图3　赛项A样题占线板示意图

样题评分标准

赛项 A 样题以计算机自动评分为主,人工评分为辅。赛项 A 样题计算机评分标准如附表 5 所示。

赛项 A 样题计算机评分标准　　　　　　　　附表 5

程序	项目	内容	技术要求	评分标准	配分	得分
一、作业前检查	检查确认	开始考核	扫码登录系统,拍下计时器按钮,进入作业准备阶段	—	—	—
		1)检查工具备品	调车长呼:"备品齐全,作用良好"	未口呼或呼不正确,每次扣0.5分	0.5	
			连结员呼:"备品齐全,作用良好"		0.5	
		2)检查线路	连结员汇报:"1号,我是3号,调车线10道,调机1台,存车1组,共5辆,11道,存车1组,共3辆,车辆两端防溜措施良好,与揭示一致,线路无障碍,防护信号已撤除"	未口呼或呼不正确,每次扣0.5分	0.5	
			调车长汇报:"0号,我是1号,调车线10道,调机1台,存车1组,共5辆,11道,存车1组,共3辆,线路无障碍,防护信号已撤除,可以作业"		0.5	
		3)检查车辆	调车长汇报:"车辆连挂状态良好"	未口呼或呼不正确,每次扣0.5分	0.5	
			连结员汇报:"车辆连挂状态良好,人力制动机已松开"		0.5	
		4)检查无线调车灯显设备	(1)试机通话	—	—	—
			①调车长呼叫:"调车组试机",并依次呼叫:"0号""2号""3号"	未联控或联控不正确,每次扣0.5分	2	
			②车站值班员(机器人)答:"试机,0号明白"		—	
			③调机司机(机器人)答:"试机,2号明白"		—	
			④连结员答:"试机,3号明白"		0.5	
			(2)信令试验顺序	未进行灯显试验,不得分;漏一项扣1分;未口呼或口呼不正确,每次扣0.5分	13	
			①调车长手持台			
			停车:按下红色按钮			
			起动:按下绿色按钮2s			
			停车:按下红色按钮			
			连结:先后按下绿、红按钮			
			推进:2次按下绿色按键			
			十车:长按黄色按钮1.5s			
			五车:再按下黄色按钮0.5s,或直接发黄绿			
			三车:依次再按下黄色按钮0.5s,或直接发黄红			
			减速:两次按下黄色按钮			
			停车:按下红色按钮			

程序	项目	内容	技术要求	评分标准	配分	得分
一、作业前检查	检查确认	4）检查无线调车灯显设备	② 连结员呼"3号好"	未进行灯显试验,不得分;漏一项扣1分;未口呼或口呼不正确,每次扣0.5分	13	
			③ 司机（机器人）答:"信号显示好"			
			④ 连结员手持台			
			紧急停车:按下红色按钮			
			解锁:长按黄色按钮			
			⑤ 调机司机（机器人）答:"信号显示好"			
			⑥ 调车长呼:"试机完毕"			
二、布置调车作业计划	1. 下达计划	领取调车作业通知单	点击"领取调车作业通知单"按钮	—	—	—
	2. 传达计划	1）传达计划	调车长向连结员传达计划:"3号,传达计划第1号,10道挂2辆,东出牵3方向,车号4815603,11道摘2辆,车号4815914"。连结员确认无误后回答:"3号,传达计划第1号,10道挂2辆,东出牵3方向,车号4815603,11道摘2辆,车号4815914,3号明白"	未联控或联控不正确,扣0.5分	1	
			调车长向调机司机（机器人）传达计划:"2号,传达计划第1号,10道挂2辆,东出牵3方向,车号4815603,11道摘2辆,车号4815914"。司机（机器人）自动回复:"传达计划第1号,10道挂2辆,东出牵3方向,车号4815603,11道摘2辆,车号4815914,2号明白"	未联控或联控不正确,每次扣0.5分	0.5	
		2）作业分工	调车长向连结员作业分工:"3号,检查10道、11道线路,负责领车及采取、撤除防溜措施;作业中加强进路确认、正确及时显示指令,是否明白"	未联控或联控不正确,每次扣0.5分	0.5	
			连结员确认无误后回答:"检查10道、11道线路,负责领车及采取、撤除防溜措施;作业中加强进路确认、正确及时显示指令,3号明白"	未联控或联控不正确,每次扣0.5分	0.5	
			调车长向司机（机器人）布置注意事项:"2号,作业中加强信令及进路确认、规范操纵机车,确保运行安全,是否明白"。调机司机（机器人）自动回复:"2号明白"	未联控或联控不正确,每次扣0.5分	0.5	
		进入现场作业阶段	向调机司机传达计划完毕后,再次拍下计时器按钮,作业准备阶段结束,现场作业阶段开始	—	—	—
三、送车（去程）	1. 挂车	1）连挂车辆	（1）连结指令			
			① 连结员对线路车辆进行作业前检查后,向调车长报告:"1号,我是3号,10道、11道线路检查好了"	未联控或联控不正确,每次扣0.5分	0.5	
			② 调车长确认具备连挂条件后,回复:"1号明白",发送连结指令:按下绿、红按键,指示挂车	未联控或联控不正确,扣0.5分;未发送指令或发送错误,扣1分	1.5	

程序	项目	内容	技术要求	评分标准	配分	得分
			（2）减速指令	—	—	—
			接近连挂车辆时,调车长发送减速指令	未发送指令或发送错误,扣1分	1	—
			（3）停车指令	—	—	—
		1）连挂车辆	① 调车长确认机车与停留车连挂,发送停车指令:长按红色按键	未发送指令或发送错误,扣1分	1	
			② 调车长确认连挂状态良好,口呼:"钩销落槽,连挂状态完好"	未口呼或口呼不正确,扣0.5分	0.5	
			③ 调车长呼:"3号,连挂好了"。连结员复诵:"3号明白"	未联控或联控不正确,每次扣0.5分	1	
三、送车（去程）	1.挂车		（4）连结制动软管	—	—	—
			① 确认胶皮圈状态:调车长检查胶皮圈状态并口呼:"胶皮圈状态完好"	未口呼扣0.5分	0.5	
			② 调车长连结制动软管:一脚在钢轨内侧,一脚在钢轨外侧,连结制动软管	未连结软管扣2分;违反先连结软管后打开折角塞门原则,扣6分	2	
			③ 打开后（车辆端）折角塞门:调车长将后折角塞门由关闭位置转至打开位置	未打开折角塞门每处扣2分,打开折角塞门顺序不正确扣4分	2	
		2）接管通风	④ 打开前（机车端）折角塞门:调车长将前折角塞门由关闭位置转至打开位置		2	
			（5）撤除铁鞋	未执行或动作执行不到位,扣2分,后续步骤不得分	2	
			撤除铁鞋:调车长将铁鞋从轨道上取下			
			（6）松开人力制动机	—	—	—
			调车长松开人力制动机	未执行或动作执行不到位,扣2分,后续步骤不得分	2	
			（7）确认车号	—	—	—
			连结员在行走采集设备上行走,到达取车地点,核对取车末端车号,确认车号口呼:"车号4815603,确认正确"	未联控或联控不正确,扣0.5分；取车不正确,后续步骤不得分	0.5	

260

程序	项目	内容	技术要求	评分标准	配分	得分
三、送车（去程）	1. 挂车	2）接管通风	（8）进入车档间防护	—	—	—
			① 连结员向调车长报告："1号,我是3号,进入车档间作业,请求防护",调车长回复："1号同意"	未联控或联控不正确,每次扣0.5分	1	
			② 连结员显示紧急停车指令:按下红色按键	未发送指令或发送错误,扣1分	1	
			（9）设置铁鞋	—	—	—
			设置铁鞋:将铁鞋放置钢轨与停留车轮对处	未执行或动作执行不到位,扣2分,若铁鞋和人力制动机均未执行防溜,判为失格项,后续步骤不得分	2	
			（10）设置人力制动机	—	—	—
			将人力制动机拧紧	未执行或动作执行不到位,扣2分,若铁鞋和人力制动机均未执行防溜,判为失格项,后续步骤不得分	2	
			（11）摘管作业	—	—	—
			① 关闭前(机车端)折角塞门:连结员将前折角塞门由打开位置转至关闭位置	未关闭折角塞门,每处扣2分	2	
			② 关闭后(车辆端)折角塞门:连结员将后折角塞门由打开位置转至关闭位置		2	
			③ 摘开制动软管:一脚在钢轨内侧,一脚在钢轨外侧,将制动软管摘开	1. 违反"一关前,二关后,三摘软管"扣6分。 2. 未摘开软管,扣2分,后续步骤不得分	2	
			（12）提钩:连结员用提钩杆将车钩摘开	未提钩扣0.5分,后续步骤不得分	0.5	
			（13）解锁	—	—	—
			① 作业完毕连结员向调车长报告："1号,我是3号,车档间作业完毕,撤除防护",调车长回复："1号同意"	未联控或联控不正确,每次扣0.5分	1	
			② 解锁指令:连结员按下黄色按钮	未发送指令或发送错误,扣1分	1	

程序	项目	内容	技术要求	评分标准	配分	得分
三、送车（去程）	2. 运行	1）要道动车	（1）指挥动车	—	—	—
			① 连结员呼叫："10 道牵出"，调车长回复："1 号明白"	未联控或联控不正确，每次扣 0.5 分	1	
			② 调车长呼叫车站值班员："0 号，我是 1 号，请开通 10 道进路"，车站值班员排列 10 道至牵 3 线调车进路，呼叫："1 号、2 号，10 道出车信号好了"		0.5	
			③ 调车长回复："10 道出调车信号好了，1 号明白"。调机司机（机器人）回复："10 道出调车信号好了，2 号明白"		0.5	
			④ 连结员上车梯，连结员呼叫："1 号，牵出"，调车长回复："1 号明白"		1	
			⑤ 调车长上车梯，确认连结员显示起动信号后，发送起动指令：按下绿色按键 2 秒	未发送指令或发送错误，扣 1 分	1	
		2）起车运行	（2）起车牵出	—	—	—
			① 确认起动，调车车列起动后，连结员向调车长报告："起动好了"	未联控或联控不正确，每次扣 0.5 分	0.5	
			② 调车长确认连结员的"起动好了"信号并确认连结员上车及安全等情况，向司机呼叫："好了"	停车位置未在 D30 折返信号内方 200 米内，扣 1 分	0.5	
			③ 到达停车位置连结员向调车长报告："1 号，停车"，调车长回复："停车，1 号明白"		1	
			④ 发送停车指令：调车长按下红色按钮，车列停车	未发送指令或发送错误，扣 1 分	1	
	3. 送车	1）检查确认	（1）确认进路（集中联锁区进路）	—	—	—
			① 连结员确认车列具备要道条件后呼叫："0 号，我是 3 号，请开通 11 道进路"，车站值班员排列集中联锁区进路，车站值班员（机器人）自动回复："1 号、3 号，进 11 道调车信号好了"	未联控或联控不正确，每次扣 0.5 分	0.5	
			② 连结员听到车站值班员呼叫后，确认信号开放后回复："进 11 道调车信号好了，3 号明白"；调车长回复："进 11 道调车信号好了，1 号明白"		1	
			③ 连结员呼："连结"		0.5	
			④ 向司机发送推进指令：2 次按下绿色按钮，发出"推进"信令，车列运行	未发送指令或发送错误，扣 1 分	1	

程序	项目	内容	技术要求	评分标准	配分	得分
三、送车（去程）	3. 送车	1）检查确认	（2）确认十、五、三车距离	—	—	—
			① 连结员根据场景中位置，到达十车距离时，向调车长报告："十车"	未联控或联控时机不正确扣0.5分；未发送指令或发送错误或发送，每次扣1分	0.5	
			② 调车长发送十车指令：按下黄色按键		1	
			③ 连结员根据场景中位置，到达五车距离时，向调车长报告："五车"		0.5	
			④ 调车长发送五车指令：按下黄色按键		1	
			⑤ 连结员根据场景中的位置，到达三车距离时，向调车长报告："三车"		0.5	
			⑥ 调车长发送三车指令：按下黄色按键		1	
			（3）减速指令	—	—	—
			① 接近连挂车辆时，连结员向调车长报告："减速"	未联控或联控不正确，扣0.5分	0.5	
			② 调车长发送减速指令	未发送指令或发送错误，扣1分	1	
			（4）停车指令	—	—	—
			① 连结员向调车长报告："停车"	未联控或联控不正确，扣0.5分	0.5	
			② 调车长发送停车指令：按下红色按键	未发送指令或发送错误，扣1分	1	
		2）摘车防溜	（1）确认连挂状态	—	—	—
			连结员口呼："钩销落槽，连挂状态完好"	未口呼或口呼不正确，扣0.5分	0.5	
			（2）进入车档间防护	—	—	—
			① 连结员向调车长报告："1号，我是3号，进入车档间作业，请求防护"，调车长回复："1号同意"	未联控或联控不正确，每次扣0.5分	1	
			② 连结员显示紧急停车指令：按下红色按键	未发送指令或发送错误，扣1分	1	
			（3）连结制动软管	—	—	—

续上表

程序	项目	内容	技术要求	评分标准	配分	得分
三、送车（去程）	3. 送车	2）摘车防溜	① 确认胶皮圈状态：连结员用手检查胶皮圈状态并口呼："胶皮圈状态完好"	未口呼或口呼不正确,扣0.5分；未连结软管扣2分；未遵循先连结软管后打开折角塞门原则,扣6分；未打开折角塞门,每处扣2分；打开折角塞门顺序不正确,扣4分	0.5	
			② 连结制动软管：一脚在钢轨内侧,一脚在钢轨外侧,连结制动软管		2	
			③ 打开折角塞门（11 道原停留车辆端）：连结员将折角塞门由关闭位置转至打开位置		2	
			④ 打开折角塞门（调车车列端）：连结员将折角塞门由关闭位置转至打开位置		2	
			（4）撤除铁鞋	—	—	—
			撤除铁鞋：连结员将铁鞋从轨道上取下	未执行或动作执行不到位,扣2分,后续步骤不得分	2	
			（5）松开人力制动机	—	—	—
			连结员松开人力制动机	未执行或动作执行不到位,扣2分,后续步骤不得分	2	
			（6）解锁	—	—	—
			① 作业完毕连结员向调车长报告："1号,我是 3 号,车档间作业完毕,撤除防护"。调车长回复："1 号同意"	未联控或联控不正确,每次扣0.5分	1	
			② 解锁指令：连结员按下黄色按键	未发送指令或发送错误,扣1分	1	
			（7）摘车作业	—	—	—
			调车长在行走采集设备上行走,到达机车位置,核对机车后部第一位车辆车号,确认车号,口呼："车号 4815914,确认正确"	未口呼或口呼不正确,扣0.5分；取车不正确,后续步骤不得分	0.5	
			（8）设置铁鞋	—	—	—
			① 设置防护信号,显示停车指令：按下红色按键	未发送指令或发送错误,扣1分	1	
			② 设置铁鞋：调车长将铁鞋放在车轮下轨道上	未执行或动作执行不到位,扣2分,若铁鞋和人力制动机均未执行防溜,判为失格项,后续步骤。不得分	2	

程序	项目	内容	技术要求	评分标准	配分	得分
三、送车（去程）	3. 送车	2）摘车防溜	（9）设置人力制动机	—	—	—
			调车长将人力制动机拧紧	未执行或动作执行不到位,扣2分,若铁鞋和人力制动机均未执行防溜,判为失格项,后续步骤不得分	2	
			（10）摘管作业	—	—	—
			① 关闭前端（机车端）折角塞门:将折角塞门由打开位置转至关闭位置	未关闭折角塞门,每处扣2分	2	
			② 关闭后端（车辆端）折角塞门:将折角塞门由打开位置转至关闭位置		2	
			③ 摘开制动软管:一脚在钢轨内侧,一脚在钢轨外侧,将制动软管摘开	（1）违反"一关前,二关后,三摘软管"原则,扣6分 （2）未摘开软管,扣2分,后续步骤不得分	2	
			（11）提钩:调车长用提钩杆将车钩打开	未提钩扣0.5分,后续步骤不得分	0.5	
四、回程	1. 返回	要道返回	单机返回	—	—	—
			① 调车长确认具备要道条件后呼:"0号,我是1号,请求开通11道进路",车站值班员排列集中联锁区进路,车站值班员（机器人）自动回复:"1号、2号,11道调车开放好了"	未联控或联控不正确,每次扣0.5分	0.5	
			② 调车长听到车站值班员呼叫后,确认信号开放后呼:"11道调车信号开放好了,1号明白";司机（机器人）自动回复:"11道出调车信号好了,2号明白"		0.5	
			③ 调车长向司机发送起动信令:按下手持电台绿色按钮,调机启动	未发送指令或发送错误,扣1分	1	
			④ 调车长确认机车与车辆车钩分离及安全等情况,向司机呼叫:"起动好了"	未联控或联控不正确,每次扣0.5分	0.5	
			⑤ 到达停车位置,机车停止运行	—	—	

程序	项目	内容	技术要求	评分标准	配分	得分
四、回程	2. 交接报告	防溜措施采取、撤除情况报告	调车长向车站值班员汇报:"0 号,调车线 10 道东端铁鞋 1 号、人力制动机,西端 2 号、人力制动机,11 道东端铁鞋 3 号、人力制动机,西端 4 号、人力制动机,防溜按规定落实"	未联控或联控不正确,每次扣 0.5 分	0.5	
			车站值班员回复:"调车线 10 道东端铁鞋 1 号、人力制动机,西端 2 号、人力制动机,11 道东端铁鞋 3 号、人力制动机,西端 4 号、人力制动机,防溜按规定落实,0 号明白"		—	—

注:根据院校自身条件,机器人可由人工替代。

赛项 A 样题人工扣分标准如附表 6 所示。

赛项 A 样题人工扣分标准　　　　　　　　　　　　　　　附表 6

序号	工作内容	操作标准	评分标准	配分	得分
1	连挂状态检查	1. 手指钩销位置,确认钩销落槽 2. 手指检查制动软管的胶皮圈,确认完好	1. 未手指钩销确认钩销落槽,每次扣 0.5 分 2. 未手指胶皮圈确认胶皮圈状态,每次扣 0.5 分 3. 最多扣 1 分	1	
2	连结制动软管	一只脚深入道心,另一只脚在钢轨外蹲下,用左手握住右侧的软管接头,弯曲手肘部,再用右手将左方软管接头同左手软管接头套合,二者呈直角,然后双手用力下压,靠软管本身的弹力使两软管的接头紧密结合	1. 连结软管时,双脚进入道心或脚踏钢轨面,每次扣 1 分 2. 作业碰伤、摔倒一次,每次扣 1 分 3. 最多扣 4 分	4	
3	摘开制动软管	1. 反手摘管:一只脚深入道心并稍屈膝,紧靠两制动软管接头,右手用力向上提拉靠近身边的软管接头 2. 正手摘管:一只脚深入道心,左手握住靠近身边的软管,右手正握对面的软管的头部并向上稍提,待余风漏出后,再用力向上提	1. 摘开软管时,双脚进入道心或脚踏钢轨面,每次扣 1 分 2. 作业碰伤、摔倒一次扣,每次扣 1 分 3. 最多扣 4 分	4	
4	人力制动机制动	人力制动机制动时,将调速手柄调整至"常用"位	1. 人力制动机制动时,未将调速手柄调整至"常用"位,扣 0.5 分 2. 最多扣 0.5 分	0.5	
5	人力制动机缓解	人力制动机缓解时,将调速手柄调整至"力调"位	1. 人力制动机缓解时,未将调速手柄调整至"力调"位,扣 0.5 分 2. 最多扣 0.5 分	0.5	

评分说明:
(1) 选手在作业过程中呼唤应答应使用标准调车联控用语,须使用普通话。
(2) 以下操作为失格项,如操作错误,后续步骤不得分:
　　① 未按照调车作业通知单要求,取送车辆;
　　② 起车运行前,未提钩或未摘开制动软管;
　　③ 起车运行前,未撤除防溜措施;
　　④ 起车运行前,未采取防溜措施;
　　⑤ 车列未停妥,调车人员进入车档或车下作业;
　　⑥ 调车人员进入车档或车下作业前未设置防护信号;
　　⑦ 调车人员车档或车下作业完毕后未撤除防护信号。

（2）赛项 B

项目一　摘结软管项目

摘结软管项目按照 5 车 4 档设置，摘管 2 次（关闭折角塞门），结管 2 次（打开折角塞门），每处配分 5 分，满分 20 分；该项目采用人工评分，如附表 7 所示。

摘结软管项目评分标准　　　　　　　　　附表 7

序号	执行内容	评分标准	评分方式	配分	得分
1	连结软管(2 次)	（1）漏结软管每处扣 3 分； （2）未打开或打开折角塞门不到位每处扣 1 分； （3）先开折角塞门再结软管或打开折角塞门顺序不对，扣 5 分； （4）双脚进入线间及脚踏钢轨面一次扣 2 分； （5）作业碰伤、摔倒一次扣 3 分； （6）每一个软管处作业最多扣 5 分，本项目最多扣 10 分，不出现负分	人工评分	10	
2	摘开软管(2 次)	（1）漏摘软管每处扣 3 分； （2）未关闭或关闭折角塞门不到位每处扣 1 分； （3）违反"一关前、二关后、三摘管"作业程序，扣 5 分； （4）双脚进入线间及脚踏钢轨面一次扣 2 分； （5）作业碰伤、摔倒一次扣 3 分； （6）每一个软管处作业最多扣 5 分，本项目最多扣 10 分，不出现负分	人工评分	10	
3	竞赛用时	限时 3 分钟内完成。 完成时间在 3 分钟以内不扣分； 1 秒≤用时超出限定时间<59 秒，扣 1 分，60 秒≤用时超出限定时间<90 秒，扣 2 分，90 秒≤用时超出限定时间<120 秒，扣 3 分，用时超出限定时间≥120 秒扣 4 分，最多扣 4 分	计算机评分	—	

项目二　手信号显示/听觉信号鸣示项目

系统随机抽取 2 昼 2 夜 1 听觉信号进行考核，每个信号配分 8 分，总分 40 分。该项目以计算机评分为主，人工评分为辅，详见附表 8。

手信号显示/听觉信号鸣示项目评分标准　　　　　　附表 8

序号	执行内容	评分标准	评分方式	配分	得分
1	手信号(2 昼 2 夜)	未显示或显示错误，每个信号扣 8 分；	计算机评分	32	
		（1）计时 3s 内未开始显示，该信号扣 1 分； （2）手信号显示不规范（未做到横平竖直、灯正圈圆、角度准确，段落清晰），每次扣 1 分； （3）每个信号最多扣 8 分	人工评分		
2	听觉信号	未鸣示或鸣示错误，扣 8 分；	计算机评分	8	
		（1）计时 3s 内未开始鸣示，该信号扣 1 分； （2）音响声长、间隔时间不准确每次扣 1 分； （3）每个信号最多扣 8 分	人工评分		

项目三　观速观距项目

观速观距包括静观速、动观速,静观距、动观距 4 项内容,每项内容配分 10 分。静观速、动观速、静观距每个项目打分 3 次,按照每次 3 分、3 分、4 分的分值配分;动观距根据十车、五车、三车距离分别打分,按照每次 3 分、3 分、4 分的分值配分。该项目全部为计算机评分,评分标准如附表 9 所示。

观速观距项目计算机评分标准　　　　　附表 9

序号	执行内容	评分标准	评分方式	配分	得分
1	静观速	选手录入答案与标准值进行对比。 误差≤5%不扣分; 5%<误差≤10%扣 1 分; 10%<误差≤15%扣 1.5 分; 15%<误差≤20%扣 2 分; 误差>20%不得分,不出现负分	计算机评分	10	
2	动观速		计算机评分	10	
3	静观距		计算机评分	10	
4	动观距		计算机评分	10	

九、奖项设置

1. 优秀团队奖

本次竞赛采取团队比赛的形式进行,赛项 A 和赛项 B 分别进行评比,每个赛项设一等奖若干(参赛院校队数的 10%,小数点后四舍五入,下同),二等奖若干(参赛院校队数的 20%),三等奖若干(参赛院校队数的 30%);同时,颁发荣誉证书和奖杯,荣誉证书中注明每位选手的姓名、学校和指导教师的姓名与单位。

2. 优秀指导教师奖

竞赛组委会设优秀指导教师奖若干名,对获一等奖参赛队的指导老师(每个参赛队指导教师 2 名)进行表彰,并颁发优秀指导教师证书。

3. 优秀裁判员奖

竞赛组委会设优秀裁判员奖若干名,由赛项执委会推荐、大赛组委会认定,对在本赛项中表现突出的各竞赛项目裁判员进行表彰,并颁发优秀裁判员荣誉证书。

4. 其他奖项

竞赛组委会将设突出贡献奖、优秀组织奖和大赛优秀工作者等荣誉称号,分别对在竞赛组织过程中成绩突出的单位和个人进行表彰,授予相应荣誉证书。

推荐的优秀裁判员、突出贡献奖获得单位、优秀组织奖以及大赛优秀工作者由大赛执委会审核批准。

参考文献

［1］ 中国铁路总公司.铁路技术管理规程(普速铁路部分).［M］.北京:中国铁道出版社,
2017.9.

［2］ 中国铁路总公司.铁路技术管理规程(高速铁路部分).［M］.北京:中国铁道出版社,
2017.9.

［3］ 王大光,周杰,吴文成,等.调车长.［M］.北京:中国铁道出版社有限公司,2019.

［4］ 车务行车工种应知应会问答丛书编写组.连结员.［M］.北京:中国铁道出版社,2017.

［5］ 中国铁路太原局集团有限公司.铁路调车实作教程.［M］.北京:中国铁道出版社有限
公司,2019.

［6］ 王金香,王丹,赖晓燕.车站调车作业.［M］.成都:西南交通大学出版社,2012.

［7］ 徐小勇.车站调车作业.［M］.北京:中国铁道出版社,2020.